本书获得中南大学公共管理学科经费专项资助

社稷坛

华中村治研究丛书

迈向均衡的实践：县域义务教育发展的道路选择

Towards Balanced Practice:
The Road Choice of County Compulsory Education Development

雷望红○著

中国社会科学出版社

图书在版编目(CIP)数据

迈向均衡的实践：县域义务教育发展的道路选择／雷望红著．—北京：中国社会科学出版社，2022.8

(华中村治研究丛书)

ISBN 978－7－5227－0430－2

Ⅰ.①迈…　Ⅱ.①雷…　Ⅲ.①县—地方教育—义务教育—发展—研究—中国　Ⅳ.①G522.3

中国版本图书馆 CIP 数据核字(2022)第 117884 号

出 版 人　赵剑英
责任编辑　王　琪
责任校对　杜若普
责任印制　王　超

出　　版　中国社会科学出版社
社　　址　北京鼓楼西大街甲 158 号
邮　　编　100720
网　　址　http://www.csspw.cn
发 行 部　010－84083685
门 市 部　010－84029450
经　　销　新华书店及其他书店

印　　刷　北京明恒达印务有限公司
装　　订　廊坊市广阳区广增装订厂
版　　次　2022 年 8 月第 1 版
印　　次　2022 年 8 月第 1 次印刷

开　　本　710×1000　1/16
印　　张　17.5
字　　数　269 千字
定　　价　96.00 元

《华中村治研究丛书》总 序

贺雪峰*

在 2002 年发表的《村治研究的共识与策略》一文中，我们达成了村治研究的三大共识，即“田野的灵感、野性的思维、直白的文风”，这三大共识是华中村治学者多年研究所形成的基本共识，一直指导着华中村治学者的研究实践。

“田野的灵感”强调华中村治研究中的经验优先原则。当前中国正处在史无前例的巨大变革时期，经验现象十分丰富，从经验中来，到经验中去，以理解中国经验与实践作为出发点和归属，在理解经验与实践中形成对经验与实践的解释，是华中村治研究的显著特征。

“野性的思维”强调华中村治研究中理论与方法的多元性。只要有利于增加对经验与实践的理解，任何理论与方法都是好理论和好方法。正是在用各种理论与方法来理解和解释经验与实践的过程中会形成各种提炼与概括，会形成基于中国经验与实践的具有主体性的中国社会科学。“野性的思维”的另外一层含义是“不拘一格，大胆假设，不怕出错，敢于探索”。

“直白的文风”强调华中村治研究要能容纳多学科、经验性与原创研究的特点。经验研究看起来没有进入门槛，真正深入进去却需要长期积累和学术功力。“直白的文风”反对雕刻文字，闭门造车，注重想事说事，注重研究向大众开放，注重多学科研究对话。开门搞研究而不是关门自我循环，是华中村治学者的一个基本准则。

---

* 贺雪峰，武汉大学中国乡村治理研究中心主任、教授。

中国是一个大国，有5000年文明，14亿人口，陆地国土面积就有960多万平方千米。按购买力平价计算，中国GDP已是世界第一。中国正处在史无前例的伟大变革时期，农村人口迅速城镇化。中国正由一个传统国家变成一个现代甚至后现代的国家。如何理解巨变中的中国经济、政治、社会、文化和历史，在这个理解与解释的过程中形成有主体性的中国社会科学，并转而指导实践和改造实践，就成为当前中国社会科学的伟大使命。

立足中国经验和实践的中国社会科学一定是伟大的，是具有中国主体性的，是饱含中国民族性和地域特色的。社会科学研究的目的是扩大我们观察和理解实践的视野，而不是屏蔽我们的视野。脱离中国实践的语境，套用没有经过中国实践注解和浸泡的西方理论，往往不仅不能改善我们的视野，反而可能屏蔽我们的视野。只有真正进入经验与实践，我们的理论才有还原经验与实践的能力，才能改善我们观察和理解经验与实践的视野，真正理解实践和改造实践。

中国社会科学是在理解和解释伟大的中国经验与实践中产生的，是服务于中国实践并以中国实践来检验的。这样一种“从经验中来—形成理论提炼与概括—又回到经验中去”的社会科学研究循环，就是中国社会科学研究中的大循环。只有在这样的大循环中，中国社会科学才能选择正确的研究方向，研究也才能获得丰富的中国经验与实践的滋养，也正是在这样一个大循环过程中产生的有主体性的中国社会科学才具有生命力。有了从经验到理论再到经验的大循环，逐步形成了具有中国主体性的社会科学，就必然会有“从理论出发—到经验中去—再回到理论”的以学术对话为特点的小循环，这样一种小循环是服务于和服从于中国社会科学大循环的。

要在从经验到理论再到经验与实践的大循环中建立起有主体性的中国社会科学，就必须要有真正做中国经验研究的学者。这些学者要有充分的经验训练，要在长期经验调查中形成对经验的总体把握能力，要有“经验质感”，不仅要能从经验中提炼出理论命题，而且要有将理论还原到经验中的能力。

获得经验质感的不二法门是进行饱和经验训练，不断地到经验中浸泡，这样才能具有透过现象看本质的能力，具有将经验碎片整合起来的能力，从而真正形成想事的能力。饱和经验训练尤其要防止对经验的“一触即跳”，即仅在经验中产生了微弱问题意识就脱离经验去做精致“研究”。只有通过饱和经验训练，才能利用各种理论和方法来分析经验，才能将经验研究中提出的问题进行理论化的概括，才能为建立有主体性的中国社会科学添砖加瓦。

十数年来，华中村治研究所追求的就是在饱和经验训练基础上建立有主体性的中国社会科学事业。这个事业从理解和解释经验与实践开始，又回归经验与实践，中间留下的理论提炼与概括正是建设有主体性的中国社会科学所需要的砖瓦。

最近十数年来，我所组织的研究团队按人次算，每年驻村调研时间都超过4000个工作日，平均下来，我们研究团队每天都有超过10人在全国各地农村调研。在某种意义上，我们团队同仁都经历了饱和经验训练。

从时间上看，我们在取消农业税前的20世纪末期就开始进行农村调研，到现在国家推进乡村振兴战略，国家与农民的关系发生了巨大变化。2000年，我国城市化率只有36%，现在已超过60%，几乎所有农村青壮年劳动力都进城了；从地域上看，我们不仅在中国南方、中国北方和长江流域调查，而且近年也密集地到东部沿海发达地区和西部贫困地区调查，发现了中国南北、中国东西和中国腹地的巨大区域差异；从研究主题上看，我们从基层政治研究开始，由此进入对乡村治理社会基础的研究，再延展到对几乎所有乡村主题的研究，比如家庭制度、农业发展、宗教信仰、土地制度、乡村教育、医疗保障等；近年来我们的研究也随着农民工进城，开始了城市社区、街头治理、信访制度、县市治理、教育治理等方面的研究。

我们希望在调查和研究中能真正做到“从经验中来，到经验中去”，从经验中获得灵感，依靠经验形成“想事”的能力，并在此过程中形成若干理论提炼与概括。

十数年来，我们研究团队在饱和调研基础上形成了大量理论概括，这些理论又作为视角融入政策问题的讨论中，并在一定程度上对政策产生了影响，比如对农业、土地、信访、乡村治理、城镇化等方面的政策产生了或大或小的影响。我们相信，只要我们团队坚持下去，再坚持十年、数十年，就一定可以形成理解中国经验的具有中国主体性的社会科学一家之言。我们希望中国社会科学有百十家这样的一家之言，我们呼吁各种一家之言良性竞争，相互启发，相互补充，共同发展，最终成长出与中华民族伟大复兴相适应的高水平的中国社会科学。

我们计划在未来持续将团队的最新研究纳入《华中村治研究丛书》出版。希望丛书能增加读者对华中村治研究的了解，引发社会各界对转型中国问题的关注与讨论。

是为序。

作于2018年4月10日晚

修于2021年4月12日晚

代序　如何正确理解县域教育？

杨　华*

一

2021年7月24日，国家“双减”政策高位出台，指出不能让教育这一良心行业变成逐利的产业，吹响了教育从产业化回归民生性的号角。

民生性是县域教育的最本质属性。过去十几年，县域教育最突出的问题之一就是中小学负担太重，短视化、功利化问题没有根本解决，特别是民办学校、校外培训机构无序发展，校内减负、校外增负、家庭教育支出剧增、家长被孩子教育束缚等现象突出，许多区县出现了资本主导基础教育的局面。

县域教育生态之所以至此，与20世纪90年代末以来教育领域的“产业化”及“减负”简单化导向有关。产业化导向将教育当作产业，使各类资本进入教育领域，家长择校有了可能，教育投入的非均衡性被合法化。教育“减负”政策在操作中，被简化为减轻课程难度、减少课外作业、缩短在校时间，而对学生校外时间安排、择校升学应试等缺乏配套改革。这些问题不解决，学生校外时间必然被校外培训、学科作业填补，或者干脆选择“全天候”在校的民办学校。民办学校、校外培训的发展空间，实质上是公办学校经由教育产业化、教育减负所释放出来的教育空间。

---

* 杨华，武汉大学社会学院教授，兼任武汉大学中国乡村治理研究中心研究员。

在不同区县，民办学校、校外培训等发展状况有差异，与公立学校释放的教育空间大小有关。公立学校学生在校时间长、学校能满足教育质量需求，公立学校释放的教育空间就小，民办学校、校外培训的发展空间有限。反之，若公立学校缩短学生在校时间、校内教育质量降低，学生需要在校外购买教育资源，民办学校、校外培训的市场空间就大。

根据公立学校释放教育空间的大小，可以将县域公立学校、民办学校、校外培训机构的关系归纳为三种类型。

一是公立学校独占鳌头，民办学校和校外培训机构零星点缀。教育管理部门对“减负”政策采取应付态度，公立学校依然以应试教育为主，假期补课、晚自习一个不落，学生的主要时间在校内被课程和课外活动充分填充，学校教育质量能够满足大部分家庭的教育期待。公立学校向外释放的教育空间小，学生不需购买额外的教育资源，当地缺乏教育市场发育空间，民办学校只是满足少数未能进入城区公立学校却又有教育供给能力家庭的教育需求，校外培训主要提供非学科类培训业务。这种县域教育样态现已少有。

二是公立学校占主导，民办学校和校外培训机构做补充。教育管理部门在一定程度上执行“减负”政策，在课程和课外活动上增加素质教育内涵，取消假期补课和晚自习，减少学生在校时间，但在课程设置、教学目标上应试教育依然占主导。尽管一些农村地区的学校还保留了晚自习的传统，但由于公办学校自身的发展瓶颈导致学校的教育质量、学生应试水平有所下降，以至于一些家庭退而转向民办学校。民办学校可以无视“减负”政策和政府监管，援用过去公立学校的应试教育体系办学，学生的应试成绩较公立学校好，受到一些家长欢迎。课程类培训则可以填充校外时间，提高学生应试水平。公立学校释放的教育空间促进了民办学校和校外培训的市场发育，但是由于公立学校提倡素质教育却没有放弃应试教育，因而还能够满足大部分家庭的教育需求，公立学校还占主导地位，民办学校和校外培训机构的发展空间不大，只能作为公立学校的补充而存在。这是目前一部分县域教育的发展格局。

三是公立学校衰败，私立学校异军突起，校外培训机构勉强维持。教育管理部门严格执行“减负”政策，教育督导督查下沉进校，素质教育、快乐教育理念在公立学校盛行，学生在校时间缩短，学生在校所学无法达到应试升学要求，不能满足当地社会的教育期待，有条件的家庭将学生转至民办学校，民办学校从公立学校掐尖招生，破坏公立学校的生源结构，进一步瓦解公立教育。在公立学校接受义务教育变成了兜底教育，民办学校成为家长首选，没有供给能力的家庭才把小孩留在公立学校。公立学校将县域教育空间完全留给了市场，而民办学校独占了这个市场。县域民办学校蓬勃发展，尽可能延长和充分利用学生的在校时间，并在校内满足学生的学科类和艺术类培训需求。因此，民办学校留给校外培训机构的空间较小，而公办学校的学生多数又无培训支付能力，也就只有少数校外培训机构能发展下去。这是目前大多数中西部地区县域教育发展的格局。

不同县域教育格局有差异，与公立学校、民办学校、校外培训机构三者之间的强弱结构有关。无论是给民办学校、校外培训机构以空间，还是放任公立学校瓦解、民办学校崛起，都是以“减负”之名把教育当作产业推向市场，结果是扰乱县域教育生态，扩大家庭教育支出，加剧教育竞争和焦虑。特别是当民办教育在县域独大之后，县域社会别无他选必被“割韭菜”。归根结底，县域教育民生属性的基础是公立教育的主导性。

二

县域教育中有多重利益主体，他们在交互作用、相互博弈过程中共同塑造了不同县域的教育格局。

代表中央政府的国家教育部门，最关心的问题是人才培养，为未来国家发展和参与国际高科技竞争培养、储备、选拔人才，以及为居民提供低廉、优质的受教育条件，满足普通家庭的教育民生及向上流动的需求。那么，它就需要在强调和发展素质教育的基础上，弱化但不放弃应试教育，政策选择上既要加强素质教育、督导落实“减负”政策，又要给予基层一定的应试教育空间。

县级政府（及教育部门）在县域教育上的利益，一是执行上级关于素质教育、“减负”政策的政策业绩；二是以高考升学率为主要指标参与全省竞争的教育政绩，体现在本科率、重本率和清北生数量上。前者被上级主管部门盯着，没做好会受到批评甚至被问责；后者被全县老百姓盯着，没做好会被老百姓骂。然而这两重利益有着内在矛盾，完全执行上级政策，学生应试能力降低，教育政绩就不好看；完全实行应试教育，会有不俗的教育政绩，但可能被上级通报批评，影响主要官员的政治前途。

公立学校的利益依附于县级政府及教育部门，缺乏自主空间。后者需要出教育政绩，公立学校就加强应试教育；后者要落实上级政策，公立学校就搞素质教育、彻底给学生减负。

不同于公立学校，民办学校的利益在于扩大办学规模，最大化获取资本收益。它要达到这个目的，首先要通过提高升学率来吸引生源。民办学校会想尽一切办法提升学生的应试能力，除掐尖招生、挖骨干教师外，主要就是规避“减负”政策，采取包括军事化管理、“全天候”在校、题海战术强化、校内课程培训等方式，实质上是将应试教育进一步极端化。这样，民办学校应试升学业绩提高，获得的县级政策支持会更多，对县域师生的吸引力也就更高，由此形成对民办学校的正反馈。

在县域，中小学生主要来源于两类家庭，一类是占多数的农民家庭，这类家庭采取的是年轻人外出务工、中老年人在家种地的家计模式，年轻人无暇照顾子女，中老年人无能力辅导孙辈学习；另一类是城镇双职工家庭，由于家庭劳动力配置刚性，缺少时间精力陪伴、辅导子女。因此，城乡家庭在教育上的主要利益诉求是子女接受“全天候”的学校教育，并通过应试升学向上流动发展。

在县域教育各利益主体的交互作用和博弈过程中，会出现两种情况。

一种是县级政府严格执行国家教育部门有关素质教育和“减负”的政策，加强对县域公立学校的监管，公立学校对标落实政策，导致学生在校时间缩短、学校教育质量下降、学生应试水平降低，从而不能满足城乡家庭的教育诉求；民办学校在教育部门监管之外，不断强化应试教育，实行全寄宿制的封闭化管理，提高学生应试能力和学校升学率，精准对接城乡家庭教育需求。结果是，公立学校生源流向民办学校，公立学校衰败，民办学校崛起。对于县级政府来说，严格执行国家政策，取得了政策业绩，民办学校则创造了教育政绩；国家教育部门推动落实了自己的政策。但结果很吊诡，接受素质教育的学生考不上好高校继续深造，没有接受素质教育的民办学校学生却考上了好高校；有供给能力的家庭将子女送进民办学校接受应试教育，没有供给能力的则被迫留在公立学校接受素质教育。当前中西部地区大量县域的教育正走向这种情况。

另一种是县级政府有保留地执行国家教育部门有关素质教育和“减负”的政策，一方面严格推动减少在校时间、监控补课、取消晚自习、严禁公布考试排名、增加音体美课时量、增设特色校本课程等；另一方面对布置超量课后作业、改头换面测试形式、利用音体美课堂上学科课程、鼓励学生参加校外培训、乡村寄宿制学校延长晚自习时间等现象睁只眼闭只眼。结果是，公立学校的应试教育还占主体，素质教育在一定程度上中和了应试的程度，降低了学生的应试压力；在校外培训的“加持”下，公立学校尚能满足城乡家庭的教育需求，也能为县级政府创造教育政绩；民办学校和校外培训有所发展，但没法动摇公立教育主体地位；公立学校学生负担减少一部分，素质教育在公立学校生根发芽，国家也算是实现了其大部分意志；城乡家庭大部分仍选择公立学校，民办学校也能满足一部分家庭的需求，校外培训成为多数家庭的选择。在这种情况下，县域教育各利益主体在博弈中各得其所，达至均衡。

上述两种情况均存在一定的风险和问题。县级政府严格执行政策的后果是公办学校无法回应家长的诉求，导致公办学校的衰败，以及受教育者因家庭经济实力而形成的教育分化与发展排斥，不同家庭的孩子接受的教育不一样，发展机会亦不相同。县级政府在政策执行中有所保留的后果则是，学生及其家庭面临着日益加重的学业负担与培训负担，精神压力和经济压力倍增。两种选择都增加了家庭的教育经济压力，同时无法回应学生及其家庭所遭遇的教育困境，这无不昭示着我们需要正视县域教育的发展取向。

三

县域教育是一个完整的体系，完整性是县域教育公平的前提，表现在以下三个方面。

一是县乡村教育的完备性。县乡村三级分布不同的学校，承担不同的教育功能。村级设置村小，便于农村学生不脱离家庭环境就近接受完全小学或小学低年级教育。如果村小人数较少，则在中心村设立片小，或在有条件的地方将学生集中到乡镇中心小学。在乡镇一级以中心校为基础设置乡镇初中和中心小学，小学高年级和初中可实行寄宿制。集中办好乡镇中心校教育可以让乡村学生就近低成本接受良好义务教育。在县一级则要办好数所高中，根据县域人口分布设在不同片区中心乡镇，县城则应集中办好一到两所高质量高中，以满足全县对教育高质量出口的期待。村（片）小—乡校—县中构成了县域教育完备的体系。

二是县乡村学校的规模性。县乡村各级学校都需要有适度的规模，否则就难以形成教与学的气氛。100 人以下的小规模学校不成规模，小学班级少于 20 人、中学班级少于 30 人也不成规模，难以营造学校或班级氛围。在适度规模以下的班级，学生之间分层结构不明显，班上难以形成比学赶帮超的竞争梯度，学生学得没动力，教师教得没成就。超过 66 人以上的大班额制也会影响学生管理和教学秩序。当前农村小规模学校的大量存在，既没有效率，也不可能有实质公平。

三是城乡教育质量的均衡性。城乡学校教育质量不均衡，就会导致乡村学校生源向城区流动，破坏乡村学校的生源规模和梯度结构，师资进一步流失，乡村学校衰败，进而破坏整个县域教育的完整性和系统性。影响城乡教育质量均衡性的因素很多，首先是生源结构的均衡，乡村优秀生源不流失，能够确保学校以榜样学生带动、鼓舞其他学生，优秀学生较好的升学出口能够吸引和留住优秀生源，形成良性循环。其次是师资结构的均衡，乡村有经验的骨干教师不流失，在教师队伍中可以形成传帮带的梯度或年龄结构，提升教师整体水平。最后是其他软硬件的均衡，包括管理、教研、培训、激励机制、办学理念、资源投入等。

当前破坏县域教育完整性的因素主要有两个：一是民办教育的发展。民办学校通过极化应试教育首先抽空公立初中教育，县域小学毕业生要想进好学校读书只有两个选择，要么进私立初中，要么跑到外地找好的公立初中；再通过“掐尖”“初高中剥离”等方式瓦解公立优质高中；跨区域集团化办学的私立学校还“掐尖”县域生源，破坏县域高中生源结构，影响“县中模式”，瓦解整个县域基础教育体系。

二是教育城镇化的发展。近年来，许多区县推动了“教育新城”“教育地产”等教育驱动型城镇化模式，把大量优质教育资源和公共财政资源集中到新城，打造明星学校、亮点教育工程，吸引农民进城买房、供子女上学，抽走乡村优秀教师。教育新城模式人为打破城乡教育质量均衡，拉大城乡教育差距，冲击“乡校模式”，导致教育竞争从学生个体奋斗到拼爹拼妈的转变，损害农村学生接受均等教育的权利。

四

国家的“双减”及民办教育改革新政策，让县域教育重新回归民生属性和个人奋斗属性，让公立学校和校内学习主导县域教育，这是重建县域教育体系的“关键一招”。除此之外，还要寻找到县域不同层级学校发展的结点，再造县域教育均衡结构。

“乡校”是第一个结点，它集全乡镇生源，能够保障生源的规模结构和梯度结构，可以激活校内外资源和教育比较优势，形成可与城区学校媲美的发展能力和竞争实力，保障农村学生享受公平的教育资源和教育权利。“县中”是第二个结点，它集全县优质生源和师资，以应试教育为主轴，通过合理的时间管理、考试管理、经济激励等机制，围绕高考目标开展教育教学活动，为县域社会提供了一个可供期待的教育出口。

雷望红是县域教育领域的研究者，她将华中乡土派的研究方法和理论运用到基础教育研究中，打开了教育经验研究的新局面。我曾数次跟雷望红一起调研，参与过她组织的教育研究小组的讨论，感受到她有良好的经验质感和近乎痴迷的学术热情。此次她嘱我作序，难却盛情，再次阅读了书稿，写下了以上对县域教育的一些浅薄认识。是为序。

2021 年 11 月 20 日星期六

于武汉大学社会学院 317 室

目　录

第一章　导论

第一节　引言

一代人以前，在判断一个孩子能在教育之路上走多远时，社会阶级当然是一个因素，但相对于学习能力而言，家庭的经济因素只是次要的。但现如今，成绩好的富家子弟很有可能从大学毕业（74%），成绩差的穷孩子拿到大学学位的可能性近乎为零（3%）。而同样是成绩位居中游的学生，来自有钱人家的孩子的大学毕业比例为51%，贫困家庭的孩子则只有8%，前者是后者的六倍还多。最令人震惊的放在最后说：在成绩好的穷孩子中，只有29%的人最终能从大学毕业，反而是成绩差的富家子会有30%拿到大学文凭，家庭出身压倒成绩成为最具决定性的因素。面对这一事实，我们只能宣告美国梦已经破碎，作为其核心理念的机会平等已经不复存在。

——罗伯特·帕特南《我们的孩子》

罗伯特·帕特南的《我们的孩子》是一部关于社会分层、阶级固化和“寒门再难出贵子”的研究，他在研究中发现50年来，美国教育的阶层差距越来越明显。50年前，不同阶层的孩子还能够和平共处，不分你我①。在50年后，不同阶层的孩子之间已经形成了难以逾

① ［美］罗伯特·帕特南：《我们的孩子》，田雷、宋昕译，中国政法大学出版社2017年版，第214—215页。

越的鸿沟，似乎从出生起，一个人的命运就随着自己的家境而被决定。如今，我国的教育发展状态出现了与之相似的“寒门再难出贵子”的苗头，近些年来关于这一问题的讨论不绝于耳。与美国的差异在于，美国是一个成熟的发达国家，城镇化率高达83%，教育差距发生在城市内部的富人区与贫民窟之间。而我国尚处于城市化的进程中，2017年的城镇化率达到58.5%，还存在一个庞大的乡村社会和数量巨大的乡村人口，教育差距显见于城市与农村之间。

自2017年5月起，笔者开始从村治模式调研①转向乡村教育专题调研，第一次专题调研选在南京某郊县，当地乡村学校运行的状况令人吃惊，不敢想象自己所处的是发达地区的乡村学校。触动笔者的不是学校的基础设施，发达地区乡村学校的基础设施能够与城市学校基本持平，但是学校缺乏生气。还记得在一个阳光明媚的早晨，笔者赶到一所乡镇中学访谈，访谈间隙跟随该校副校长参加升旗仪式，副校长发言完毕后无奈地对笔者说，“你知道我们每天面对的是什么样的学生吗？这些学生不要说考上重点高中了，就连考上高中都难。有几个初三的学生，他们连最基本的小学算术题都算不出来……”该中学的学生人数从2003年的900多人减少到了210人，还有38位教师。大量的学生是单亲、父母双亡或留守家庭的孩子，学生管理难度大，成绩差，教师们在面对这群学生时不知所措。

2017年底至2018年初，笔者在浙江东部某区开展乡村教育专题调研，发现了与南京郊县类似的状况。乡镇中小学基础设施健全、校园环境优美，教师经验丰富，然而学生人数曾多达1400—1500人的某中学②，在2018年初时只剩下69人，69名学生来自两个乡镇。学

① 关于“村治模式”的定义，贺雪峰教授认为，中国农村是一个超大型的非均衡的乡村社会，所有农民也不是均质的没有任何差别的抽象农民，而是深受区域文化浸染具有地域化特征的具体农民，所以，不同农村因为内部性质的差异，在接应自上而下、自外而内的政策、法律和制度时，会形成不同的过程、机制和后果。故而将中国特定的村庄结构及其对政策反应的特殊机制、过程与后果，称为村治模式。基于对村治模式的认识，在某一个或多个村庄开展的关于该村庄政治、经济、文化和社会等多个方面内容的调研，称之为村治模式调研，这一调研的关键是对村庄进行全面、系统、深入、一体化的思考和提炼。

② 在笔者撰写书稿期间，该校校长微信告知笔者，由于招生困难，该校不得已被撤并。

区范围内的学生生源数量多，但是大量学生转学或直接升学到城区学校，以至于所剩无几的学生学习消极而放纵，教师教学无力而悲观。乡村教育颓败不只是发达地区的个案，在笔者持续一年多的乡村教育专题调研中发现，乡村教育与城乡教育之间的差距是较普遍的现象，在位于欠发达地区的湖北、甘肃和广西等地，乡村教育状况更加不理想，城乡之间的教育差距在日益快速的教育城镇化过程中已经成为显见的事实。

与笔者所见一致的是，近年来国内关于“寒门再难出贵子”的讨论日益高涨，“寒门学子”主要指的是农村学生。2009 年，《人民日报》记者在多地调查发现，全国范围内的农村生源比例为 50%，但重点高校的比例仅为 30%。尽管近年来农村孩子上大学的数量越来越多，但是就接受高等教育的质量来说，农村学生跟城市学生相比还有很大差距，这种差距从显性转为隐性[①]。李中清—康文林研究团队展开了对这一问题的深入研究，他们通过对北京大学和苏州大学学生社会来源的数据资料分析发现，中华人民共和国成立以来，中国高等教育领域出现了一场革命，以往为社会上层子女所垄断的状况被打破，工农等社会较低阶层子女逐渐占据了相当比重。基础教育的推广、统一高考招生制度的建立以及重点中学的设置等制度安排共同推动了无声革命的出现。但是，进入 21 世纪以后，高等教育领域内的农村学生大量减少[②]。当前我国教育发展的功能印证了布迪厄在《国家精英》中的论断，教育具有“过滤器”和“文化屏障”的功能[③]，前者通过教育机会和教育资源的不均衡分配过滤掉众多品学兼优的寒门学子，后者通过文化内容的设置偏向将寒门学子排斥出教育文化体系中[④]。

---

① 田豆豆：《大家谈：重点高校农村学生越来越少》，《人民日报》2009 年 1 月 15 日第 11 版。

② 梁晨、李中清、张浩、李兰、阮丹青、康文林、杨善华：《无声的革命：北京大学与苏州大学学生社会来源研究（1952—2002）》，《中国社会科学》2012 年第 1 期。

③ ［法］皮埃尔·布迪厄：《国家精英：名牌大学与群体精神》，杨亚平译，商务印书馆 2004 年版。

④ 皇甫亚楠：《对“寒门再难出贵子”的思考——分析教育与社会分层的关系》，《宿州教育学院学报》2014 年第 1 期。

教育公平是我国所要坚持的最为重要的民生工作。我国经历了民主主义革命和社会主义革命，推翻了三座大山，建立了社会主义国家。社会主义国家的基本原则有两点：一是强调以社会主义公有制为主体；二是强调共同富裕，不搞两极分化。前者指向的是国家能力建设，后者指向的是社会公平价值，是社会主义之于全体人民的优越性。我国作为社会主义国家，需要依靠公有制为主体所形成的国家能力保障社会公平，教育是实现阶层流动最为公平的渠道，保障教育公平就是保持社会公平最为有效的方式。

同时，保障教育公平也是维持社会稳定最为重要的方式，教育公平已经成为农村教育改革以及农村社会进步的稳定器。截至2017年底，我国人口总数已经达到13.9亿，其中有8000万贫困人口，“扶贫必扶智，治贫先治愚”①。尽管我国通过实施精准扶贫政策帮助5575万农村贫困人口实现脱贫，消除了绝对贫困，但是不可否认的是，我国还存在一定数量的底层人口，需要通过教育实现家庭发展和阶层流动。如果不能保障教育公平，大量的底层人口丧失了阶层流动的通道，他们就将长期集聚在社会底层。此外，在快速发展的现代社会，如果不能保障教育公平，还有大量处于中下层的家庭也极有可能重返贫困，他们有限的文化水平将成为其融入全国劳动力市场的障碍，进而沦为全国劳动力市场中的被排斥者和边缘者。教育不公一旦阻碍了阶层流动，使得大量人口聚集或回落到社会底层，就会构成国家保障的沉重负担和社会不稳定的潜在因子。

国家基于保障社会稳定与发展社会主义事业的考虑，高度重视教育公平的重要性。随着国家经济实力大幅上升，我国每年投入教育领域中的经费随之大幅上涨。近五年来，我国每年保证财政性教育经费支出占国内生产总值的比例超过4%，2017年全国教育经费总投入达到42557亿元，其中国家财政性教育经费为34204亿元，教育投入主要向乡村薄弱学校倾斜，以此促进城乡义务教育均衡发展。然而，在

① 2016年7月20日，习近平总书记在《在东西部扶贫协作座谈会上的讲话》中讲到，摆脱贫困首先并不是摆脱物质的贫困，而是摆脱意识和思路的贫困。扶贫必扶智，治贫先治愚。贫穷并不可怕，怕的是智力不足、头脑空空，怕的是知识匮乏、精神委顿。

调研中却发现，国家倾斜性投入并未改变城乡义务教育不公的状况，城乡义务教育阶段的教育差距反而还在不断拉大。由此，当前城乡义务教育发展的不均衡状态如何，为何国家在教育公共品供给上针对乡村教育的倾斜性投入无法扭转城乡义务教育不均衡的局面，如何调整才能实现城乡义务教育阶段的均衡发展，是当前迫切需要解决的问题。

第二节　研究背景和研究意义

从我国的发展阶段和发展状态来看，我国正处在社会主义的初级阶段，是全世界最大的发展中国家，国家的发展空间给予整个社会一定的活力，社会结构还未完全固化，不同阶层的人群还有一定的上升空间。对处于中间阶层和底层的家庭而言，他们具有向上发展的强烈愿望和冲动，教育是推动他们依靠个体努力实现阶层跃升最重要的资源和渠道，因而公平的义务教育就显得极为重要，我国一直以来也都将城乡义务教育公平作为教育发展的重要目标。

在历年国务院的政府工作报告中，“教育公平”都是关于教育工作总结的核心词语。在学术研究和政策制定中，城乡义务教育一体化①、城乡义务教育均衡发展②、城乡义务教育统筹发展③等话语不断出现。政府为推动城乡义务教育公平发展做出了一系列努力，逐步强化城乡义务教育公共服务的职能，一方面为促进和实现城乡义务教育公平制定了一系列文件，督促各地区各学校推动缩小城乡义务教育差距；另一方面通过逐步加大资源投入和政策倾斜弥补城乡义务教育差

---

① 任家熠：《县域城乡义务教育一体化发展研究》，硕士学位论文，河北大学，2015年；王正惠：《城乡义务教育一体化发展研究综述》，《上海教育科研》2015年第9期。

② 于发友：《县域义务教育均衡发展研究》，博士学位论文，山东师范大学，2005年；翟博：《均衡发展：我国义务教育发展的战略选择》，《教育研究》2010年第1期。

③ 李涛、邬志辉、邓泽军：《中国统筹城乡教育综合改革：统筹什么？改革什么？——〈国家中长期教育改革和发展规划纲要（2010—2020年）〉视阈下的“城乡治理论”建构》，《西南大学学报》（社会科学版）2011年第3期；董洪亮、张烁：《义务教育：破解“乡村弱”“城镇挤”——统筹推进县域内城乡义务教育一体化改革发展的成效与启示》，《重庆与世界》2018年第18期。

距，比如实施农村义务教育薄弱学校改造计划、城乡义务教育均衡发展项目、营养改善计划等，由此可见国家对于城乡义务教育公平事业的重视程度。

国家为了解决随迁子女异地就学问题也逐步开放城市教育机会，大量农村学生得以进入城镇学校就读。2017 年，我国农民工的数量达到了 28652 万人，随迁子女和农村留守儿童分别为 1890 万人和 1550 万人。为了减轻家庭分离的痛苦，解决随迁子女的就学问题，中央出台相关政策要求落实农民工随迁子女异地就学政策，要求各地制定以居住证为主要依据的随迁子女义务教育就学政策，指导各地做好义务教育学生免试就近入学工作，落实和完善进城务工人员随迁子女在当地升学考试政策。

不过，这一面向随迁子女开放的教育政策，在各地却演变为农村学生在户籍地进城就读的地方性政策，在人口流出地，大量的农村学生也利用该政策纷纷进城就读，从而导致我国出现教育城镇化率远高于人口城镇化率的现象。此外，国家义务教育公平政策与教育城镇化之间也出现了一定程度的错位。国家实施了改善乡村义务教育办学条件的各项政策，大力推动城乡义务教育均衡发展，通过逐步加大资源投入和政策倾斜弥补城乡义务教育差距，不断改善农村学校的校舍环境，提高乡村教师的待遇。然而，各地仍然存在大量农村学生采取各种方式进城就读，从而造成城乡学校“城挤乡空”的局面，城镇学校人满为患，大规模学校和超大班额问题突出，而农村学校的校舍闲置，教师资源出现结构性失衡，从而导致国家不断向乡村投入资源而农村学生不断向外流出的错位局面。

可以看到，国家政策试图大力改善城乡义务教育发展不公的局面，社会公众对于城乡义务教育公平同样怀抱极高的期待，但在国家政策和社会需求之间出现了一定的张力。城乡义务教育公平不是简单抽象的词语，而是蕴含深刻意涵和实践意义的国家目标和社会行动。当前我国出现了以教育城镇化为目标的城乡义务教育公平发展的宣言与行动，但学界对这一问题却未深入研究。教育城镇化不只是简单的教育资源要素流动，还关乎国家资源投入、城乡关系性质、城乡学校关系、学校内部发展和学生家庭资源投入等一系列重要问题，因此，研究教育城镇化背景下的城乡义务教育公平问题至关重要，具有至少四个方面的重要意义。

一是能够厘清当前我国城乡关系结构性质，正确判断教育城镇化的影响和作用。城乡二元结构一直以来是学界研究的重点，部分学者极力反对城乡二元结构，将之定义为城市与乡村的对立，认为乡村发展落后的关键在于横亘在城市与乡村之间的户籍制度及其背后的福利制度①。部分学者则认为城乡二元结构实则是两个自成体系的保护性结构，城市与乡村内部各自形成一个自洽的运行结构，能够自成一体，自我满足，尤其是在城市化发展过程中，乡村社会可以作为我国城市化发展的缓冲器与蓄水池②。教育城镇化打破了城乡二元结构，给予农村学生进城就读的机会，是针对农村学生教育福利的改善。从理论上讲，教育城镇化有助于破除城乡教育二元结构。那么，值得深入探寻的是，农村学生进城是否能够顺利融入城市教育结构？教育城镇化是否能够有力推动城乡义务教育公平发展？弄清这些问题，将有助于辨明城乡关系结构性质，明晰教育城镇化的影响和作用。

二是能够明晰当前我国城乡义务教育的供需结构，弄清国家投入方向与农民教育需求之间的匹配状况。2016 年我国财政性教育经费的分配实现了三个一半以上：一半以上用于义务教育，一半以上用于中西部地区并向农村倾斜，一半以上用于教师工资福利和学生资助。全国的义务教育投入方向指向中西部农村地区的薄弱学校，但与之相悖的是，中西部地区大量农村学生选择到城镇学校就读，出现了明显的教育城镇化趋势。在这一悖论背后值得探讨的问题是，当前教育城镇化是否为农村学生提供了优质资源，是否确保了教育作为阶层流通渠道的畅通性，城乡义务教育资源投入是否与中央教育政策方向保持

① 陆学艺：《破除城乡二元结构 实现城乡经济社会一体化》，《社会科学研究》2009 年第 4 期；孙立平：《断裂：20 世纪 90 年代以来的中国社会》，社会科学文献出版社 2003 年版；于建嵘：《可以将户籍改革与土地改革联动》，《农村工作通讯》2011 年第 4 期；于建嵘：《演变围绕两条主线：户籍制度与资源配置》，《人民论坛》2008 年第 1 期。

② 贺雪峰：《论中国式城市化与现代化道路》，《中国农村观察》2014 年第 1 期；鄢一龙、白钢、吕德文、刘晨光、江宇、尹伊文：《天下为公：中国社会主义与漫长的 21 世纪》，中国人民大学出版社 2018 年版。

一致。对上述问题的回答有助于提高农村学生教育需求与国家教育资源投入的匹配精度。

三是能够寻找到城乡义务教育非均衡发展的核心机制，为促进城乡义务教育均衡发展明确方向。教育资源投入是义务教育发展的基础条件，但不是决定性条件，即教育资源投入并不能确保提升教育水平，同时也无法保障实现教育公平。从国家为促进城乡义务教育均衡发展所投入的资源效用来看，国家为乡村学校投入了大量的物质资源，但是并未改变乡村学校尤其是农村学校落后的发展局面，城乡学校之间的发展差距日益扩大，这意味着乡村学校发展的关键并非物质资源要素，还存在更深层的因素影响到乡村教育发展状态和城乡义务教育发展的公平性。通过转化分析视角，采取结构分析探寻城乡学校运转的机制，能够从中寻找到城乡义务教育非均衡发展的深刻根源，从而为解决城乡义务教育不公寻找到有效抓手。

四是能够明晰城乡义务教育公平的实践意涵，指明城乡义务教育公平发展的正确道路。目前对教育公平的研究多停留在对词语的抽象理解上，缺乏建立于经验之上的深度理解，故而在提出对策建议时会存在理论与现实之间的张力与错位。城乡义务教育公平问题具有极强的时代性和实践性，即在不同时期、不同场合，面对不同人群时，城乡义务教育公平所呈现出的意涵是不一样的。因此，将城乡义务教育公平置于实践中理解，会丰富和深化城乡义务教育公平的认识，呈现出城乡义务教育公平的时代镜像。将教育城镇化作为背景，能够充分展现理论预设与现实实践之间的张力，进而探讨张力背后的根源，提出改善城乡义务教育公平的理论命题与实践道路。

第三节　义务教育公平的理论内涵与解释路径

义务教育公平是社会主义国家的基本问题，保证义务教育公平是保持和促进社会公平的前提条件。学界关于“义务教育公平”的研究主要集中于两个层面：一是从理论层面讨论教育公平的内涵，侧重于对教育公平进行内涵辨析；二是从实践层面解释当前我国教育不公的根源所在，城乡二元结构、分权制度和家庭资本成为解释城乡义务教育发展现状的三大视角，三大视角体现出明显的制度取向和资源取向。

一　义务教育公平的理论内涵

义务教育公平具有抽象性，需要将之进行操作化和具体化，使公平具有明确的意涵和指向。受到罗尔斯的启发，学界对于“义务教育公平”的定义，基本上按照起点公平、过程公平和结果公平来进行界分，只是不同学者对于起点、过程和结果的具体内涵存在认识差异。

义务教育的起点公平表现为义务教育阶段资源投入和教育权利的公平。前者是从资源供给主体的角度着眼，认为社会或政府投入学校的资源要保证公平，不需要考虑公共资源对教育效果的影响，只强调资源投入的均等性①；后者是从资源需求主体的角度着眼，认为学生具有享受公平教育资源的权利，享受公平的教育资源是享受公平教育的基本权利②。上述两种观点代表了教育起点公平的两层含义：一是所有适龄学生都享有同等的入学权利；二是所有学生在入学后都享有公平的教育资源。资源投入公平和教育权利公平都是以学校教育为核心主体进行的界分，还有学者将教育的起点拓展至家庭教育，即家庭教育资本也会对学生的教育起点产生显著的影响，典型表现为留守儿童所接受的教育不公③。

义务教育的过程公平是指义务教育阶段教育评价机制和选拔机制的公平，学校场域是实现过程公平的主要场所。所谓的评价机制公平，是指学生教育表现能够获得客观评价，选拔机制公平则是指学生在教育发展过程中能够公平获得教育资源和发展机会。在教育公平问

---

①　薛二勇：《教育公平与公共政策：促进公平的美国教育政策研究》，北京师范大学出版社 2015 年版。

②　杨东平：《从权利平等到机会均等——新中国教育公平的轨迹》，《北京大学教育评论》2006 年第 2 期。

③　黄颖、叶敬忠：《家长学校在留守儿童教育中的作用研究——基于四川 Q 县农村中小学家长学校的调查》，《中小学管理》2007 年第 9 期；逯长春：《变迁社会中的家庭教育：困境与发展对策》，《广西师范学院学报》（哲学社会科学版）2019 年第 1 期。

题研究中，有两个反例能够对应说明上述两种类型的过程公平：一是应试教育的发展；二是重点学校制度。在一些研究者看来，应试教育的评价体系存在应试化的倾向，无法对所有类型的学生进行客观公正的评价，因此有损教育过程公平①。而重点学校制度在升学过程中，偏向于少部分特殊选择享受优质教育资源，损害了其他学生享受优质教育资源的机会，重点学校制度倒逼下游学校进行激烈的教育竞争，因此同样有损义务教育发展的过程公平②。

义务教育的结果公平明确指向教育的结果，即义务教育阶段学生升学和未来发展的公平，是教育起点公平和教育过程公平相互作用的结果。不过，关于“结果公平”，存在两种不一样的认识：一种是所有的学生所获得的教育结果都是一样的，可以将之称为主观的结果公平，其背后反映的是平均主义的思想，但是这一思想遭到了严厉的批判③；另一种则是在起点公平和过程公平得以保障的情况下，不同的学生获得了公平客观的结果，尽管结果存在差异，但是这一结果具有客观合理性，所有学生依靠自身的付出和努力获得不同的升学可能和未来发展的机会④。

由于教育过程具有连带性和阶段性，是一个从幼儿园到大学的连续性过程，那么起点、过程和结果三者之间的节点就可能出现模糊和错位，比如升学既可以作为具有选拔意涵的过程公平，也可以作为一个阶段结束的结果公平，再比如入学权利既可以作为起点公平，也可以作为过程公平。因此，在实际研究过程中，学者们更加倾向于使用“教育机会公平”或“教育机会平等”的概念作为教育公平的代

① 周序：《“应试主义”的成因与高考改革的方向》，《内蒙古社会科学》（汉文版）2018 年第 4 期；凌明一：《教育改革背景下应试教育症候及其对策探寻》，《教学与管理》2018 年第 30 期。

② 杨东平：《“超级中学”超越了教育规律》，《中国教育报》2015 年 1 月 23 日第 2 版；李习凡：《重点中学精英式再生产机制的研究》，博士学位论文，南京大学，2011 年；尚培胜：《校外的“重点学校”和“实验班”》，博士学位论文，南京大学，2017 年。

③ 顾明远：《教育公平绝不是平均主义》，《辽宁教育》2016 年第 18 期。

④ 辛涛、黄宁：《教育公平的终极目标：教育结果公平——对教育结果公平的重新定义》，《教育研究》2009 年第 8 期；张意丽、李贞、梁华定、高志荣：《试论我国教育结果公平的立足点与致力重点》，《山西农业大学学报》（社会科学版）2014 年第 4 期。

名词。

詹姆斯·科尔曼（James S. Coleman）对“教育机会平等”的定义分为五个方面：一是对学校资源投入的平等；二是针对不同群体（种族）的平等；三是教育无形因素的平等，如教师道德水平、教师对学生的期望、学生个人的学习兴趣水平等；四是学校对同等背景和同等能力的个体的影响要平等；五是要保障不同背景和不同能力的个人所获得的教育结果平等①。詹姆斯·科尔曼的定义细致而周全，涵盖了教育公平的各个阶段和各种可能性。在安德森看来，所谓的教育机会平等，一是要提供给每个人同量的教育和相同的机会，二是学校要提供使每一儿童达到既定标准的教育，三是要使每一个体都能够充分发挥其潜能，四是提供继续教育的机会直到学生学习结果符合某种常模者②。在安德森（Anderson）的定义中，资源流量和机会流量变成了教育起点，标准化的教育和个体的潜能发挥是教育过程的任务，获得常模化的学习结果是一种公平的教育结果，这一教育结果是平等的结果而非不平等结果。亨利·列文（Henry Levin）将教育机会均等界定为接受教育机会的均等、教育参与的均等、教育结果的均等和教育影响生活前景机会的均等③，实际上是教育起点、教育过程和教育结果的变相表达，教育机会均等等同于教育起点公平，教育参与均等等同于教育过程公平，教育结果的均等和生活前景机会的均等则等同于教育结果公平。

詹姆斯·科尔曼、安德森和亨利·列文的定义涵盖了教育公平的各个方面，与三者面面俱到不同的是，托尔斯顿·胡森更加强调教育机会公平中的结果平等，结果平等不是指机会的同一性，而是指向为每个儿童提供使个人在入学时存在的天赋得以发展的各种机会，要为所有儿童提供在社会差异上区别对待的平等机会。也就是说，托尔斯顿·胡森所指的教育机会公平，需要满足不同学生需求的差异化供

① James S. Coleman, *Equality and Achievement in Education*, Boulder, San Francisco and London: Westview Press, 1990, pp. 20 – 26.

② 转引自马早明《西方“教育机会均等”研究述评》，《教育导刊》2001 年第 Z2 期。

③ 转引自吴德刚《中国全民教育研究：兼论教育机会平等问题》，教育科学出版社 2011 年版，第 57—58 页。

给，在此基础上能够保障所有个体获得适合自身的发展机会。还有一些学者将教育机会公平进行性质划分，进行类型化定义，比如按照干涉与否将教育机会公平分为消极的机会平等和积极的机会平等①，按照参照对象的差异分为水平平等、垂直平等和代际平等②。

从种种定义来看，尽管不同学者关于义务教育公平所界定的内涵有所差别，但是都涉及了不同阶段教育公平的某一方面或几个方面，其中尤以起点公平和结果公平为重。需要指出的是，教育的起点公平、过程公平和结果公平三者之间并非正相关关系，即投入公平不一定带来结果公平，甚至可能会带来结果不公平，比如学生教育会受到家庭教育因素的影响，由于家庭在社会中必定隶属于某个阶层，不同家庭有着不同的知识水平，对孩子的教育影响不同，因此会造成学校教育结果的差距③。同样，结果公平也可能会损害教育投入公平。由于要保障不同背景和能力的学生获得结果公平，需要对之区别对待，即意味着针对不同学生投入不同的教育资源才能够弥补背景和能力的差异④。因此，平等受教育只是求得公平的必要条件而非充分条件，同样受教育但并不意味着拥有同等的成功机会⑤，过程公平同样不一定能够带来结果公平。

在义务教育公平的内涵背后，实际上涉及三个深层次的问题：一是公平与效率，关切的是教育资源配置问题，即在资源分配上到底应当保障公平优先还是效率优先；二是公平与自由，关切的问题是政府是否应当或如何介入教育管理，背后暗含的是国家与市场、国家与社会、国家与个体之间的关系问题；三是公平与优秀，关切的是规则与

---

① 袁振国：《论中国教育政策的转变：对我国重点中学平等与效益的个案研究》，广东教育出版社 1999 年版，第 61—63 页。

② 翁文艳：《教育公平的多元分析》，《教育发展研究》2001 年第 3 期；沈有禄：《教育机会分配的公平性问题研究》，人民出版社 2018 年版。

③ Coleman, J. S., "Individual Interests and Collective Action", *Non-Market Decision Making*, Vol. 16, 1966, pp. 511-535.

④ 薛二勇：《教育公平与公共政策：促进公平的美国教育政策研究》，北京师范大学出版社 2015 年版。

⑤ 联合国教科文组织国际教育发展委员会：《学会生存：教育世界的今天和明天》，教育科学出版社 1996 年版，第 101 页。

特权之间的张力及其平衡问题，涉及国家如何实行教育发展战略，到底是走精英路线还是大众路线①。

二　城乡义务教育非均衡发展的解释路径

我国的义务教育不公现象成了社会广泛关注和国家着力解决的重要问题，城乡义务教育发展不均衡的问题更为凸显，学界对教育不公和城乡义务教育非均衡发展的解释，主要从城乡二元结构、分权制度和家庭资本能力等角度着手，分析和讨论城乡义务教育的差距生产和阶层再生产。

1. 城乡二元结构和城乡义务教育分化

学界普遍认为当前我国存在着城乡二元结构和城乡教育二元结构。刘易斯指出，发展中国家普遍存在两种性质不同的结构：一个是以传统农业为代表的农业社会；另一个是以现代化方式进行生产的城市社会②。城乡二元结构不仅是经济形态的表征，更是通过一系列的制度建立起来的，这些制度包括户籍制度、住宅制度、粮食供给制度、副食品与燃料供给制度、生产资料供给制度、教育制度、就业制度、医疗制度、养老保险制度、劳动保护制度等③。城乡二元结构反映到教育领域，呈现的是城乡教育二元结构，城乡二元分割分治的格局构成了城乡教育公平发展的制度障碍④。简言之，城乡二元结构造成了城乡义务教育发展的分治与分化。

城乡二元结构对于教育的影响主要表现在以下几个方面。

一是城乡二元户籍制度使得城乡学生在教育资源享受和教育权利保障上存在明显差距。由于户籍制度背后附着的是社会福利，在资源

---

① 杨东平：《教育公平三题：公平与效率、公平与自由、公平与优秀》，《教育发展研究》2008 年第 9 期；李涛、姚俊：《建构面向“中国问题”的教育公平治理体系——方法论新范式：统筹教育论纲》，《江淮论坛》2009 年第 4 期。

② ［美］阿瑟·刘易斯编著：《二元经济论》，施炜等译，北京经济学院出版社 1989 年版。

③ 林辉煌、贺雪峰：《中国城乡二元结构：从“剥削型”到“保护型”》，《北京工业大学学报》（社会科学版）2016 年第 6 期。

④ 邬志辉：《城乡教育一体化的制度束缚与破解》，《华南师范大学学报》（社会科学版）2013 年第 1 期。

配置和教师薪酬福利等资源分配上以城市为中心，因此户籍制度被看作城乡二元体制的核心，是城乡一系列不平等体制的根源①。我国按照户籍制度和就近原则为适龄学生分配学位，在义务教育阶段，农村学生在乡村学校就学，城区学生在城区学校就学，城乡学校在基础设施、师资力量、设施设备、可支配资源等方面存在差距，城区学生享受的资源流量和质量要高于农村学生，农村学生要到城区学校就学享受优质的教育资源存在制度性门槛限制。户籍制度将城乡学生区隔成为无法享受同等教育权利的两类群体，农村户籍学生进入城区学校就读需要缴纳“高价择校费”，而流动人口子女要在异地接受义务教育还存在一定的制度阻隔，尤其影响到务工人员子女就学机会公平问题②。

二是城乡二元产权制度导致城乡单向一体化，乡村教育资源存在“向城性流动”的趋势。在一些学者看来，农民所拥有的最重要资源就是土地和劳动力，然而城乡之间的产权制度不同，而农民对所承包的土地和宅基地没有产权，一方面使得他们无法在市场中自由交换土地和房屋；另一方面差异化的产权制度使得城乡居民在征地制度中获得的利益存在明显的“剪刀差”，农村缺失的产权制度既不能使农民依靠土地和房屋谋取自身利益，也抑制了城市资金和资源向农村转移和流动。城乡单向一体化，使得农村逐渐荒废和破败，无法吸引优秀教师到农村任教，同时导致优质教育资源的“向城性流动”③。

三是城乡教育二元供给制度形塑了城乡教育权力的差距。城乡教育二元供给制度包括制度供给和资源供给，制度供给涉及学校管理体制、学生分配制度、人事制度和财政制度等，资源供给涉及学校发展资源来源。在制度供给上，由于城乡之间所属区域不同，城区学校位

---

① 张雅光：《推进城乡义务教育一体化发展对策研究》，《教育探索》2018 年第 2 期。

② 李军超：《政府推进城乡义务教育均衡发展的制度逻辑研究》，中国社会科学出版社 2015 年版；褚宏启：《城乡教育一体化：体系重构与制度创新——中国教育二元结构及其破解》，《教育研究》2009 年第 11 期。

③ 邬志辉：《城乡教育一体化的制度束缚与破解》，《华南师范大学学报》（社会科学版）2013 年第 1 期；张旺：《城乡义务教育一体化发展研究》，教育科学出版社 2017 年版。

于城区，乡村学校位于乡镇和农村，前者多为城区教育部门直属学校，后者则由乡镇教育机构管理，城区教育部门是乡镇教育机构的上级部门，所有的乡村学校实际上由城区教育部门间接领导。在具体的管理中，由于所有关系到利益取向或分配的问题实际上会从城市角度出发考虑，所做决定和政策更加符合城区学校的利益与诉求①，所形成的是“城市决定农村”的权力关系结构②。

在资源供给上，我国长期以来实行分级管理的资源供给机制，从中华人民共和国成立初期的“统一领导、分级管理”，到改革开放之后的“分级办学、分级管理”，再到20世纪末期的“县、乡两级办学，以乡为主”，到分税制改革后实行的“地方负责、以县为主”③，其间实行了长达50年的城乡教育资源供给分立制度。即使在实施“以县为主”的教育供给制度以后，由于县域经济普遍落后，财政实力极为有限，大多数县城都未能成功承担起“以县为主”的教育供给责任，仍然将乡村学校的发展责任推给乡镇财政④。在城乡二元结构下，农村义务教育供给存在责任主体不明确、供给渠道单一、供给总量不足、供给结构失衡等问题⑤，农村义务教育与城市义务教育发展水平的差距进一步扩大。农村学校所获得的教育资源有限，使得农村义务教育成为我国基础教育发展的薄弱环节⑥。

2. 分权制度与城乡义务教育非均衡发展

在部分研究者看来，城乡义务教育非均衡发展与两个层面的分权

---

① 李慧芳、孙津：《城乡统筹中新型城市形态创制的要素关系》，《中国人口·资源与环境》2008年第2期。

② 邬志辉：《城乡教育一体化的制度束缚与破解》，《华南师范大学学报》（社会科学版）2013年第1期；张旺：《城乡义务教育一体化发展研究》，教育科学出版社2017年版。

③ 杨斌：《农村教育投入：绩效、机制与模式》，科学出版社2016年版；张济洲：《文化视野下的村落、学校与国家——一个地方社区基础教育变迁的历史人类学考察》，教育科学出版社2011年版；陈静漪：《中国义务教育经费保障机制研究——机制设计理论视角》，东北师范大学出版社2012年版。

④ 周飞舟：《财政资金的专项化及其问题 兼论“项目治国”》，《社会》2012年第1期。

⑤ 何爱芬：《我国农村义务教育供给困境与对策研究》，《亚太教育》2016年第13期。

⑥ 纪德奎：《乡村振兴战略与城乡义务教育一体化发展》，《教育研究》2018年第7期；徐同文：《城乡一体化体制对策研究》，人民出版社2011年版，第37页；郭一建：《二元结构下的城乡教育与社会正义的实现》，《现代交际》2016年第10期；李素敏：《义务教育均衡发展的理论与实践研究》，中国社会科学出版社2017年版。

制度有关：一是中央—地方政府之间的财政权力分配，央地财政分权形塑了地方政府供给地方教育资源和服务的能力和特征，进而影响到城乡义务教育资源和服务的供给状态；二是教育不同主体之间的剩余权力分配，剩余索取权和剩余控制权在不同主体之间的分配状态会影响学校的实际运转。

央地财政分权是指中央政府赋予地方政府一定的税收权及财政支配权。传统的财政分权理论围绕资源配置在中央和地方政府之间的分工展开，注重提高公共物品的供给效率。第二代财政分权理论引入了激励理论，认为高效源于好的政府结构，强调地方政府间的竞争，关注政府对于市场的激励和市场运作的秩序①。在理想状态下，央地之间合理的财政分权一方面能够保障中央的资源整合能力和调控能力；另一方面能够保障地方政府供给公共物品的效率。学界形成了两种对立的观点，赞同的观点认为财政分权制度有利于保障义务教育经费的支出，反对观点认为财政分权制度实际上抑制了义务教育经费的供给，对教育公共服务均等化会产生反作用。

刘雪扬将规模绩效、结构绩效和导向绩效作为指标分析财政分权与政府教育投入的关系，发现地方经济发展水平与财政性教育支出之间存在明显的负相关关系，即地方政府财政教育支出比例并没有伴随着经济增长而提高，但是财政收支的分权程度对财政性教育支出比例存在显著的正面影响，在一个省份财政收支分权程度越高，教育经费就越有保障，从而财政教育支出比例越高②。杨良松从省内分权和财政自主权的视角分析发现，省级财政自主性，省级和地级政府对县乡级政府的财政支出分权有助于增加教育投入，县乡级自主性会减少义务教育支出③。

与上述观点相反，丁春风认为在中国财政分权制度下，省级相关

① 李军超：《政府推进城乡义务教育均衡发展的制度逻辑研究》，中国社会科学出版社 2015 年版。

② 刘雪扬：《城镇化、财政分权与政府教育支出绩效研究》，《市场周刊》2019 年第 2 期。

③ 杨良松：《中国的财政分权与地方教育供给——省内分权与财政自主性的视角》，《公共行政评论》2013 年第 2 期。

政府会为自身政府业绩和升迁需求考虑，将有限的财政安排给利于社会稳定秩序和经济增长的支出项目，从而导致义务教育的投入比例不足①。吕炜、王伟同也认为在以经济发展作为核心任务的时期，地方政府主政者将政治晋升激励和追求即本地财政收入目标最大化，使得地方政府在资源分配上会倾向于将资源优先用于与中央目标一致的发展经济领域，从而挤占了社会公共服务供给包括教育的支出②。李齐云、隋安琪赞同吕炜、王伟同的观点，但他们乐观地认为，随着服务型政府的转向，新的政治激励同样会传导到地方政府，形塑出新的政治激励体系和教育资源分配体系，从而使得分权制度更加有利于保障义务教育经费支出③。杨东亮、杨可借鉴经济收敛检验思想，提出研究财政分权对教育公共服务均等化影响的基准模型，通过实证研究发现财政分权不利于教育公共服务均等化，地方政府一方面缺乏公共服务供给意愿；另一方面在上级政府过度激励下转向经济建设，从而影响公共服务包括教育服务的能力④。

产权关系是一种物质利益关系，排他性产权的确立使得权利和义务相对称。产权明晰一方面有利于解决外部性或权利界定不清产生的低效率问题；另一方面能够对相关权利主体起到激励作用，因此，在教育相关主体之间建立清晰的教育产权，实现教育权利的合理分配是必要的⑤。宁本涛认为，我国教育资源配置效率低和配置不公、教育制度与需求严重失衡问题，根源正是在于学校内部产权界定不清晰⑥。

① 丁春风：《财政分权视角下对义务教育投入不足的原因分析——以小学为例》，《中国集体经济》2017 年第 17 期。

② 吕炜、王伟同：《我国公共教育支出绩效考评指标体系构建研究——基于绩效内涵和教育支出过程特性的构建思路》，《财政研究》2007 年第 8 期；吕炜、王伟同：《中国公共教育支出绩效：指标体系构建与经验研究》，《世界经济》2007 年第 12 期。

③ 李齐云、隋安琪：《中国式财政分权对义务教育供给水平的影响研究》，《公共财政研究》2018 年第 4 期。

④ 杨东亮、杨可：《财政分权对县级教育公共服务均等化的影响研究》，《吉林大学社会科学学报》2018 年第 2 期。

⑤ 范先佐：《教育的低效率与教育产权分析》，《华中师范大学学报》（人文社会科学版）2002 年第 3 期。

⑥ 宁本涛：《调整结构 明晰产权——对我国教育资源配置效率与公平问题的制度分析》，《教育与经济》2000 年第 3 期。

在产权理论中，任何契约都不是完备的，只要有契约就会有剩余（权利）。在面对教育活动中不确定性与不完全信息时，就需要建立教育剩余索取权和教育剩余控制权的架构，针对不同主体安排和分配相关权利①。教育剩余权涉及的主体包括地方政府、学校和教师，夏茂林从教育机构及其代理人剩余索取权缺失、教育机构剩余控制权错位、教师人力资本剩余索取权缺失、教师人力资本剩余控制权错位等方面，分析了地方政府均衡配置教育资源的动力缺失，政府缺乏全面统筹能力，城乡学校师资力量配置失衡，从而造成了校际之间和城乡之间教育差距的扩大化②。

3. 家庭资本能力与教育的阶层再生产

家庭与学校都是学生教育发展的核心支持主体，在学校之外，家庭就是最重要的教育场所，因此家庭对于教育能力发展以及教育差距生产的作用不可小觑。学界存在关于教育与阶层关系的两个经典命题，即教育到底是实现阶层流动的机制还是阶层再生产的机制，吴晓林将之分别概括为“精英循环论”和“阶层复制论”③，前者认为教育被看作改善自身经济地位和获得地位、声望的一种工具，在职业发展和改变命运等方面发挥重要的作用④，后者认为教育对于下层阶级的学生实现代际流动起到促进作用⑤。随着我国城乡义务教育差距的扩大，教育的阶层再生产功能进一步被凸显，家庭资本能力是研究这一问题最重要的研究切口。

家庭力量对于城乡义务教育公平的影响，通过经济资本、文化资本和社会资本等资源发挥支持作用。经济资本是教育支出的主要来

① 夏茂林：《我国义务教育发展失衡的制度述源及变迁研究》，科学出版社 2015 年版。

② 夏茂林：《我国义务教育发展失衡的制度述源及变迁研究》，科学出版社 2015 年版。

③ 吴晓林：《“阶层复制”还是“精英循环”——高等教育促进社会流动的再分析》，《国家教育行政学院学报》2012 年第 3 期。

④ 钱民辉：《教育真的有助于向上社会流动吗——关于教育与社会分层的关系分析》，《社会科学战线》2004 年第 4 期。

⑤ ［法］皮埃尔·布迪厄：《国家精英：名牌大学与群体精神》，杨亚平译，商务印书馆 2004 年版；［美］大卫·斯沃茨：《教育、文化与社会不平等》，陈金英译，载薛晓媛、曹荣湘主编《全球化与文化资本》，社会科学文献出版社 2005 年版，第 415 页。

源，文化资本是传递文化导向的媒介，社会资本是社会成员之间信任、规范和共同价值观形成的多种集合，每个集合都有特定的社会和文化结构，对于个体在教育机会和职业选择中具备一定的作用①，能够在教育机会、教育过程和教育回报上产生影响。

家庭经济资本是子女教育中的基础性资本，经济资本一方面决定了子女教育机会获得的能力；另一方面则决定了家庭为子女购买市场教育的能力。由于我国实行学区制和重点校制度，家庭经济条件决定了学生能够获得何种资源，经济富足的家庭可以通过购买学区房获得义务教育阶段重点学校的资格，与普通学校相比，重点校在升学时有更高的概率升入优质学校②。在学校之外，学生的时间利用效率如何，成为学生之间竞争的重要标的，学生们主要依靠市场教育机构增强自身的素质能力和文化实力，为教育竞争和未来发展奠定良好的基础。如果缺乏经济实力，家庭就无法为子女购买合适和足够的校外培训项目，由此可能降低他们的竞争能力③。

家庭文化资本是培养子女教养能力的潜在资本，是家庭日常互动过程中形成的代际行为与代际能力，是一种潜移默化的惯习养成，影响发生在知识能力、思考能力、表达能力、行为习惯、思维习惯等各个方面④。比如，在儿童教养方法上，富有家庭更加侧重于培养孩子的协作能力，而穷人家庭的孩子则依循“成就自然成长法”成长，由此产生两种结果，前者更加容易生成优越感，后者更加容易生成局促感⑤。从孩童出生到成长的过程中，文化资本时刻在发挥重要的影响作用。文化资本是家庭再生产与再发展的内在加持力量，既能够影响子女教育发展的起点基础，又能够在教育过程中时时发挥作用。拥有较强文化资本的家庭在子女教育发展中能够获得更好的发展，而文

① 张山：《家庭资本、教育与社会流动》，《经济问题》2018 年第 12 期。

② 张山：《家庭资本、教育与社会流动》，《经济问题》2018 年第 12 期。

③ 顾辉：《教育：社会阶层再生产的预演一项对 H 市两所高中的研究》，博士学位论文，上海大学，2010 年。

④ ［法］皮埃尔·布迪厄：《国家精英：名牌大学与群体精神》，杨亚平译，商务印书馆 2004 年版。

⑤ ［美］安妮特·拉鲁：《不平等的童年：阶层、种族与家庭生活》，张旭译，北京大学出版社 2009 年版。

化资本较弱的家庭在子女教育发展中的积极作用不明显①。梁晨、任韵竹等通过对历史数据整理分析发现，民国时期，近90%的上海地区女大学生来自商人、专业技术人员或公务人员家庭，而男大学生的相应比例为84%，且几乎没有上海女大学生来自农民家庭②。在该研究团队另一篇文章中，通过对1865—2014年近150年的时间分为四个阶段进行分析，发现只有1953—1993年这40年的时间里，工农或无产阶级子弟成为新的教育精英优势群体，而其他三个阶段，官员、技术人士、有产者等家庭分别为教育精英的主流③。

家庭社会资本是子女教育获得和职业获得的发展性资本，是依靠关系联结与关系动员所产生的外在于家庭的拓展性资本。刘阳阳、王瑞建立了教育回报的“代际交叠”模型，发现出身“寒门”的子女期望教育的回报率更低，拉大了与富裕家庭群体的收入差距。他们的研究还指出，所谓“寒门难出贵子”并未否定教育对收入增长的带动作用，但相对来讲，收入较低的家庭，其子女通过教育改善收入的难度更大，这会造成收入差距的拉大。也就是说，高收入家庭的子女更容易通过教育获得更高收入④。遗憾的是，他们并未深入分析其内在的机制，即高收入家庭的何种因素使得其子女能够通过教育获得更高收入，到底是在哪个环节发挥了重要抑或关键作用。张山一定程度上解释了经济条件对于教育回报的影响，一方面家境好的学生更容易进入重点中小学，这类学校考入重点大学的比例更高，因此在找工作时更有优势；另一方面，家庭好的学生在找工作时，能够获得优质工作单位青睐的重要原因是拥有强势家庭背景的经济支持和关系支持⑤。

---

① 仇立平：《家庭—学校—工厂：中国社会阶层再生产》，中国社会科学出版社2015年版；朱新卓等：《中国农村教育阶层再生产功能的文化分析》，上海三联书店2015年版。

② 梁晨、任韵竹、王雨前、李中清：《民国上海地区高校生源量化刍议》，《历史研究》2017年第3期。

③ 梁晨、董浩、任韵竹、李中清：《江山代有才人出——中国教育精英的来源与转变（1865—2014）》，《社会学研究》2017年第3期。

④ 刘阳阳、王瑞：《寒门难出贵子？——基于“家庭财富—教育投资—贫富差距”的实证研究》，《南方经济》2017年第2期。

⑤ 张山：《家庭资本、教育与社会流动》，《经济问题》2018年第12期。

三　文献评述

在对教育公平的界定上，研究者从起点公平、过程公平和结果公平等角度进行演绎，形成自身对教育公平的侧重认识，在认识上并未取得一致。总体来讲，学界更加侧重于起点公平和结果公平，强调学生入学机会的平等性、资源享受的平等性和发展机会的平等性，对于过程公平的研究相对较少。从研究策略上来讲，起点公平和结果公平是一个静态表现，更加容易被关注和研究，过程公平则不仅仅是一个制度性的结果，而且是一连贯的动态行为，既不易被注意，研究的难度也较大。

在对义务教育非均衡发展的研究和解释上，存在两个明显的研究取向：一是制度取向，即侧重于从制度不公的角度反思教育不公。城乡二元结构背后暗含的是城乡地区不同的户籍制度、土地制度和供给制度为教育发展不平衡所带来的影响，分权制度则是从产权制度角度探讨中央政府和地方政府、政府与学校、学校与教师等教育相关主体之间所存在的权利分配问题，由于教育产权不清和权利分配不合理，导致教育资源供给不足和城乡义务教育非均衡发展。二是资源取向，资源包括政府公共资源和家庭私人资源。学界普遍认为城乡义务教育非均衡发展的根本原因在于教育资源分配不公，政府在教育资源的分配上长期实行城乡二元供给制度，在“以县为主”的教育管理制度下，地方政府更加倾向于将教育资源投向城区学校，而对乡村学校的投入不足，使得乡村教育发展得不到保障，城乡差距越来越大。而家庭资本的影响，则进一步加剧了城乡教育的差距，城区学生家庭的经济资本、文化资本和社会资本要远高于农村学生家庭，城乡家庭的教育资本投入差距使得城乡学生获得的教育资源和教育机会形成鲜明对比，家庭资本成为阶层再生产和教育发展差距的重要力量。制度和资源是影响教育公平发展的根本性因素，制度规则决定教育发展的方向，资源流量决定教育发展的基础。上述研究将制度和资源作为教育发展的基础性变量，研究制度偏向、资源分配对于城乡义务教育公平发展的影响，为教育公平研究奠定了深厚的研究基础，确立了学界关于教育公平研究的基本认识，对后续研究具有重要的启发意义，同时为国家进行教育政策改革和促进教育发展提供了借鉴和指导。

然而，制度取向和资源取向却无法解释“为何国家不断调试政策方向，加大针对农村学校的资源投入，却无法改变农村教育的落后局面，反而出现农村学生加速向城镇学校流动，城乡义务教育发展差距日益扩大化的趋势”这一现象。对这一现象的解释失语，意味着既有研究存在一定的研究局限。具体来讲，既有研究存在以下四点不足。

一是重视教育物质资源研究，却忽视教育人力资源研究。在教育资源要素中，不仅包括资金、校舍、设备、仪器等物质资源，还包括学生和教师等人力资源，两类资源均对学校教育发展具有重要作用。在教育公平研究中，研究者多倾向于关注物质资源的投入状况，少数研究者关注师资力量的分配状况，却忽视了学生结构、教师结构以及师生互动对于学校教育的影响。实际上，师生的规模、层次和互动状况会影响学校的运行状态、资源分配和教育效果，可以从中反映出教育资源分配和教育机会分配的宏观公平和微观公平。相比之下，物质资源只是一种静态表征，数量多少并不能完整地反映出教育公平的真实状态。

二是重视教育起点公平和形式结果公平，却忽视了教育过程公平和实质结果公平。学界基本认可教育公平的三阶段论，即教育公平是由起点公平、过程公平和结果公平组合而成，认同“起点公平＋过程公平＝结果公平”的平衡公式。在既有研究中，却存在简化教育公平平衡公式的嫌疑，一方面将教育公平的关注点放置在资源投入和机会获得的公平上，形成“起点公平＝教育公平”或“起点公平≈教育公平”的简单认识，缺乏对过程公平的深度关注与解释；另一方面忽视结果公平的实质意义，结果公平的本质是教育机会的均等而非教育结果的差异，教育结果公平意味着所有学生在公平的资源基础和竞争规则下，依靠自身努力能够在教育竞争中获得公平的结果，如同公平的体育竞技一般，但是大量研究通过宏观的抽象指标和零散的感性认识凸显不同阶层的教育发展结果差异，难以客观公正反映教育的实质公平。

三是重视资源分配的基础性作用，却忽视了结构互动的发展性作用。资源分配正义长期以来是教育公平研究的重点，但是值得注意的是，资源分配正义存在两个现实问题：一方面作为公共品的教育资源分配要实现正义，需要经历一定的时间段，在这一时间段内，是否必然无法实现城乡义务教育的公平发展；另一方面教育资源不仅包括国家供给的公共资源，还包括家庭投入的私人资源，私人资源投入具有差异性和自主性，如此一来，不同学生所接受的教育资源必然存在不均衡，那么是否也意味着城乡义务教育无法公平发展。教育资源对于教育发展产生基础性作用，但是教育资源是否被激活、教育资源使用效率和教育公平实践，都需要在教育结构中进行讨论，即讨论不同主体之间的互动如何激活、分配和使用资源，由此才能呈现出教育资源的分配状况和使用效果，进而呈现出教育公平的实际状态。

四是重视浅层次的相关性分析，却忽视了深层次的机制分析。相关性分析是两个因素和多个因素之间的关联分析，二者或多者之间可能存在因果联系，也可能不存在因果联系。机制分析是对相关分析和因果分析的升华，不仅能够解释两个因素之间的关系，还能够在两个因素之间建立强关联，提高因素之间联系的信度。既有研究在分析制度要素或资源要素与教育公平的关系时，能够在形式上和逻辑上说得通，符合常识性判断，但是却缺乏深刻的论证和说服力，比如既有研究无法解释资源投入是如何影响教育公平的，只能形成简单的论断如“资源投入越多，教育发展越公平”。机制解释能够通过在二者之间增加相关变量提升分析的深度，勾连自变量和结果变量之间的关系，从而解决已有相关性分析解释力不足的问题。

第四节　城乡学校结构：一个分析框架

既有研究注意到教育公平应当讲究制度科学合理和资源分配正义，但是针对教育公共品的制度保障和分配正义面临两点现实问题，一是教育公共品分配难以确保绝对公平，因此无法使城乡义务教育资源分配和城乡义务教育发展实现绝对公平；二是即使实现了教育公共品分配的绝对公平，是否能够确保实现城乡义务教育的公平发展。城乡义务教育公平发展与否，还需要关注两个问题：一是教育资源存在分配之后的激活与使用效率的问题；二是在教育资源之外还存在其他因素影响着教育的发展，比如学生基础、家庭支持等。本文超越制度取向和资源取向的视角，强调结构均衡的重要性，即结构之间的均衡是城乡学校发展的关键，只有学校结构符合学生自身特点和学生发展需求时，学校才能成为有效的运转主体，同时才能作为共同体参与与其他学校的竞争与比较。

需要说明的是，结构均衡并不排斥资源，而是超越资源，即资源有助于结构均衡，但并不产生决定性作用。在缺乏资源的情况下，若能够保障不同学校的结构均衡，不同学校之间同样保持校际竞争，从而保障学生发展。相反，在资源供给充足的情况下，即使学校之间能够实现城乡义务教育资源的均衡化，保证学校层面的起点公平，但是却可能因为结构失衡无法保证学校之间形成均衡的竞争能力。因此，本书将采取结构分析方法，提出城乡学校结构的分析框架，通过对城乡学校的结构分析，厘清教育城镇化过程中城乡学校结构运转的特点，指出城乡义务教育发展的问题，进而提出改善城乡义务教育不均衡发展和教育不公的可行方案。

一 结构分析方法

任何客观事物都是具有一定结构的整体，对结构的分析成为结构功能主义和结构主义的核心和传统。在结构主义和结构功能主义研究者的视野中，社会是具有一定结构或组织化手段的系统，社会的各组成部分以有序的方式相互关联，并对社会整体发挥必要的功能。不过，结构功能主义者和结构主义者对社会的认识存在差异。前者认为社会是一个多元成分的组合体，类似于化学分子晶体架构，内部随时需要相互间的协调关系，当某些关系发生变化时，其他成分将做相应调整，并由相应的整合机制维系社会秩序以恢复平衡①。后者则认为，社会的结构平衡是有条件的，需要注重结构内部不同元素利益关系的平衡，尤其要注重底线利益和外在力量的调试，比如对于一个国家而

① ［美］塔尔科特·帕森斯：《社会行动的结构》，张明德、夏遇南等译，译林出版社2012年版；［美］罗伯特·K. 默顿：《社会理论和社会结构》，唐少杰、齐心译，译林出版社2015年版。

言，当国家整体结构遭遇破坏之后，国家内部的平衡可能是以不公平的形态存在，而这种不公平严重时可能造成国家的崩溃或组织的瓦解[①]。

对比结构功能主义和结构主义，结构功能主义对结构的分析存在一定的预设，一方面强调结构的稳定性、静态性和自在均衡，具有客观主义色彩；另一方面对于结构内部元素的状态保持积极乐观的功能认同，理想地认可结构内部各要素之间的有机联系和和谐关系，即只强调社会整合而忽视了社会冲突。但是，当将结构功能主义放置到现实社会或微观组织场域中作为分析工具时，则会发现结构功能主义缺乏对现实的敏感能力，常常忽视变动结构的深刻变化和不稳定关系。相比之下，结构主义则显得更具客观性和实践性，既拥有对现实结构关注的温度，也强调结构内部不同要素之间变化及其所带来的影响，一旦内部资源和规则发生了变化，需要通过资源增补和规则修复促进结构的均衡。因此，采取结构主义的分析方法，能够更加客观而灵敏地分析社会结构。

结构主义分析方法是通过分析和确立事物或系统内部各组成要素之间的关系及联系方式进而认识事物或系统整体特性的一种科学分析方法[②]。安东尼·吉登斯作为结构主义的代表性人物，他认为规则和资源的不同组合会形成不同的结构。其中，规则作为结构中相对稳定的部分有制约作用，而资源作为能量是积极变动的，故而使得结构既有制约性又有能动性。规则属于行动者的知识和理解部分，是行动的内在因素，是潜在的、非具决定性的情境界域[③]。对结构的分析，既要注重资源要素的重要性，也要注重对隐性规则的分析。结构化理论强调要以社会行动的生产和再生产为根基，结构分析要超越结构本身，着眼于分析结构内部不同要素的行动逻辑、互动关系及其影响作用。

---

① ［英］安东尼·吉登斯：《社会的构成：结构化理论纲要》，李康、李猛译，中国人民大学出版社 2016 年版。

② ［瑞士］皮亚杰：《结构主义》，倪连生、王琳译，商务印书馆 1984 年版。

③ ［英］安东尼·吉登斯：《社会的构成：结构化理论纲要》，李康、李猛译，中国人民大学出版社 2016 年版。

具体到城乡义务教育公平问题上，城乡学校就如同不同的结构，当前城乡学校之间之所以存在不均衡发展，根本原因在于学校结构内部资源和管理规则发生了变化，资源分布不均是影响这一变化的重要因素，但在国家不断向乡村学校输入资源、推动城乡义务教育均衡发展的情况下，城乡教育之间的不均衡仍然广泛存在，其关键还在于城乡学校结构的变化影响了教育规则，导致城乡教育发展不均衡的现象仍然存在。要厘清这一问题，需要通过结构分析方法对学校内部的管理结构进行全面深入的分析，寻找到管理结构及其规则变化的关键原因。

二　城乡学校的结构分析

城市学校和乡村学校就如同一个个独立的结构，学校系统内部又存在着一个个子结构，包括学校管理结构、师生互动结构和家校互动结构等，结构的具体运转依靠内部的一系列规则和资源要素的互动。对于一所学校而言，物质资源比较重要，但是更为重要的是师生资源，师生资源作为人力资源，是学校的无形财富，同时也是影响城乡学校结构的基础性变量①。教师资源是指教师规模、教师质量和教师积极性，学生资源是指学生规模、学生质量和学生层次。学生资源状况由居住密度和家庭状况所决定，教师资源状况则是制度分配和制度激励的结果。学校物质资源和人力资源共同构成学校资源总体结构，形成学校实际运转的基础变量。

由于城市学校和农村学校在学生规模、学生质量、学生层次和教师规模、教师质量、教师积极性等方面存在差异，同时在教育物质资源分配上同样存在差异，人力资源和物质资源状况综合形成学校资源的总体结构。城乡学校的资源结构将会影响到学校管理模式、师生关系性质和家校关系性质。城乡学校结构是城乡教育的宏观结构，在不同的资源组合状况下，学校管理模式、师生关系性质和家校关系性质

① 李海楠：《增强乡村教师留任意愿是补齐乡村教育短板之关键》，《中国经济时报》2019年1月15日第2版；德吉卓嘎：《浅析学校人力资源均衡发展的有效途径》，《西藏教育》2017年第10期。

形成微观的互动结构，三层互动结构构成了城乡学校运转的内在机制，形塑出城乡学校教育的性质，呈现出城乡义务教育公平状况（具体分析示意见图 1 - 1）。

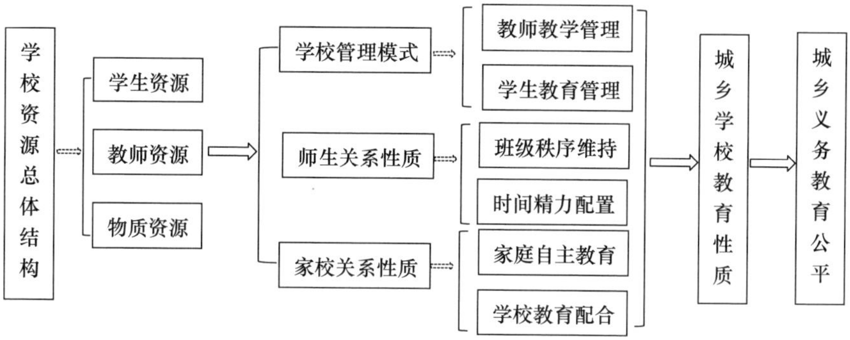

图 1 - 1　城乡学校结构微观层次与具体分析示意图

说明：虚线箭头代表包含关系，表示后者是前者的子内容；实线箭头代表推导关系，表示前者影响后者。

学校管理模式是关于教师管理和学生管理的结构体系，前者指涉的是针对教师的激励与惩罚，即如何调动教师教育管理的积极性，遏制教师教育教学工作中的消极行为。后者指涉的是针对学生在校生活的时间安排与日常管理。师生关系性质则是关于教师与学生相处的关系体系，可以具体到班级内部的管理，一是班内秩序如何维持，即选择什么样的学生做班干部维持秩序，二是教育与管理的时间精力如何配置，即教育关注点和管理关注点放在什么层次的学生身上。家校关系性质是关于家庭与学校如何合作的关系体系，合作包括两个层面的内容，一是家长自主的家庭教育如何，二是家长在学校教育中起到何种作用。

城乡学校结构一方面由学校和家庭自身的内在结构所决定；另一方面则随着教育城镇化的发展，城乡教育资源状况发生了变化，使得城乡学校运转的稳定结构被打破，城区学校、农村学校和乡镇学校在学校管理模式、师生关系性质和家校关系性质等方面存在本质不同，由此造成了城乡学校发展的结构性失衡和城乡义务教育的持续不公。

本书将通过对城区学校、农村学校和乡镇学校在学校管理模式、师生关系性质和家校关系性质三方面的比较分析，呈现出三种类型学校在教育城镇化背景下的实际运行状态，根据他们的运行状态总结出城乡学校教育的性质，以此探寻城乡义务教育非均衡发展的机制，进而反思城乡学生与城乡学校之间的教育匹配问题。

第五节　研究内容与概念界定

一　研究内容

本书将在教育城镇化背景下研究城乡义务教育非均衡发展的机制，探讨为何在国家不断加大对乡村教育资源投入的情况下，仍然有大量的乡村学生流动到城镇就读，从而导致城乡义务教育的发展差距进一步拉大。笔者采用结构分析方法从教育基础结构的角度分析原因，以此探寻城乡义务教育均衡发展和公平改善的可能路径。本书超越制度取向和资源取向，强调结构内部不同主体的互动作用与主体能力的发挥，注重不同结构的内在运行机制。具体来讲，本书将开展以下几个方面的研究工作。

一是从教育要素分配和流动的角度清晰界定何为教育城镇化，并分析教育城镇化的双重动力。教育的核心要素是学生、教师和物质资源，三者的位次不可发生改变，由于受到不同因素的影响，生源、师资和物质资源等要素的分配和流动趋向发生变化，分配方向与流动方向出现相反的趋势。国家为了强化乡村教育，按照学区制划定生源就学范围，向乡村学校倾斜分配教师和项目资源，但三者却均一致流向城镇。在本书第二章中，笔者将会对教育城镇化进行清晰界定，并从地方政府动力和农民家庭动力的角度分析教育资源要素分配与流动出现悖论的原因。

二是分析教育城镇化背景下不同类型学校的资源结构和运行状况，通过对比研究呈现和分析城乡义务教育非均衡发展的局面。学校的实际运行和发展状态关键由学校内部的资源结构所决定，资源结构形塑了学校管理模式、师生关系性质和家校关系性质，进而决定了学校教育的发展状态。通过对城区、农村和乡镇三类学校内部运转结构的分析，弄清城市学校、农村学校和乡镇学校发展的运行机制，在此基础上观察和分析教育城镇化过程中进城农村学生在城镇学校的适应问题和乡村学校中农村学生的发展处境。本书第三、四、五章将重点分析三类学校资源结构对于学校运转结构的影响和教育性质的形塑，从而呈现和分析城乡义务教育非均衡发展的局面和原因。

三是从宏观上分析不同层次学校教育发展所形成的梯度结构及其发展问题，进一步反思城乡义务教育非均衡发展的深层根源所在。教育城镇化重新分配教育资源要素所形成的资源结构，使得城乡不同学校发展呈现出截然不同的发展格局，从总体上改变了教育机会的分配规则和教育竞争的主体内容，从而形成教育权利的阶层排斥。因此，需要分析问题背后的内在根源，根本原因在于政府和社会对于教育公平的内涵和教育资源的认知存在偏差，通过对教育公平的内涵辨析和教育资源的认知纠偏，重新确立教育发展的实质权利，重新构造教育发展的竞争动员体系，从而建立城乡义务教育均衡发展的合理模型。第六章将深入分析教育城镇化的后果，反思城乡义务教育非均衡发展的深层动因，进而提出城乡义务教育公平改善的方向。

四是探讨改善城乡义务教育公平的实际操作办法，提出城乡义务教育发展的均衡之道。在已有的改善路径中，国家所采取的是向乡村学校倾斜和“撒胡椒面”的资源投入方式，城乡义务教育公平的改善效果有限。笔者根据对城乡三个层次学校的分析和反思发现，保障教育公平的前提是支持不同学校建立完整的人力资源结构和发挥自身的内在比较优势，以使不同层次和类型的学生都能够从教育中受益。基于此，笔者提出相应的教育公平改善方案，一方面确立国家资源投入的层次，解决资源分散投入的低效率问题；另一方面明确国家资源投入和政策实施的方向，保障不同学校的发展能力和发展后劲。本书的第七章将对城乡义务教育均衡发展的改善措施进行详细探讨。

二　概念界定

（一）教育城镇化

教育城镇化是乡村学校中教育资源要素向城镇学校流动的过程与状态，乡村学生向城镇学校转移，乡村教师向城镇学校集中，乡村教育资源向城镇学校分配，三者共同形塑了城镇学校教育要素集聚和乡村学校教育要素分散的格局。在教育资源要素的流动中，城区学校是资源流入地，农村学校是资源流出地，乡镇学校既是资源流入地也是资源流出地。

（二）义务教育公平

义务教育公平是指义务教育阶段受教育者所能享受到公平的教育资源、教育权利和教育结果的状态，分为起点公平、过程公平和结果公平。起点公平是确保人人都享有平等的受教育权利；过程公平是提供相对平等的受教育机会和受教育条件；结果公平是教育成功机会和教育效果的相对均等。义务教育公平中的结果公平是目标状态，起点公平与过程公平是资源配置和教育实践状态。

（三）教育资源供给

教育资源供给是由教育相关主体投入教育所需资源的过程，教育相关主体包括政府、家庭、市场和社会。政府是义务教育阶段教育资源供给的主要主体，家庭、市场和社会是教育资源供给的辅助主体，市场教育供给能力由家庭购买能力所决定。教育资源配置和供给状态影响义务教育公平的发展状态。

（四）学校结构均衡

结构均衡是指结构内部各要素的比例均衡，不同要素之间的协调能够保障结构本身处于稳定状态。在本书中，学校结构均衡具体是指学校内部教育人力资源要素和物质资源要素配置均衡，使学校能够依靠稳定的资源结构保持自身活力，并发展出与其他学校进行公平竞争的能力和实力。

（五）比较优势

比较优势最初源于经济学，是指一个生产者以低于另一个生产者的机会成本生产一种物品的行为，如果一个国家在本国生产一种产品的机会成本低于在其他国家生产该产品的机会成本的话，则这个国家在生产这种产品上就拥有比较优势。延伸来讲，比较优势就是一者相对于另一者在某一方面所具备的独特优势，比如乡镇学校的比较优势是其相比于城区学校而言所具有的时间充沛和学生勤奋等教育条件。

第六节 研究方法与田野工作

一 研究方法

本书摒弃对教育公平研究的应然理解，以县域为单位，通过研究教育城镇化的实践状态反观教育公平，探讨城乡义务教育非均衡发展的机制。之所以要选择以县域为单位开展研究，在于在“以县为主”的教育管理体制下，县级政府是城乡一体化的最小统筹单位，教育责任和自主权相对较大①，一方面教育资源以县域为单位进行分配；另一方面教育政策的实施在县域内部具有一致性，因此在对县域内部不同层次学校进行比较时，能够减少不必要的因素干扰。本书采取随机的方法选择案例县②，分别为甘肃宁平县、广西林甫县和湖北黄西县，三个地区属于典型的中西部县域，三地县城的经济特征和学校发展特征能够代表中西部地区的普遍情形，具有一定的典型性，下文“田野工作”中会介绍三地的基本情况。需要说明的是，笔者所要回应的是中西部地区城乡义务教育发展的问题，尽管发达地区的教育发展状态与中西部欠发达地区存在相似之处，但是问题原因和运行机制存在差异，而中西部地区的问题更具普遍性，故而本书以中西部地区的县域为分析对象，未将发达地区的县区纳入进来。

本书的研究在资料搜集上采取田野调查法搜集一手资料，同时辅以文献研究法进行佐证，在分析方法上采取结构主义的分析视野进行机制分析。

田野调查法是来自人类学的研究方法，是通过深入研究现象进行实地调查的方法，研究者可以采取参与式观察、结构式访谈或无结构式访谈等方式进行。笔者在县域范围内的村庄、学校、教育局开展调研，针对普通农民、学生家长、老师、学校领导、教育部门领导等人员进行无结构式访谈和参与式观察，三县调研时间各为一个月左右，

① 邬志辉：《城乡教育一体化：问题形态与制度突破》，《教育研究》2012 年第 8 期；于发友：《通向教育理想之路：县域义务教育均衡发展研究》，山东人民出版社 2008 年版。

② 按照学术惯例，本书中案例县的地名（市级以下）、人名、校名均使用化名。

调研总时长为96天，在调研一线搜集了大量的一手资料，这为笔者撰写本书积累了丰厚的经验基础。

文献研究法是指搜集、鉴别和整理文献，是通过对文献的研究形成对事实的科学认识的方法。本书在调研中收集了当地学校、教育部门的文件材料，并在调研过程中查阅了中央和地方的教育政策文本和教育志，通过对地方教育材料和教育政策文件的梳理分析，一方面能够作为背景加深对于地区实践与个体行动的理解；另一方面能够辅助论证来自一线调研的经验判断，增加经验判断的论述深度和准确度。

结构分析法是针对系统中各个组成部分及其对比关系变动规律的分析方法，着眼于分层分析结构内部互动关系以及结构与整体之间的关系。本书在对教育城镇化进行分析时，针对县域内城区学校、农村学校和乡镇学校的教育管理、师生关系和家校关系展开结构分析，呈现不同类型学校的运行模式和发展状态，据此反思城乡义务教育非均衡发展的机制和公平改善的方向。

机制分析法是在不同要素或现象之间建立深刻联系并对比提供有力解释的方法，这一分析方法能够从复杂的实践中抽取关键要素，抓住关键环节，建立关键联系。由于影响现象的变量很多，要素关联机制十分复杂，“在各个看似不相关现象之间建立联系，对一些看似不可理解的现象提供解释的努力，才是机制研究”[①]。本书旨在建立教育资源结构与城乡义务教育非均衡发展之间的关系，通过机制分析探讨二者发生了何种关联以及如何发生关联。

二　田野工作

本书的田野工作是在我国中西部省份的三个县城开展，分别为甘肃宁平县、广西林甫县和湖北黄西县，集中关注当地的教育发展状况，调研内容涉及教育的各个方面，包括教育宏观政策、学校教育管理、基础教育改革、教育政策实践、家校关系、家庭教育、社区教育以及私立教育等。在调研地点的选择上，笔者并未刻意进行

① 贺雪峰：《华中村治研究（2016年卷）：立场·观点·方法》，社会科学文献出版社2016年版，第58页。

选择，纯凭偶然的关系获得调研机会，但是有趣的是，三县在方位上恰好位于祖国的南中北，经济发展程度一般，均属于欠发达地区的县城，因此本书所要展现的问题就不存在区域代表性的责难，能够代表全国中西部地区呈现一般性的问题。本书将通过机制分析揭示中西部地区城乡义务教育非均衡发展问题的一致性和普遍性，下面简单介绍三县的基本信息、个人调研情况和城乡义务教育均衡发展状况。

宁平县属于甘肃白银市的下属县，是 1936 年 10 月红军会师地，素有“西北状元县”“博士之乡”之美誉，2017 年全县户籍人口 57.6 万人，下辖 28 个乡镇，GDP 约为 62.7 亿元①。在该县的调研主要在宁平镇（县城所在地）、临江镇、崖边乡、土沟乡所在的中小学以及教育管理部门，村庄和家庭教育调研在崖边乡开展，调研时间为 2017 年 11 月 20 日至 12 月 15 日，调研时长为 26 天。在笔者开展调研之前，宁平县已经完成了城乡义务教育均衡验收，验收成绩合格。

林甫县位于广西东南部，户籍人口 184.1 万人，实际人口 220 万人左右（当地由于超生存在大量黑户），下辖 28 个乡镇，2017 年全县 GDP 为 261.8 亿元②。该县调研主要在林甫镇（县城所在地）、金狮镇、两水镇所在的中小学以及教育管理部门，村庄和家庭教育调研主要在金狮镇和两水镇开展，调研时间为 2018 年 3 月 25 日至 4 月 28 日，调研时长为 35 天。笔者在该县调研期间，全县学校均沉浸在城乡义务教育均衡验收的工作压力之下，大量的乡村学校正在实施均衡项目，学校建设如火如荼，但地方财政压力大，大量建设资金依靠社会捐赠。

黄西县位于鄂东中部，大别山南麓，户籍人口 100.9 万人，下辖 12 镇 1 乡，另有非行政区划单位 3 个，2017 年全县 GDP 为 239.6 亿元③。该县调研主要在甘水镇、王集镇、赤河镇的中小学以及教育管

① 数据来源于《2017 年宁平县国民经济和社会发展统计公报》。

② 数据来源于《2017 年林甫县国民经济和社会发展统计公报》。

③ 数据来源于《2017 年黄西县国民经济和社会发展统计公报》。

理部门，村庄和家庭教育调研主要在王集镇开展，调研时间为2018年5月16日至6月10日，6月19日至6月29日，共37天。笔者到黄西县调研之前，该县已经完成了城乡义务教育均衡验收，验收成绩合格。

第二章　教育城镇化的基本内涵与发展动力

教育城镇化是乡村学校中教育资源要素向城镇学校流动的过程和状态，教育资源要素的分配和流动形塑了城乡学校多元分配格局。当前我国中西部地区的教育城镇化，不是教育资源要素自然流动的结果，而是基层政府和农民家庭双重力量推动的结果。从县级政府的角度来讲，教育城镇化是盘活县域经济和应对多重行政任务的可能力量，希望借此带动地区经济发展的活力和地方财政收入的增长。从农民家庭的角度来讲，教育城镇化是村庄内部经济分化和竞争的结果，农村家庭竞争与学校生源流失的负外部性引发农村学生进城就读的高潮。地方政府半开放性的城镇教育机会准入政策与农民家庭获得优质教育资源的社会竞争相结合，形成推动中西部地区教育城镇化的双重力量。

第一节　教育城镇化的基本内涵与概念界定

目前，国内学界尚未对“教育城镇化”这一概念形成一致的认识，包含的内容混杂，需要对之进行学理上的清理。对于到底是使用“教育城镇化”还是“教育城市化”还未统一，学界大多数学者使用前者，但还有少量学者使用的是后者，另有极少数的学者混用这两个概念，二者所对应的是“城镇化”和“城市化”的概念，在界定内涵上不存在本质差别，唯一的差别在于转化过程的基础层级在哪一层，前者在乡镇一级，后者在城市一级。本书将“教育城镇化”作为研究背景，故而要对这一概念的使用情况做一梳理，并明晰概念内涵，以便于开展后文的分析工作。

关于“教育城镇化”的定义，侧重于从以下几个方面进行界定。

一是从目的角度定义。胡俊生是学界较早界定“教育城镇化”并对之进行系统研究的学者。他指出，教育城镇化是基于农村优质资源短缺、教育质量低下、教师流失严重等实际，拟将农村基础教育的主阵地由乡村逐步转移至办学条件相对优越的城镇地区，最大限度地缩小城乡教育差距，借离乡进城之手段，达到城乡教育均衡发展之目的，为完整意义上的城市化及城乡一体化创造条件。农村教育城镇化特指农村中学教育（初中、高中）县城化，并以为这是当下所要追求的首要目标①。在胡俊生的定义中，教育城镇化具有明确的目标指向，即通过农村中学教育县城化实现城乡教育均衡发展的目的。屈育霞、唐绪龙的观点与胡俊生具有一致性，赞同“农村初中城镇化”，但是在具体操作上区分了经济发达地区和欠发达地区的操作差异，经济发达地区的城乡教育要实现空间上的一致，欠发达地区的城乡教育在空间一致的限制下要实现质量上的一致，目的均是为了提高农村教育质量②。

二是从功能角度定义。所谓“农村教育城镇化”就是指通过调整农村学校布局，减少村办学校，尽可能地扩大农村建制镇或传统集镇所在地学校的规模，最大限度地发挥学校规模效益。这一定义从适应农村城镇化建设、优化农村教育资源配置、提高农村教育教学质量等角度进行定义③。尽管王兆林使用“农村教育城市化”这一概念，但其概念意涵实际上是教育城镇化，他指出农村教育城市化的含义在于通过调整农村学校布局，减少村办中小学，扩大农村镇所在地中小学的规模和改善其办学条件，即提高教育教学质量，发挥学校的规模效益，农村教育城市化的动力源自我国城市化的快速发展④。教育城镇化是顺应当前城镇化的社会实际，农村教育应在空间布局和培养目标上

---

① 胡俊生：《农村教育城镇化研究》，中国社会科学出版社 2014 年版。

② 屈育霞、唐绪龙：《农村教育城镇化可行性分析》，《重庆教育学院学报》2011 年第 4 期。

③ 吴德新：《农村教育城镇化：农村改革与发展的必然要求》，《湖南教育》2003 年第 15 期。

④ 王兆林：《反思与前瞻：城市化进程中的农村教育》，《教育探索》2006 年第 5 期。

实现城镇化发展。教育的目的是促进农村学生积极融入现代城市社会，实现社会进阶和城市融合。也就是说，教育城镇化是依靠教育实现的一种结果①。从以上定义可以看出，教育城镇化的功能体现在两方面：一方面是通过调整农村学校布局，扩大城镇所在地学校规模，能够最大效度地发挥学校规模效益；另一方面是通过教育城镇化实现空间布局和培养目标上的城镇化，具有顺应当前农村城镇化建设发展目标的功能。

三是从转化角度定义。教育城镇化包括两种层次的转化过程，一种是空间层次的转化，二种是性质层次的转化，前者关涉到后者，后者可以相对独立。2015 年 12 月 21 日，《中国教育报》以《义务教育城镇化率 5 年升至 72.55%》为题报道了城乡教育格局的变化，指出"由于学龄人口不断向城镇聚集，义务教育城镇化率从 2009 年的 51.04% 快速攀升到 2014 年的 72.55%，增长 21.5 个百分点……5 年来乡村学生外流人数巨大，乡村义务教育学校数量持续减少，城镇化率不断攀升"。该报道在标题和文章中都使用了"教育城镇化率"这一概念。"教育城镇化率"是东北师范大学农村教育研究所提出的概念，将之定义为"教育城镇化率 = 城镇地区在校生数/在校生总数"，并建议教育城镇化率可以分学段计算②。也就是说，教育城镇化是一个农村学生向城市学校实现空间转移的过程，进城农村学生与城镇学生共同构成了教育城镇化率的分子。除此之外，教育城镇化还包括其他教育资源要素的城镇化配置和流动③，即学生、教师、资源等教育相关要素都集中分配和投入城镇学校。教育资源要素的配置一旦以城镇学校为主，城乡教育的关系和乡村教育的性质就会发生变化，城市学校成为城乡教育的绝对引领者，乡村教育处于依附性地位。有学者淡化空间转化的一面，只从性质转化的角度讨论教育城镇化的问题。

① 周兆海：《提供可期待的教育：城镇化背景下农村教育发展指向的省思》，《教育理论与实践》2018 年第 13 期。

② 杨卫安、邬志辉：《城镇化背景下中国农村教育发展的路向选择》，《社会科学战线》2015 年第 10 期。

③ 邬志辉：《城乡教育一体化的制度束缚与破解》，《华南师范大学学报》（社会科学版）2013 年第 1 期。

张志勇认为教育城镇化（教育城市化）要通过大力发展农村教育，推动实现农村教育的“三个转变”，即由政府提供“适应性教育”到政府提供“满足性教育”转变；由注重硬件建设向注重内涵发展转变；由农村学校文化向城市文化整合转变①。“三个转变”的目的是让农村孩子接受与城市相同的优质、均等、现代化的教育，强调城乡教育的融合而非城市教育对乡村教育单向度的侵略。

从上述三个角度的定义中，可以总结出不同学者关于“教育城镇化”内涵界定的一致认识：一是发展“教育城镇化”的前提是乡村教育存在问题。乡村教育目前存在的问题是规模过小，效率过低，投入分散，制约了乡村教育的发展，使之长期落后于城市教育，教育城镇化正是在这一背景下提出来的。二是教育城镇化是一个教育资源重新配置的过程。不论在何处实现教育城镇化，教育城镇化都要进行教育资源要素的重新配置和调整，从而实现生产要素的聚集和要素作用的高效发挥。三是共同承认城乡教育均衡发展和城乡教育发展一体化的目标，认同城乡教育公平发展的理念。城乡教育公平是学者们的一致目标，是学界和政府部门孜孜以求的目标，教育城镇化即是要通过弥补乡村教育不足，实现城乡教育的公平发展。

当前对于“教育城镇化”的分歧在于以下三个方面：一是教育城镇化是否要实现空间转化，即教育城镇化是农村教育就地城镇化，还是农村教育空间城镇化。前者是指在乡村就地提升农村教育的水平，使之达到城镇教育的水平，这一观点以邬志辉、叶敬忠等为代表②。后者是指农村教育水平的提升必须通过农村学生进城享受城镇教育，才能真正实现城乡教育的一体化和公平发展，胡俊生是乡村教育进城的主要倡导者和推动者，屈育霞、唐绪龙等与之持相同的观点③。

① 张志勇：《什么是农村教育城市化》，《青年教师》2009 年第 1 期。

② 邬志辉：《城乡教育一体化的制度束缚与破解》，《华南师范大学学报》（社会科学版）2013 年第 1 期；杨卫安、邬志辉：《城镇化背景下中国农村教育发展的路向选择》，《社会科学战线》2015 年第 10 期；叶敬忠、孟祥丹：《对农村教育的反思——基于农村中小学布局调整影响的分析》，《农村经济》2010 年第 10 期。

③ 屈育霞、唐绪龙：《农村教育城镇化可行性分析》，《重庆教育学院学报》2011 年第 4 期。

二是教育城镇化的教育指向到底是为了城市还是农村。部分研究者认为，教育城镇化的目的在于提升农村学生和农民进城能力，顺应当前城镇化的潮流，因此教育城镇化的目标是要提供一套以城市化为导向的教育内容和教育体系①。另有部分研究者认为，乡村与乡村教育是密不可分的关系，乡村教育要在乡村场域中得以发展和维系，如果乡村教育不为乡村服务，脱离乡村场域，乡村教育就丧失了精神实质②。石中英指出，在现代化浪潮的语境中，农村文明问题被遮蔽，农村教育几乎没有了农村文明的意识③。农村学生也只是关注如何通过升学和就业进入城市，过一种所谓文明的生活。教育城镇化的城市导向受到了关注乡村教育内涵的学者的激烈批评。

三是教育城镇化与城镇化的关系问题，二者的关系到底是城镇化带动了教育城镇化，还是教育城镇化的目的是实现城镇化。一些研究者在定义教育城镇化时，将城镇化视为教育城镇化的推动力量，如王兆林认为农村教育城市化的动力源自我国城市化的快速发展④，吴德新也认为教育城镇化应当适应农村城镇化的建设过程⑤。而周兆海则将教育城镇化作为实现城镇化的重要手段。教育城镇化是通过教育促进农村学生积极融入现代城市社会，实现与城市的融合⑥。在当前农村城镇化高速发展的阶段，农村教育还应当调整教育结构和

---

① 胡俊生、李期：《农村教育城镇化：城乡一体化的助推器》，《甘肃社会科学》2010 年第 2 期；张志勇：《什么是农村教育城市化》，《青年教师》2009 年第 1 期；王兆林：《反思与前瞻：城市化进程中的农村教育》，《教育探索》2006 年第 5 期；周兆海：《提供可期待的教育：城镇化背景下农村教育发展指向的省思》，《教育理论与实践》2018 年第 13 期。

② 叶敬忠、孟祥丹：《对农村教育的反思——基于农村中小学布局调整影响的分析》，《农村经济》2010 年第 10 期。

③ 石中英：《略论农村文明和农村教育》，载黄平主编《乡土中国与文化自觉》，生活·读书·新知三联书店 2007 年版，第 288 页。

④ 王兆林：《反思与前瞻：城市化进程中的农村教育》，《教育探索》2006 年第 5 期。

⑤ 吴德新：《农村教育城镇化：农村改革与发展的必然要求》，《湖南教育》2003 年第 15 期。

⑥ 周兆海：《提供可期待的教育：城镇化背景下农村教育发展指向的省思》，《教育理论与实践》2018 年第 13 期。

学校布局，为农民走向城镇及实现农村社会转型提前做准备①。

本书综合学界关于“教育城镇化”的定义，结合调研中的实际情况，将“教育城镇化”定义为乡村学校中教育资源要素向城镇学校流动的过程与状态，乡村学生向城镇学校转移，乡村教师向城镇学校集中，乡村教育资源向城镇学校分配，从而构成城乡学校教育要素配置结构的多元格局。需要指出的是，“乡村”不只是指农村，还包括乡镇，城镇则包括城区和乡镇。在“城乡”连用时，“城”指城市/城区，“乡”则包括乡镇和农村。也就是说，乡村教育资源要素的流动，具有两个层面的含义：一是从农村向乡镇转移的过程，二是从乡镇向城区转移的过程。这一定义一方面强调教育资源要素的空间转化和流向；另一方面则突出城乡学校教育资源要素差异化的分配格局。在定义概念时保持明确的中性色彩，不对“教育城镇化”这一现象进行带有感情色彩的评价。

由于本书对“教育城镇化”的定义不强调教育资源要素的流动范围、流动密度、集中程度和城镇学校的具体地点，从当下我国实践经验来看，有两种类型的“教育城镇化”符合本书的定义。一种是随迁子女跟随进城务工父母到打工地的城镇学校就读，一种是农村学生进入户籍所在地的城镇学校就读。前一种类型的“教育城镇化”，学生的流动密度高，但流动地点分散，所涵盖的城镇学校广泛，教师的流动不集中，分散于发达地区城镇的打工子弟学校就是此类型“教育城镇化”的典型体现。后一种类型的“教育城镇化”，学生的流动密度高，流动地点集中，进入城镇学校的范围有限，教师流动集中在少数几所城镇学校中。

本书所要研究的是第二种类型的“教育城镇化”，从笔者全国调研的经验来看，农村学生进入户籍所在地的城镇学校就读这一“教育城镇化”现象，已经成为全国各地教育领域中日益突出的新现象。本书所使用的案例地区分别为甘肃宁平县、广西林甫县、湖北黄西县，三县均出现了明显的教育城镇化现象，即乡村学校的生源、师资和物质资源向城镇学校集中。下文将从地方政府和农民家庭的角度分析我

---

① 李少元：《城镇化对农村教育发展的挑战》，《中国教育学刊》2003 年第 1 期。

国中西部地区教育城镇化发展的双重动力。

第二节　教育城镇化发展的地方政府动力

中央政府在推动政策和回应政策时具有纯粹性，即以单一政策为中心输入资源达成目标。与中央政府不同，地方政府无法做到完全纯粹，一方面地方政府作为中央政策的执行者与推动者，要接受自上而下不同部门的多重任务，因此在执行政策时要考虑到其他政策要求和任务目标。另一方面在分税制改革之后，中央获得了财政收入的大头，地方政府在财政能力不足的情况下，需要发展地区经济提升财政可支配能力。在多重任务和财政约束下，县级政府产生了教育城镇化的动力，即通过强化城镇学校建设，吸引农村学生进城就读，进而推动农村家庭进城买房，既能够盘活土地财政促进地方经济的发展，又能够一次性解决城乡义务教育发展不平衡的问题。可以说，多重任务与财政约束构成了县级政府推动教育城镇化的动力之一。

一　农业税费改革之后中西部地区县级政府的运转逻辑

中华人民共和国成立后，国家进行了两次影响深远的税费改革，一次是 1994 年实行的分税制改革，这一改革主要是对央地税费收益进行重新分配，改革设计是中央—地方博弈和妥协的结果，制度设计虽然有利于中央，但是也做出了照顾地方既得利益的一些妥协[①]。另一次是 2001 年开始逐步实施的农业税费制度改革，实行“三取消、两调整、一改革”政策[②]，目的在于进一步减轻农民负担，规范农村收费行为。

从农民的角度来讲，国家彻底取消了自古以来的农业税收政策，减轻了农民的税费负担，改变了国家向下“汲取”的姿态，转向自

---

① 渠敬东、周飞舟、应星：《从总体支配到技术治理——基于中国 30 年改革经验的社会学分析》，《中国社会科学》2009 年第 6 期。

② “三取消”，是指取消乡统筹和农村教育集资等专门向农民征收的行政事业性收费和政府性基金、集资；取消屠宰税；取消统一规定的劳动积累工和义务工。“两调整”，是指调整现行农业税政策和调整农业特产税政策。“一改革”，是指改革现行村提留征收使用办法。

上而下地输入资源反哺乡村。这一改革的意义不仅仅在于此，而且彻底重塑了中央与地方之间的关系。在取消农业税以前，我国中西部地区县乡财政的主要来源是农业税费，通过农业税费保障地方政府相对“自给自足”的运转。取消农业税以后，县乡财政来自乡村的农业税费供给源被切断，地方财政的主要来源有四项：一是一般预算收入；二是税收返还；三是转移支付；四是项目资源①。前两项收入主要依靠地方经济发展能力，后两项收入主要依靠上级政府的支持。由于中西部地区的县域经济不够活跃，工商业较为萧条，地方政府可获得的税费收入十分有限。因此，总体上来看，大多数中西部地区主要依靠国家的转移支付和项目资源支持。

在取消农业税费之初，一方面，中央自身经济实力有限，向下拨付的资金同样十分有限；另一方面，改革初期项目资源输入制度不健全，上级政府无法保证准确有效地输入资源。因此大多数县级政府曾经度过一段经济匮乏期，政府已有资金只能基本满足公务人员的工资，有学者将基层政府的财政称为“吃饭财政”② 不无道理。事实上，当时一些地区连财政人员的工资都无法保证正常发放，更无法保障教育机构的正常运转和向上发展，湖北黄西县曾经历过类似的困境。

案例2-1：在税费改革以前，黄西县许多教师家中还保留有“教育附加券”，当时县政府发不了工资，就用教育附加券抵扣工资，一些家中有土地的教师再用教育附加券去抵扣税费。税费改革以后，县政府仍然发不起工资，一些教师不忍教书的清贫，纷纷离职外出创办私立学校。而自1999年至2010年，黄西县由于财政资金困难，初中和高中没有招聘一位新教师，县一中30年没有翻修和新建校舍，导致教师流失加剧，教学成绩持续滑坡。（访谈编号：2018-06-09HXZ）

由于县级财政吃紧，基层政权形成了两种形态：一种是“悬浮型

① 王瑞民、陶然、刘明兴：《中国地方财政体制演变的逻辑与转型》，《国际经济评论》2016年第2期。

② 郑祖玄、周晔：《吃饭财政与政府债务》，《生产力研究》2007年第12期；陈永正、陈家泽：《论中国乡级财政》，《中国农村观察》2004年第5期。

政权”。周飞舟发现在税费改革以后，乡镇财政变得日益“空壳化”，基层政府的行为模式从过去向农民“要钱”“要粮”变成了向上级“跑钱”和对外借债，基层政权中的农民与国家关系则从过去的“汲取型”转变为“悬浮型”，作为国家代言人的干部正在和农民脱离旧有的联系，变成表面上看上去无关紧要、可有可无的政府组织①。在《从汲取型政权到“悬浮型”政权——税费改革对国家与农民关系之影响》一文中，周飞舟以乡镇政权为核心进行论述，强调乡镇政权的悬浮型特质。事实上县级政权同样如此，他在《财政资金的专项化及其问题兼论“项目治国”》一文中指出，税费改革以后，国家将各种财政资金以“专项”和“项目”的方式向下分配。但项目和专项资金并非像上级部门预想的那样有效率，在教育领域，“以县为主”的教育供给体制并未发挥积极作用，县级财政吃紧使得供给压力下沉，教育供给体制转为“县乡合办”，项目和专项资金实际上未到达基层学校和基层社会②，县级政府同样处于“悬浮型”状态，与基层社会的实际需求脱离。

另一种是“维控型政权”。欧阳静提出“维控型政权”的概念，是指处于官僚制组织、乡土社会和压力型体制中的乡镇政权形态，乡镇政权缺乏回应乡村社会治理需求的主动性与能力，只能援引各类权力技术来完成自上而下的压力性任务，同时调动一切正式和非正式的力量与技术手段，应对一些危及乡村社会稳定的突发性事件，从而维持乡村社会的基本稳定③。在税费改革以后，县级政府缺乏必要的财政来源，而地方社会矛盾不断，比如农村公共品供给、公务人员工资待遇发放等问题都关涉地方财政支持，在供给能力与强劲需求之间容易产生上访危机甚至群体性事件。可以说，很长一段时间，维持地方稳定成为县级政府的重要责任，一些地方官员长期处于紧张状态，时刻防范危机的爆发。

---

① 周飞舟：《从汲取型政权到“悬浮型”政权——税费改革对国家与农民关系之影响》，《社会学研究》2006年第3期。

② 周飞舟：《财政资金的专项化及其问题兼论“项目治国”》，《社会》2012年第1期。

③ 欧阳静：《“维控型”政权多重结构中的乡镇政权特性》，《社会》2011年第3期。

二　财政资源约束与地方发展路径选择

在“悬浮型政权”或“维控型政权”的形态下，县级政府在财政资源支配方面具有两个典型特征：一是“吃饭财政”，即县政府所拥有的可支配资金，基本上只能维持机构的日常运转与人员工资发放。在税改前，县级政府维持了很长一段时间的“吃饭财政”的局面，税改后仍然未彻底改变这一局面。“吃饭财政”意味着县级政府缺乏自我发展能力，只能实现“保运转”这一首要目标①。二是项目治理，取消农业税以后，县级政府丧失了自下而上的收入来源，基层社会的公共品建设的责任转向国家，因此中央通过项目分配向下投入资金供给公共品。项目治理通过分配项目资源，回应地方社会的公共品需求②。问题在于，一方面，项目资源具有选择性和有限性，自上而下的项目与自下而上的需求之间存在一定的张力，容易产生供给矛盾，矛盾压力的承受主体为县乡政府。另一方面，供给何种项目资源以上级意志为主，使得县级政府和地方社会高度依赖国家的项目资源，从而形成“等靠要”的思想③。

“吃饭财政”与“项目治理”所形成的格局意味着国家各级政府责任的分立，县级政府的主要责任在于维持机构运转并承接项目资源，因缺乏相应资源而无力发展地方经济。然而，由于县级政府是一个建制完整和结构完整的官僚层级，面临着来自上级各个部门的任务指派，即与上级政府不同部门建立委托—代理关系④。问题在于，各个部门分配了任务，但不一定能够注入相应的资源，缺乏资源注入并不意味着任务可

---

① 周飞舟：《从汲取型政权到“悬浮型”政权——税费改革对国家与农民关系之影响》，《社会学研究》2006 年第 3 期。

② 李祖佩：《项目进村与乡村治理重构——一项基于村庄本位的考察》，《中国农村观察》2013 年第 4 期；叶敏、李宽：《资源下乡、项目制与村庄间分化》，《甘肃行政学院学报》2014 年第 2 期。

③ 桂华：《项目制与农村公共品供给体制分析——以农地整治为例》，《政治学研究》2014 年第 4 期；杜春林、张新文：《从制度安排到实际运行：项目制的生存逻辑与两难处境》，《南京农业大学学报》（社会科学版）2015 年第 1 期。

④ 李军超：《政府推进城乡义务教育均衡发展的制度逻辑研究》，中国社会科学出版社 2015 年版。

以打折，在资源匮乏的情况下要完成各个部门的各项任务，这对县级政府的治理能力提出了挑战。在税改初期，中西部地区的县级政府运转极为艰难，机构运转必须得到保障，上级任务必须按时完成，两项硬性要求使得县级政府的财政压力转向内部自我剥削，即通过削减公务人员福利、拖欠公务人员工资的方式维护县级政府的合法性。

对于地方主政者而言，不论是从个人晋升还是地区发展的角度来讲，都不能仅仅满足于“吃饭财政”约束和“项目治理”限制下的无发展状态，而是要谋求地区发展之道。由于缺乏资金来源，地区发展只能向内寻找机会，通过将地区内部资源进行转化获得发展的可能。对于大多数中西部地区的县级政府而言，一般会通过招商引资的方式发展工业，但是由于资源约束、资金限制、交通不便、配套有限和市场不足等多方面的原因，大多数地区都难以依靠招商引资带动地域经济获得全面发展。随着 20 世纪 90 年代末期到 21 世纪初土地“招、拍、挂”制度的逐渐成熟和住房制度改革的推进，县级政府逐渐认识到土地的重要意义。在高昂土地出让金的激励下，地方政府展开了大规模的基础设施建设和招商引资工作，为扩大投资规模，地方政府还利用土地进行融资，将未来的收益提前用于发展经济。国有土地使用权出让收入作为政府性基金收入的重要组成部分，占比居高不下，土地出让收入占到政府性基金收入的绝大部分①。土地价值不断攀升和土地财政的刺激，一方面使房地产商迅速跟进以抢占开发时机；另一方面使地方政府加速与房地产商的合作，尽快使土地价值变现，转化成为实在的土地财政。

土地财政只有实现了闭合运转，才能确保收益的获得，即地方政府将土地拍卖给开发商，开发商建设了楼盘，楼盘中的房子顺利出售，开发商回收了资金，再利用回收资金进一步开发，才能够保障土地财政的可持续运转。其中的关键环节在于开发商的楼盘能够顺利出售。问题在于，在中西部地区，大量外出务工人员没有在县城购买房屋居住的刚性需求，多是在老家农村建设楼房居住。相比之下，后者

---

① 北京兰瑞环球投资管理咨询有限公司：《中国土地财政制度演变、问题及对策研究》，《发展研究》2018 年第 11 期。

的性价比更高。由于外出务工人员缺乏购买冲动，使得中西部地区一些县级城市成为“鬼城”①，因开发的楼盘长期无人购买导致大量闲置，县级政府不仅不能获得预期的土地财政，而且损害了开发商的积极性，影响了地方经济业态的正常发展。为此，地方政府需要打通闭环，吸引本地务工人员回乡买房，其中一种策略选择就是通过教育城镇化改变城乡教育格局，大力发展城镇教育，弱化乡村教育的发展，由此倒逼农村家庭到城镇买房以促进城区房地产经济的发展，同时从学生个体层面推进城乡教育的公平发展。

三　教育城镇化：地方政府实现双重目标的可能路径

对于县级政府而言，它们一方面面临着推动地区经济发展的责任；另一方面要解决城乡教育发展不平衡的问题。土地财政在一定程度上成为广大中西部地区推动地区经济发展的引擎，但是由于人口外流与消费乏力，盘活土地财政存在一定的问题。在解决城乡义务教育发展不平衡问题时，中央政府要求县级政府负主要责任，为乡村学校建设配备相应资金，但县级政府因财政资金匮乏始终存在配套不足的问题。在上述压力之下，教育城镇化成为县级政府实现地区经济发展和城乡教育公平发展双重目标的可能路径，县级政府通过城区教育空间再造、生源进城机会制造和师资进城机会制造，有力地推动了教育城镇化。

（一）城区教育空间的再造

在人口大量外流的中西部地区，外出务工人员积攒的资金是可以撬动的资源。我国大量务工人员难以融入打工城市，一方面在于务工所在地的消费水平尤其是房价过高；另一方面在于务工人员的社会关系和土地保障在老家，他们在丧失市场竞争力时最终会选择返回家乡，故而将务工积攒的资金用于家乡消费。县级政府要盘活土地财政，关键在于吸引外出务工者将积攒的资金用于家乡县城购买房产。撬动外出务工人员购买房产的障碍在于，务工人员一年中的大量时间

① “鬼城”是指资源枯竭并被废弃的城市，属于地理学名词，这一名词由全国科学技术名词审定委员会审定通过。随着城市化的推进，出现了越来越多的新规划高标准建设的城市新区，这些新城新区因空置率过高，鲜有人居住，夜晚漆黑一片，被形象地称为“鬼城”。

都是在务工地租房生活，只在春节期间回家乡短暂停留，缺乏在家乡购房的必要性和合理性。从居住功能角度来讲，外出务工人员没有必要在家乡购买房产。

教育环境的变化给予了县级政府撬动务工者积累资金的机会。随着撤点并校政策的推动，一些乡村学校和教学点撤并，集中到集镇或县城，学生上学的距离增加①。与此同时，城乡学校之间的教育差距不断扩大，乡村学校的衰落使得一些经济条件较好的农村家长愿意将孩子送到城镇接受更为优质的教育。地方政府看到地区发展的契机，即通过加强和完善城镇学校建设，为农村学生制造到城镇接受教育的空间，以此吸引更多农村学生进城就读，从而带动农村家庭进城买房。

县级政府吸引农村学生进城的方式有三种。

第一种是整合使用废弃学校。由于计划生育政策、教育格局调整、学校建设更新等因素，县城部分学校闲置，农村学生进城后，为了满足学生入学需求，地方政府对学校格局进行重新调整，将闲置空间充分利用起来。

案例 2－2：宁平县斥资为县二中建设了新校区，二中原有校区给林阳中学使用，林阳中学的校区给西观小学使用。小学使用初中校区，初中使用高中校区，校园面积与基础设施大为增加，能够为学校招生规模扩充一定的容量。（访谈编号：2017－12－13ZSM）

整合使用废弃学校能够充分利用资源，但存在一定的局限：一是各县域内部闲置空间有限，在满足学生扩容问题上能力不足；二是废弃或闲置的学校基础设施陈旧老化，改造成本同样十分高昂；三是学校搬迁会影响到原有辖区学生上学的便利性，容易引发社会情绪。因此这一办法并不常见，实施起来有一定的难度。

第二种是扩建或新建城区学校。随着国家转移支付的力度越来越

---

① 蔡志良、孔令新：《撤点并校运动背景下乡村教育的困境与出路》，《清华大学教育研究》2014 年第 2 期；梁超：《撤点并校、基础教育供给和农村人力资本》，《财经问题研究》2017 年第 3 期。

大，学校的运转和发展主要依靠国家转移支付，日常运转资金依靠生均经费，学校建设发展资金则来自中央政府和地方政府共同承担的项目资金。在学校建设上，中央侧重于将项目资金向乡村学校倾斜，但是县级政府在具体分配资金时，实际上将部分乡村学校的“改薄”资金①用在城区学校建设上。

案例2－3：林甫县四小、五小和七小曾是城郊农村小学，随着农村学生进入城区学校就读，县政府为了收纳更多的农村学生，为改建几所学校投入了大量资金。以七小为例，七小原只有1栋教学楼和两排瓦房，自2014年之后新建2栋教学楼，1栋综合楼，1栋融食堂、校史室和会议室为一体的建筑，并硬化了操场，花费资金约2000万元。（访谈编号：2018－04－11LBB）

案例2－4：宁平县实验中学为县城一所新建初中，于2007年建设完工后开始招生。学校建设雏形花费1000多万元，建有教学楼、实验楼、厕所、水泥操场、附属用房。后期陆续建设的项目有餐厅、公寓楼、博学馆、综合楼、操场等，后期建设经费超过建设初期建设经费，主要是利用“改薄”项目资金完成建设。（访谈编号：2017－12－04YZR）（见表2－1）

表2－1　**宁平县实验中学后期建设项目一览表**

项目名称	建设时间	项目费用	备注
餐厅	2009年	200多万元	餐厅设计人数300人
公寓楼	2009年	200多万元	男女同栋，中间隔开
博学馆	2012年	200多万元	用作美术室、活动室和图书阅览室
综合楼	2015年	400多万元	用作22个社团活动使用空间
操场	2017年	400多万元	铺足球场草坪和建设篮球场
合计		1400多万元	

注：表格信息根据对宁平县实验中学总务主任的访谈整理而成。

① “改薄”资金全称为农村义务教育薄弱学校改造补助资金，亦称“薄改”资金。

案例2－5：宁平县的状元小学同样是借助“改薄”项目资金完成城区学校的建设，计划招生1800名学生，建设资金全部来源于“改薄”项目资金，总投入4000多万元。（访谈编号：2017－11－27LZR）（见表2－2）

表2－2　　2016年宁平县状元小学建设项目一览表

项目名称	计划金额（万元）	合同金额（万元）
体育活动室	380	361.00
多功能综合楼	130	123.50
教学楼	609	578.55
教学楼	608	577.60
合计	1727	1640.65

注：表格信息根据对宁平县教育局项目办主任的访谈整理而成。

借用农村薄弱学校改造资金和城乡义务教育均衡发展项目资金建设城区学校存在一定的风险，由于“改薄”资金和均衡项目资金主要是用于改善乡村薄弱学校的基本条件，提升乡村学校的办学标准，若用于城区学校建设，则会压缩乡村学校可使用的资金，从而降低已有乡村薄弱学校的水平，无法实现城乡教育的均衡发展。因此，若上级严格追查，行政领导可能会面临被问责的风险。

第三种是引进资本建设民办学校。在县级财政能力有限而乡村学校同样亟须建设的情况下，县政府要发展城区学校，还可以通过引进资本建设民办学校。引进资本建设学校，对于地方政府而言具有三大优势：一是可以缓解办学资金困难；二是可以作为地方政府招商引资的成果，增加地方GDP；三是高标准的投资建设更有可能带动房地产的发展。因此，这一方式成为地方政府较为青睐的建设方式。

案例2－6：黄西县于2014年与晨露集团签订合同，2015年启动建设晨露学校，晨露学校占地100亩，投资1.5亿元，建有教学楼、实验楼、学生公寓、体育馆、教师公寓和餐厅。该校2016年秋季招生，人数逐渐增长，2016年秋招生人数为239人，2017年春招生

365 人，2017 年秋招生迅速增至 911 人，2018 年春招生 1151 人。在学校、家长和教育局的宣传下，该校成为当地人人皆知的名校。晨露学校位于县城北部新建开发区，附近新建楼盘凤凰城受到新建学校的影响，房价有所提高。（访谈编号：2018 －06 －24WDJ）

县级政府通过扩建老学校、改造县郊乡村学校、引进资本新建学校等方式，不断吸引和收纳乡村学生，并采取包容性的教师招聘政策，为乡村教师进城创造条件。由于我国实行就近入学制，农村学生本应在乡村学校就读，但政府在农村学生进城问题上采取模糊处理的方式，允许农村学生借助“随迁子女”政策进城就读，低门槛的入学政策使得城区学校的农村学生迅速增多。与此同时增多的是新建学校附近的商品房，比如林甫七小周围，新近建设的商品房小区不低于五处，宁平实验中学附近有三处商品房小区，黄西县思源学校和晨露学校附近各有至少两处新建商品房小区。

（二）生源进城机会的制造

县级政府一方面通过再造城区教育空间给予农村学生进城就读的信心；另一方面通过实行半开放的入学准入政策给予农村学生进入就读的可能，即实行宽松的“随迁子女”就读政策。“随迁子女”就读政策原本是为了保障“进城务工人员随迁子女教育权利”而出台，然而在中西部地区，近十年来有一些农村户籍学生涌向户籍所在地的城镇中小学就读，顺利进城就读的农村学生家庭利用的就是随迁子女就学政策。由于国家在规定务工人员随迁子女义务教育就学的政策时，没有对“务工人员”的身份进行界定，“务工人员”这一身份本身因工作内容、工作时间、工作强度等差异而无法清晰界定。因此，一些农村家庭就借助务工人员随迁子女政策将孩子送到城镇学校就读。在笔者调研的三个中西部地区的县城中，均可以找到地方教育部门的招生入学工作方案，从中可以发现三地解决务工人员随迁子女在城镇就学问题的政策依据。

在 2017 年林甫县城区小学招生入学工作方案中，该县教育部门明确规定了招生对象范围：

1. 具有林甫镇城区（即老林甫镇）常住户口的适龄儿童。户口迁入截止日期为招生公告发布之日。

2. 符合申请就近入学条件的现役军人子女、军烈属适龄的子女等。

3. 符合林甫镇城区进城务工人员随迁子女就读条件的适龄儿童。

在 2017 年秋季黄西县城区学校招生范围、计划公布信息中写道：坚持“划片招生、相对就近、免试入学”、公共服务全覆盖、对口入学、从严控制班额、阳光招生五大原则。确保适龄少年儿童全部就近入学（园）；确保进城务工人员随迁子女全部入学（园）；确保超规模的义务教育学校和幼儿园学生数减少。中小学生入学的居住条件为：（1）监护人具有黄西城区户籍；（2）监护人在黄西城区有固定房产；（3）属进城务工人员随迁子女。

在宁平县 2018 年城区小学一年级学生入学明白卡中，明确指出了适龄儿童入学的要求，规定不同类型入学学生所需要提供的资料。其中包括房户类、拆迁安置类、扶贫搬迁类、优抚对象类和务工类，具体类型性质和证明材料见表 2－3。

表 2－3　　2018 年宁平县城区小学新生入学资格类别与入学证明

类别	情况描述	证件或证明材料
用户类	小学新生房产户口均在学校招生片区内	1. 房产证； 2. 户口簿； 3. 其他有效补充证明
拆迁安置类	因征地、拆迁等原因在学校招生片区内的安置户子女	1. 户口簿； 2. 房管、住建或征拆部门的证明材料
扶贫搬迁类	因精准扶贫搬迁原因在学校招生片区内的扶贫安置户子女	1. 户口簿； 2. 扶贫部门的证明材料
优抚对象类	军、烈属及现役军人子女在学校招生片区内	1. 户口簿； 2. 军、烈属证明材料及单位工作证明
务工类	新生监护人在城区务工	1. 户口簿； 2. 劳务合同； 3. 用人单位证明材料及单位缴纳社保证明材料

注：表格信息来源于网上查阅的官方信息。

各地对务工人员的鉴定和标准有所不同，林甫县的标准有两点：一是在辖区内经商，经商需要有营业执照；二是在辖区内租房，租房需要有房屋租赁合同和房东房产证。不论是经商还是租房，都需要村委会开证明，上述两点要求满足其中一条即可。宁平县的标准有两点：一是劳务合同；二是用人单位证明材料及单位缴纳社保的证明材料。黄西县没有明确标准，县城实验小学因生源人数过多，基本不招收无房产的务工人员随迁子女。另一所县城小学实验三小则因刚由初中改建为小学，招生人数不足，因此只要有学生报名，都愿意接收，不会过度关注务工人员子女是否有父母的务工证明。

广西林甫、甘肃宁平和湖北黄西三县在 2017 年的 GDP 分别为 261.8 亿元、63 亿元、239.6 亿元，三地的工业基础都极为薄弱，本地务工机会严重稀缺，县城普通务工人员的工资水平均不足 2000 元/月。因此，依靠务工人员随迁子女政策进入城区学校就读的学生，并非父母真的在本地务工，而是借助“务工人员随迁子女”的政策，通过策略性的方式获得进城就读的机会，但是地方政府并不对“务工人员”和“随迁子女”的信息进行严格审查，教育系统的部分人员甚至会参与策略运作，从而为农村学生进城就读提供了可能。

（三）师资进城机会的制造

在县域范围内，中小学教师分配遵循两条原则：一是按照师生比要求分配教师；二是优先满足乡村中小学的教师用人需求。按照师生比配备教师是为了平衡学校之间的师资分配，保障学校师资力量的相对均衡。在同等情况下，则要优先满足乡村学校用人需求，第二条原则就是为了保障乡村学校发展而制定的原则，这一原则主要通过“特岗计划”来保证。教育部实施“特岗计划”，规定“特岗教师”主要分配到乡村中小学。在《农村义务教育阶段学校教师特设岗位计划实施方案》中第八条就明确规定，“侧重初中，兼顾小学。特设岗位教师原则上安排在县以下农村初中，适当兼顾乡镇中心学校。人口较少的边境县、少数民族自治县和少小民族县可安排在农村生源占 60% 左右的县城学校”。

“特岗教师”计划有利于乡村学校在教师资源初始分配中获得优势，但是“特岗教师”在入职工作一段时间之后，有机会通过二次分配进城任教。城区教育空间的再造和生源进城机会的制造，为乡村教师进城工作创造了机会，乡村教师进城和乡村生源进城相辅相成，随着农村学生进入城区学校就读的数量增多，教育部门会主动采取措施将乡村教师调动到城区学校，主要有以下三种方式。

第一种是政策性调动。由于教育部的师资分配政策倾向于乡村学校，乡村教师依靠政策性调动的机会比较少，三县中仅林甫县政府曾出台过一项内部政策规定三种情况可以调到县城：一是夫妻分居5年以上的事业单位人员；二是分居夫妻其中一人在县城事业单位工作5年以上；三是军属家庭。这项政策适用于教育系统，教育系统中若两夫妻中有一方是教师，夫妻二人中有一方在县城工作，另一方在乡镇或农村中小学教书，可以优先将配偶调到县城学校任教，这一政策曾持续三年左右，调任了一批乡村教师到城区学校。

第二种是城区学校招考。城区招考的程序烦琐，要求严格，且不是每年都会招考，一般在新建学校后会招聘一批，比如2007年宁平县新建成实验中学，2008年又新建友谊小学，新建学校对教师的需求量大，当时全县进行了一次正式招考工作，总共有1200人报名参加，最后录取了300多人。

第三种是非正式的借调。非正式借调是大多数想进城的乡村教师最为常用的一种方式。国家为了解决乡村教师招聘难的问题，从2006年推动实施“特岗教师”计划，保障乡村教师的待遇问题。“特岗教师”计划一定程度上解决了乡村教师招聘难的问题，却引发了意外后果，即新进“特岗教师”借助“特岗教师”计划政策进入教师队伍后，将之作为平台和跳板，很快就通过各种方式“跳槽”，多数进入城区学校，少部分进入公务员队伍或其他事业单位。表2－4中，黄西县王集镇中心小学2012—2016年五年间招聘的“特岗教师”流失了15名，其中有7位教师通过非正式借调的方式调到城区学校或城区附近的学校。

表 2－4　　黄西县王集镇中心小学“特岗教师”流失情况

编号	名称	招聘年份	离开年份	流动原因	去向
1	王老师	2012 年	2015 年	离家太远	回山东老家
2	岑老师	2012 年	2016 年	男友在其他镇	调到男友所在乡镇学校
3	占老师	2013 年	2014 年	离县城太远	调到城关镇学校
4	邹老师	2013 年	2014 年	老公在县城工作	调到县城附近乡镇
5	胡老师	2013 年	2017 年	父亲工作调动一起走	县城中学
6	熊老师	2013 年	2014 年	不想在小学教书	调到本乡镇中学
7	蔡老师	2013 年	2015 年	调任片小做副校长	杨祠小学
8	肖老师	2014 年	2015 年	不想在小学教书	调到本乡镇中学
9	夏老师	2014 年	2015 年	不想在小学教书	调到本乡镇中学
10	袁老师	2014 年	2016 年	县委直接调走	县城附近中学
11	夏老师	2015 年	2016 年	离家太远	辞职回老家
12	项老师	2015 年	2016 年	家在市区	调到离市区近的乡镇学校
13	华老师	2015 年	2017 年	离城市太远	调到离市区近的乡镇学校
14	熊老师	2016 年	2017 年	借调	借调到城关镇小学

注：1. 表格信息是根据该校副校长的访谈信息进行整理而成。

2. 2012—2016 年该校“特岗教师”流失 15 人，统计时遗漏 1 位教师。

从上述城区教育空间再造、生源进城机会制造和师资进城机会制造中，能够明显感受到县级政府在财政约束和多重任务压力下主导调整城乡教育格局的行动，通过引导项目、生源和师资向城区学校倾斜，从而为教育城镇化创造了基本条件，意在同时解决地方经济发展和城乡义务教育非均衡发展的问题。可以说，县级政府的推动是教育城镇化的原始动力之一。

第三节　教育城镇化发展的农民家庭动力

教育城镇化既有地方政府有意推动的因素，同时也是乡村社会部分农民家庭主动为之的选择。教育城镇化的乡村社会推力，来自农民家庭再生产的教育诉求与乡村社会内部分化产生的教育竞争。对于农民家庭而言，教育是实现农民家庭再生产的重要渠道，是再造农民家庭经济资本、社会资本和文化资本的最佳选择。在城乡教育差距扩大、农民家庭形成分化的情况下，部分经济条件相对优越的农村家庭选择将子女送入城区学校就读，由此获得优质教育资源，希望增加依靠教育竞争资本获得发展的机会。一言以蔽之，农民家庭教育发展和乡村社会经济分化自下而上推动了教育城镇化的发展，由此构成了教育城镇化发展的又一动力来源。

一　“半工半耕”与农民家庭再生产

黄宗智在研究长三角地区的农村时，提出“内卷化”的概念，意思是农业生产中的劳动力投入存在边际效应递减的问题，在劳动力投入达到一定数量之后，继续增加劳动力对于农业生产力没有意义，大量剩余劳动力亟待释放，由此预示了我国劳动力使用转换的必要性①。改革开放以后，我国大力引进外资，着力推动东部沿海地区的工业化发展。东部沿海地区的工业发展为释放剩余劳动力创造了空间，使得中西部地区大量青壮年劳动力向东部沿海的工业区转移，从而塑造了我国新时期工农关系和家庭关系。

从家庭角度来看，由于大量青壮年劳动力加入工业化生产的进程中，乡村农业成了乡村留守老人的主要责任，在家庭内部形成了以代际分工为基础的半工半耕家计模式②。代际分工是基于工农业生产特点和中老年劳动力特质所形成的自然分工格局，外出务工的年轻人依靠充满活力的身体机能适应快速的工业化生产，利用自身的劳动能力换取现金收入，留守在家的老人依靠常年积累的经验能力从事农业生产，自给自足的农产品作为家庭生活的必需品，节省了家庭维续的现金支出。以代际分工为基础的半工半耕，一方面能够保障家庭劳动能力的最大化发挥，实现家庭成员的劳动价值；另一方面则能够最大化提升家庭的积累能力，推动家庭的继续发展。

以代际分工为基础的半工半耕是家庭内部分工格局的主要形式，

---

① ［美］黄宗智：《长江三角洲小农家庭与乡村发展》，中华书局2000年版。

② 夏柱智、贺雪峰：《半工半耕与中国渐进城镇化模式》，《中国社会科学》2017年第12期；张建雷：《发展型小农家庭的兴起：中国农村“半工半耕”结构再认识》，《中国农村观察》2018年第4期。

在这一分工格局中，中青年一代和老年一代都是不可或缺的一部分，即这一分工格局要发挥作用，必须依赖两代人的共同努力。但是，存在至少三种情形使得老年一代无法发挥作用：一是老年一代去世；二是老年一代丧失劳动能力；三是在分家秩序中老年一代不属于这个家庭的成员。当老年一代的“半耕”功能缺失时，家庭内部就会形成两种可能的劳动力分配格局，一种是“全工格局”，即中青年一代夫妻二人都到外务工，放弃家中的农业生产，将土地流转给其他人，家庭收入全部来自工业生产。另一种则是以性别分工为基础的半工半耕，即中青年一代中的女性在家承担由老人承担的农业生产职能，中青年一代的男性在外务工，家庭收入来源于工业收入和农业收入两部分，以工业收入为主，农业收入主要用于家庭消费①。一般来讲，如果家中老人已经去世，就会倾向于“全工格局”，如果老人在世，就会倾向于以性别分工为基础的半工半耕，女性要兼任照顾老人的责任。从经济收入的角度来讲，“全工格局”更有利于家庭内部积累，但是乡村家庭存在伦理责任，因此要顾及老人的照料问题，故而将劳动力相对较弱的女性留在家中照顾老人。当然，随着二代农民工的成长成熟，也会形成新的“全工格局”，即在一个家庭内部，一代农民工和二代农民工一起在外务工，这样的家庭劳动力能够得到最大限度发挥，家庭积累能力最强。但是这一家庭格局维持的时间不会太长，一是随着家庭发展周期的变化，一代农民工面临着新的责任，比如照顾自己的父辈或孙辈；二是一代农民工自身的劳动能力退化，面临着被市场淘汰的可能。因此，在维持短暂的“全工格局”后，老一代农民工就会退出务工市场，回归乡村家庭，开始新一轮的以代际分工为基础的半工半耕。可以说，以代际分工为基础的半工半耕是乡村家庭劳动力分配的常态，是最为稳定、最有效率同时最富有生命力的家计模式。

乡村家庭形成“半工半耕”的家计模式，目的在于实现家庭再生产。一个家庭的生命力即在于家庭的再生产能力，是家庭正常运转与持续发展的能力。家庭再生产具有两个层面的含义：一是家庭简单再

---

① 杨华：《中国农村的“半工半耕”结构》，《农业经济问题》2015 年第 9 期。

生产；二是家庭复杂再生产①。家庭简单再生产对应家庭正常运转，是家庭的基础性目标，是对家庭现实目标的定位。具体指的是家庭日常生活的开展，生活需求如衣、食、住、行、教育、医疗有基本保障，不需要外部力量支持便能够维持生活正常运转，确保家庭不至于破产。在半工半耕的家计模式下，自产的农产品能够保障家庭成员基本的粮食需求，以及简单的生活需求，从而降低家庭生活支出。务工收入用于解决家庭成员其他的需求，如住房、教育、医疗等。一般来讲，在两代人的代际合力之下，家庭简单再生产的基本维续不存在问题，除非遭遇意外伤害，导致家庭劳动力受损，且要支出大额资金，就会影响到家庭简单再生产。

家庭复杂再生产蕴含了家庭发展性任务，是指家庭不满足于正常的运转，期待获得家庭的发展与跃升，实现家庭社会地位的提升。家庭复杂再生产具有历史视野和发展视野，一是从家庭发展周期的角度实现再生产，是指家庭中下一代能够正常完成婚配，保障家庭的延续。这一生产通过婚配和生育实现人口规模的增长和家庭模式的再造，在原生家庭基础上生长出新的家庭。二是从家庭发展层次的角度实现家庭在社会阶层上的进步，是家庭发展能力、社会竞争力和社会地位的提升。家庭简单再生产能够保障家庭正常生活，但只着眼于眼前的生计，同时还存在社会风险和市场风险，在面对社会情境变化和市场环境变动时，简单再生产中的个体缺乏风险应对能力，而复杂再生产的目的是提升家庭的韧性和子代对社会和市场的适应能力，以团体的形式和强劲的发展能力占据社会发展的优势位置，在面对社会和市场时能够更加从容。家庭复杂再生产的复杂性在于，家庭发展路径摒弃了简单发展的逻辑，不是只顾简单生活，而是注重培育子代的自我生产能力，延续家庭的生命力，推动下一代改变命运，从而获得更高层次的社会地位。这一发展路径不是单向度的物质投入，需要依靠外在力量的支持获得家庭发展的力量，对于资源薄弱的乡村家庭而言，最重要的力量就是公平的教育。

---

① 李永萍：《家庭发展能力：农村家庭策略的比较分析》，《华南农业大学学报》（社会科学版）2019 年第 1 期。

半工半耕的家庭分工模式能够保障家庭日常运转，同时积累家庭发展资财，促进家庭的可持续发展。家庭发展的投入对象是处于发展中的一代，即家庭中还未成长成熟的孩童，他们具有极强的可塑性和发展性，依靠教育能够获得个体发展和家庭跃升的可能。因此，在半工半耕的家计模式支持下，农民家庭依靠积累的已有资源，会尽可能为子女创造优越的就学环境，争取获得优质的教育资源，以此增加子女依靠教育获得发展的机会。

二　教育投入与农民家庭教育发展目标

农村家庭之所以将教育作为家庭发展的重要目标，在于教育具有风险规避和可持续发展的意涵。从风险规避的角度来看，由于农民和农民工所从事的工农业生产都存在风险性，农业生产面临着自然风险和市场风险，工业生产面临着市场风险，因此都不稳定。一旦农业生产和工业生产不具有稳定性，就意味着农民和农民工的生计会受到威胁，不仅无法保障个体发展和家庭发展，而且还会危及基本生存。

对于农村家庭而言，要突破工农业生产的局限，需要寻找其他发展的路径。然而，农村家庭内生于乡土社会，乡土社会与现代社会之间具有显著差异，乡土社会立基于熟人社会之上，依靠经验复制可以维持个体和家庭的生存与发展。但是现代社会打破了熟人社会关系，塑造的是陌生人之间的理性关联，个体发展和家庭发展需要依托于契合现代社会的特质。脱胎于乡土社会中的个体与家庭，缺乏进入现代社会的关系资本、文化资本和经济资本，因此必须借助某一媒介打通个体获得相关资源的能力。

中华人民共和国成立后，我国依靠汲取农业资源迅速建立起工业化生产体系，在改革开放后三十年将工业化生产推向高潮。当时工业化生产是简单的工业生产，中华人民共和国成立初期 30 年的扫盲运动和义务教育普及工作能够满足国家工业化生产的需求。进入 21 世纪后，我国快速迈入知识型经济时代，以信息化、智能化为底色的经济发展成为未来工业发展的主要方向。信息化和智能化快速发展，一方面意味着经验知识不再能够满足现代工业化生产需要；另一方面意味着知识体系本身的变通能力与更新能力增强，必须习得一套能够匹配现代经济发展的能力才能适应瞬息万变的现代社会，工业化生产的人才匹配体系有待建立，这对未来的劳动者提出了要求。如果农民家庭不能理解新的工业生产体系，不能发展适应这一套经济发展体系的能力，就有可能被市场淘汰和被现代社会排斥。

要顺利进入现代社会，不只是身体的在场，还有能力与角色的适应，即个体能够获得现代社会的就业机会和价值认可，因此需要重塑个体和家庭的资本网络。农村家庭的关系资本和经济资本的总体状况一时难以改变，但文化资本能够通过教育获得。教育是一套客观的知识体系和评价体系，通过教师传递给学生，学生依靠自我努力获得知识能力，在客观评价体系下获得认可，继而实现与现代社会体系接轨和自身发展。从这个意义上来讲，教育本身既能给予学生获得基本发展能力的机会，也能够依靠这一文化资本形式再生出经济资本和社会资本，从而使个体获得社会阶层跃升的机会。换言之，依靠教育获得的文化资本不仅不具有排斥性，而且可以再生其他资本，拓展资本内容与资本网络。

笔者在调研中发现，农民家庭普遍重视教育，他们并不在乎学校的教育模式到底是素质教育还是应试教育，而是重视教育是否能够给予孩子发展的希望，是否能够依此获得稳定而体面的工作。“稳定”和“体面”的内涵非常明确，前者是出于对父辈不稳定工作性质的反思，后者是对于提升家庭地位的发展性期待。“稳定”所指的是子代能够获得体制内工作，“体面”是指子代能够顺利实现彻底的城市化，并且能够向原生家庭进行回馈。

农村家长对于自身所从事的工作具有强烈的反思甚至抗拒，通常用“苦累”来形容，而这种艰苦生活的体验是激励子女努力学习的重要参照系和动力来源。

案例2－7：宁平县白村党某47岁，儿子与女儿都是三中的学生，她在三中附近租房陪读。她家有十多亩地，种小麦、胡麻、玉米、大豆、土豆等，辛辛苦苦一年只能挣1万元。丈夫在邻县做水池，130元/天，但是工上的不全，一年在外只能挣2万元。她说，“我们没念过书，让娃娃多念些书，可以少下些苦，我只念了二年级，他们爸只念到五年级。我就希望他们能找个好工作……有手艺的挣钱多，没手艺的下的苦多，比如我掌柜的（老公），没手艺，早上6点起床，要做到晚上12点、1点，苦心得很，吃得不好。（要是孩子们能）找个好工作，稳定，不辛苦”。（访谈编号：2017－12－09DAY）

案例2－8：木湾乡刘姐的大儿子考上南京信息工程学院，在读大三，他儿子敢闯，不想进单位做稳定的工作。但是作为家长，她和丈夫都想着儿子能够到一个稳定的单位上班。（访谈编号：2017－12－09LDJ）

案例2－7和案例2－8代表了农村学生家长的一般心理，教育的意义是要摆脱不稳定和辛苦的生计模式，希望通过读书获得稳定的职业。如果无法进入体制内，也要能够“坐办公室”，不能被风吹日晒。在农民眼中，“打工”和“工作”有着感知上的明显区别，“打工的思想不开放，读了大学是有工作的，生活有保障”。“体面”与“稳定”相关，稳定是体面的前提。体面的标准有两点：一是个体能够顺利实现城市化，并在城市过上中产阶层及以上层次的生活；二是个体在自我发展的基础上能够进行代际反馈和代内支持，即能够孝敬老人、支持兄弟姐妹发展。对于农村家庭而言，教育本身具有明确的现实价值导向，教育是实现个体融入现代社会，促进家庭实现代际流动的重要力量。

三　乡村社会分化与教育竞争的展演

我国中小学教育实行就近入学制，根据户籍所在地确定中小学就学地点。尽管随着打工经济的发展，人口流动加速，国家为外出务工人员子女开放了异地就学机会，从而为农村学生进入城镇就学创造了条件。然而，由于城乡学校环境存在差距，城镇教育环境更加优越且稀缺，并非所有的农村家庭都能够借助“随迁子女政策”进入城镇学校就读，城镇学校优质教育资源需要家庭通过努力才能够获得。那么，在乡村社会内部，就会展开争取优质教育资源和教育机会的竞争。

乡村内部不是铁板一块的整体，在经过打工经济洗礼之后农村家庭之间已经产生了一定的经济分化，经济分化可以进一步转化为社会分层。随着市场经济的渗入，乡村社会内部不同家庭的经济状况会因劳动力数量与质量、劳动性质的差异而导致家庭之间形成分化，经济上处于中上层的家庭会成为中下层家庭的模仿对象。进城读书成为农村家庭之间相互竞争和竞相模仿的行为，乡村学校生源流失则是乡村阶层分化、经济上层家庭所带动的结果。

农村学生进入城市学校就读，最早是受到村庄中经济上层家庭的影响。这些上层家庭有能力在城镇购房，通过彻底城镇化实现孩子的教育城镇化。村庄中的上层家庭一般是靠做生意、做乡村干部、进入政府系统，或者外出包工等方式累积财富，由于能够获得稳定和相对丰厚的收入，因此有能力进城买房，并顺利在城市生活。在经济贫困的村庄，村中的上层买不起房，但是有能力率先将孩子送到城镇学校就读。

案例2－9：宁平县木湾社（社是当地自然村的称呼）有七八十户人家，有一些在外工作的家庭在外买房了。打工的农户有8户买房，在繁华乡镇李堡镇买房的有5户，县城买房的有2户，兰州买房的有1户。即使是在李堡镇买房，一套房也要四五十万元，高层要3000多元/平方米。这些靠打工买房的家庭，有两种类型：一种是包工头，男人在外包工，女人在家照顾老人小孩；另一种是男的在外打工，收入不错，女人在家陪读，同时自己在县城或镇上也会找一份工作做。（访谈编号：2017－12－09LDJ）

案例2－10：宁平县八侯社有两户村民不种地，家里都建了新房，有小车，因为掌柜的会挣钱。一户是党生清家，他从20岁时就外出打工，做了近20年，家中有钱，小孩很小就到临江镇上学了，老婆一直跟着陪读，他有钱就在镇上买了一大块地建房，房子建好后租出去给人住。另一户是陆某家，做收猪生意，家里条件好，三个孩子从小就到镇上读书。（访谈编号：2017－12－09DAY）

宁平县木湾社和八侯社的富人率先进城，在城镇买房、陪读，他们的行为方式会对中下层产生一定的影响。上层家庭进城会造成两个方面的影响：一是在村庄中形成示范效应，进城成为“混得好”的标志，是获得面子感的重要来源；二是上层家庭进城后使得村庄中的阶层结构出现松动，村庄活动受到影响，会影响到在村群体的生活心态。这一影响映射到教育领域，形成“有能力的家庭才会送孩子进城读书”的示范，这种示范作用会产生一定的负外部性，即影响到乡村学校中的学生结构，学校学生人数减少，使得在校学生对学校的评价降低。因此，上层家庭进城带动与之经济实力相差不大的中层进城，以追赶上层进城的脚步。不过，中层家庭并不一定能够承受进城买房的经济压力，在此情况下，他们将进城的要素分解，进城不买房，只是让子女进城接受教育。

案例2－11：宁平县八侯社的两户家庭将孩子送到乡镇就读后，村中的其他家庭受到影响，从小孩读幼儿园始就将孩子送到县城或乡镇学校就读。小月才30岁，有两个孩子，大女儿4岁，小儿子2岁，她所居住的九侯村有一个幼儿园，只有十来个娃娃，她不满意，看到社里条件稍微好点的家庭都将娃娃送到城里，她从大女儿上幼儿园开始就到临江镇租房陪读，还不到入学年龄的小儿子也跟着到镇里。小月的丈夫在外打工，公婆在村里种地，养一群羊供他们在城镇生活。（访谈编号：2017－12－09DAY）

案例2－12：黄西县平津小学二年级学生馨雨转到县城小学读书，馨雨父亲在西安做工，爷爷奶奶也有收入，家庭条件好，在县城买了房，因此馨雨母亲将两个孩子送到县城读书。馨雨的朋友心怡看到她转到县城读书，也打算在三年级时到县城读书。心怡的父亲在西安做装修，收入不错，母亲在黄西县城做销售，工资能够贴补家用，没有买房，家庭收入能够勉强支持孩子在县城的生活。（访谈编号：2018－05－26CXM）

案例2－11中的小月家和案例2－12中的心怡家都是村中的一般家庭，他们受到村中进城家庭的影响跟随进城，但是由于买不起房，只能在城镇中租房陪读。对于村庄中的中层家庭而言，他们进城的话语会从经济能力转向子女教育，即进城目标不是为了个人的城市生活，而是为了子女接受更好的教育。这一话语转向，使得乡村学校中的生源大量流失，进城接受优质教育成为反衬乡村薄弱教育的镜子，城乡教育比照使得乡村教育迅速沦落。

图 2－1 中呈现了宁平县土沟乡东原小学学生人数在十数年间的变化。从 2007 年至 2012 年，东原小学年均减少学生 100 人之多。当人数下降到 100 人以下之后，仍然未停止下降的趋势，直到 2015 年，该校学生人数达到最低谷。2015 年之后生源数量之所以能够有所回升，在于全县完成城乡义务教育均衡验收，学校整顿一新，重点建设了幼儿园，因此一些经济紧张的村民才愿意将孩子放在村里读幼儿园。尽管如此，情况仍然不容乐观，留在村中读幼儿园的孩子在上小学时仍然会选择到城镇就读。

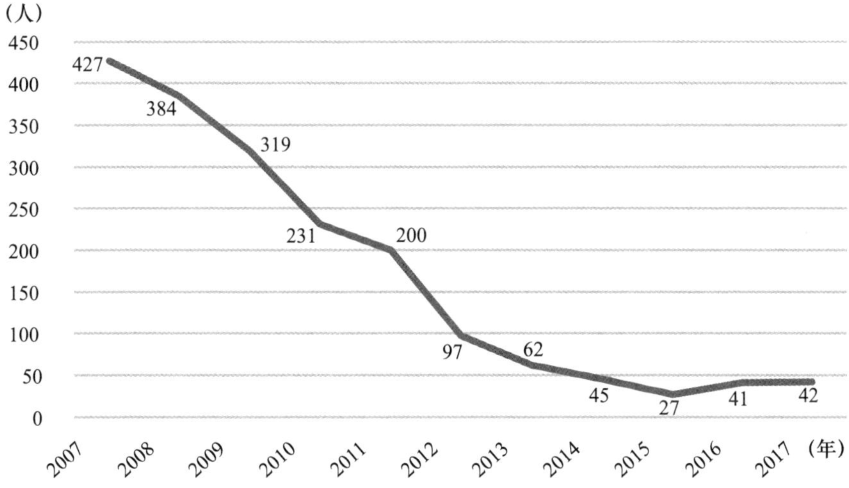

图 2－1　东原小学学生人数变化状况（2007—2017 年）

乡村学校在生源剧烈流失的情况下，学校连基本的教学秩序都无法得到保障。课堂上除了老师干瘪地讲课，其他时间经常鸦雀无声。下层家庭的处境就变得极为尴尬，他们要么极力跟随，要么承受愈加落后的乡村教育。

案例 2－13：王从毛，1967 年生，有 2 个儿子、4 个女儿。大女儿已婚，还有三个孩子在上学，一个在乡里上初中，两个在村里上小学，家庭极度贫困。夫妻俩靠种地、养羊维生，两人种了 40 亩地，养了 20 多只母羊，年收入 2 万元左右。他看到村里其他孩子纷纷进城读书了，他心里着急得很，想想办法托人找关系把孩子送到城里读书，但是孩子进城读书，就得老婆陪读，不仅缺少劳力干活，家里开支也会大增，在村里上学基本不花钱，他想来想去左右为难，不知如何是好。（访谈编号：2017－11－24WZM）

案例 2－14：馨雨和心怡共同的好朋友好好也想一起到县城读书，但是好好的爷爷奶奶生病，母亲薛美在家照顾老人和两个孩子，全家完全靠父亲一人做木工挣钱，虽然薛美清楚平津小学的教学质量很差，对学校的评价是“放鸭子”“不布置作业”“全县倒数第一”，但是薛美的意思是“有什么样的条件做什么样的事”，没有能力将好好转到县城读书。（访谈编号：2018－05－26CXM）

案例 2－13 中的王从毛家是村中的贫困家庭，案例 2－14 中的好好家在村中是中下层家庭，王从毛的孩子和好好在农村学校接受教育，一方面显示出家长的“无能”；另一方面因其他的学生流失，导致他们的教育环境受到影响，因此流动意愿十分强烈。然而，由于家庭经济条件不允许，他们不得不继续留在农村学校就读。

乡村社会分层是分化瓦解乡村生源的内在力量，上层家庭的带动行为具有明显的示范作用，使得中下层参与模仿。然而，真正能够彻底城镇化并享受城镇教育的家庭只有村中少数上层家庭，但由于上层家庭的行为具有正负外部性，使得中层家庭跟随上层家庭的步伐，中层家庭行为的负外部性增强，倒逼下层家庭要么拼尽全力跟随中上层家庭，要么承受不断瓦解的乡村教育环境。在乡村社会分化和阶层行为示范作用下，部分农村学生不断向城镇学校转移，由此形成教育城镇化的农民家庭动力。

第四节　小结：教育城镇化的双重目标与双重动力

义务教育是国家教育的基础，是教育事业发展的根基。从供给的角度来看，政府要从宏观上保障义务教育的公平性和公益性，同时要注重教育供给的情境性，即要根据国家能力和政府实力供给教育资源；从微观上则要在城乡不同学校之间进行平衡，在资源分配上确保学生的教育权利得到保障。从需求的角度来讲，在当前阶段，我国农村家庭重视教育的意义在于教育本身具有工具性意义，教育是农村学生融入现代社会和农村家庭获得阶层流动机会的重要渠道，义务教育是家庭发展和积累竞争资本的起点。因此，农村家庭对于国家供给义务教育的诉求是提供公平的义务教育环境，保障学生能够依靠教育获得教育竞争和未来发展的资本。

教育城镇化来源于自上而下和自下而上的双重动力。一重动力是县级政府在财政约束和发展压力下的策略行动。由于县级政府要承担保障城乡义务教育公平的主要责任，又要促进地方经济发展，在县级财政实力有限又面临着多重责任的情况下，县级政府通过城区教育空间再造、生源进城机会制造和师资进城机会制造为教育城镇化创造了条件，继而借助教育城镇化试图同时解决上述两个方面的问题，既解决农村学生就学条件落后的问题，又能够带动农民进城买房，盘活土地财政以促进地方经济发展。

另一重动力是农民家庭发展性目标与乡村社会内部分化形成的教育竞争。在乡村社会，由于农村家庭缺乏经济资本、文化资本和社会资本，家庭发展受到限制，教育成为能够支持家庭可持续发展和实现家庭阶层流动的重要渠道，因此农村家庭愿意为子女教育投入资源，尽量争取获得优质教育资源以增加竞争资本。随着打工经济的洗礼，乡村社会内部发生分化，不同阶层之间展开了优质教育资源竞争，上层家庭率先进入城镇享受优质教育资源，中层家庭紧跟其后模仿上层家庭的行为，中上层家庭进城对乡村教育造成一定的负外部性，即破坏了乡村学校的生源结构，使得下层家庭对乡村教育失去信心，下层家庭要么透支未来收入跟随进城，要么接受弱势的乡村教育。乡村家庭对于教育的依赖以及乡村社会内部分化所形成的模仿行为构成了教育城镇化的又一动力。

从县级政府和农民家庭的原初目的来看，政府在推动教育城镇化上有两个目标：一是实现城乡义务教育均衡发展；二是推动农民进城买房，盘活地方土地财政，以推动地区经济发展。农村家庭将子女送到城镇学校就学的目标则是摆脱落后的乡村教育，获得城镇学校优质的教育资源，提高子女依靠教育获得个体发展和家庭发展的机会。是否盘活土地财政不是本书研究的重点，故而后文不进行讨论。需要重点考察的是，县级政府和农村家庭的共同目标是否实现，即是否实现城乡义务教育均衡发展，以保障城乡学生享受公平的教育权利。城乡义务教育均衡发展包括两个层面的含义：一是从空间上看，城乡学校能够获得均衡发展；二是从主体上看，城乡学生能够获得均衡发展。综合来看，城乡义务教育均衡发展就是城乡学生不受到家庭条件和学校场域的限制，不论是农村学生还是城市学生都能够在任何学校接受平等的教育权利和进行公平的教育竞争。在县级政府和农民家庭双重力量推动下形成的教育城镇化，到底使城乡教育呈现何种格局是本文要探讨的核心问题。接下来的三章将分别探讨城区学校、农村学校和乡镇学校的运行状况和教育性质，以此呈现和分析教育城镇化背景下不同层级学校教育结构的问题，进而探讨城乡义务教育非均衡发展的根源所在。

第三章　竞争型教育：城区学校的资源结构与运行机制

本章的主要任务是分析城区学校的资源结构及其运行状态，据此总结出城区学校的教育性质，反思城市内部的二元教育结构。这一章的研究需要回答两个问题：一是农村学生进城是否能够形成城区学校发展的规模效应；二是农村学生进城是否能够享受与城区学生同等的教育资源和教育权利。研究发现，城区学校的资源结构存在明显的拥挤效应，生源规模超过政府供给能力，学校一方面需要面对复杂的管理事务，另一方面需要面对政府供给不足带来的资源约束，故而建立了科层化的管理模式，形塑出功利型师生关系和互嵌型家校关系。在生源压力和资源约束下，城区学校的总体结构呈现出竞争型教育的特点，进城的农村学生在城区学校中成为城区教育体系中的边缘人。

第一节　城区学校教育资源结构与拥挤效应

规模经济论认为，大型组织比小型组织的效率高，扩大组织规模将带来单位成本的下降。将“规模经济”的理念放置在学校中同样如此，即大规模学校比小规模学校更有效率，通过增加学生数，扩大学校规模，充分发挥学校的规模效益，能够降低生均成本，达到提高效益的目的[①]。2003 年前后，我国兴起大规模的撤点并校高潮，即是受到规模经济理论的影响，政府试图将分散的、规模过小的学校撤并

---

① 叶庆娜：《学校规模对教育公平、成本效益的影响——国外学校规模影响研究综述及启示》，《教育与经济》2016 年第 3 期。

后，通过对教育资源进行优化配置，使师资和生源集中，以此提高教育资源的利用效率，实现教育总体水平的提高。然而，撤点并校的结果是产生了大量的“巨型学校”。一些学者支持撤点并校之后组建巨型学校，原因在于，农村学生可以聚集到城区上学，与城区学生享受同等质量的优质教育资源，一次性彻底解决城乡教育不平等的问题。不过，规模经济论的适用存在规模增长边界，只有在一定时期和适度规模的情况下，规模才会带来正效益。如果突破了临界值，就会出现边际效益递减甚至负效益的情形。

教育城镇化使得教育资源要素从乡村学校向城镇学校集中，学生进城带动了师资资源和物质资源的流动与分配，城区学校成为教育资源集聚的高地。由于县域内部逐步形成农村学生进城就读的政策空间，希望进入城区学校获得优质教育资源的农村学生迅速增加，形成旺盛的教育需求。然而，由于地方政府的供给能力有限，尽管县级政府主导扩充城区学校、调配师资力量，但是师资力量配备和物资资源配备的速度仍然无法跟上学生进城的速度。因此，城区学校既获得了生源流入的规模优势，同时也要面临资源供给不足带来的拥挤效应。

拥挤效应（Crowding effect）最初是生物学中的概念，后被运用于经济学和管理学中。拥挤效应是指种群增长过程中随着密度增加而使种群增长速度降低的现象①。如果环境条件是无限的，种群应以指数形式增长，而实际上在有限环境中都呈“逻辑斯蒂”形式增长，“逻辑斯蒂”增长模型又被称为自我抑制性模型或阻滞增长模型②。拥挤效应被称为“密度制约”，这一概念能够较好地概括当前城区学校普遍出现超大规模和超大班额的实际状况。根据对城区学校的人力资源和物质资源状况的梳理和分析，发现城区学校存在着明显的拥挤效应。下面将结合下表信息和调研信息进行详细分析（城区学校的人力资源和物质资源的大致状况见表3－1和表3－2）。

---

① 汪彩君、邱梦：《规模异质性与集聚拥挤效应》，《科研管理》2017年第S1期。

② 张有绪、陈伟：《我国人口数的逻辑斯蒂增长模型》，《统计与决策》2007年第4期。

表 3 - 1　　　　　**三县城区学校人力资源配置状况**

所在县	学校名称	学生数（人）	班级数（个）	平均班额（人/班）	教师数（人）	师生比
宁平县	友谊小学	2380 *	36 *	66.11	128	1 : 18.59
宁平县	南城小学	3250 *	55 *	59.09	146	1 : 22.26
林甫县	第七小学	2160	30	72.00	79	1 : 27.34
林甫县	第三小学	4600	39	117.95	208	1 : 22.12
黄西县	实验三小	1200	24	50.00	90	1 : 13.33
黄西县	实验小学	4000	61	65.57	208	1 : 19.23
宁平县	实验中学	1530	33	46.36	145	1 : 10.55
宁平县	宁平中学	1545	32	48.28	146	1 : 10.58
林甫县	实验中学	2700	36	75.00	135	1 : 20.00
林甫县	善思中学 **	3300	48	68.75	150	1 : 22.00
黄西县	实验中学	2470	40	61.75	198	1 : 12.47
黄西县	希望中学	1500	24	62.50	129	1 : 11.63

注：1. 表格数据根据调研访谈资料整理而来。

2. 标 * 号的数据表示实际数据与统计数据存在误差，表中数据以访谈中获得的实际数据为准。友谊小学统计数据显示学生人数 2265 人，班级数为 54 个，南城小学统计数据显示学生人数 3098 人，班级数为 73 个。将学生人数报小，在于部分学生是通过非正常方式进入学校的，将班级数据报大，是为了从数据和形式上消除大班额的问题。

3. 标 ** 号的善思中学名义上是民办初中，实际上是县一高的校中校，教育局对该校收取的学费拥有一定的使用权和决策权，公办教师占到一半，且校长由公办教师担任，故而在此处算作公办学校。

根据表 3 - 1 中的内容可知，城区学校的人力资源状况呈现出以下四个方面的特点：一是学校学生规模大，上述学校的学生规模均超过 1000 人，林甫县第三小学的学生人数达到 4600 人，人数最少的黄西县实验三小也有 1200 人。二是学校班级数量多，每所学校每个年级均超过 4 个班级，班级之间能够形成比较与竞争的关系。三是每个班级的规模大，按照教育部的规定，小学规定班额是 40—45 人，中学规定班额是 45—50 人，但上述学校中最小班额数为 46.36 人，最大班额数为 117.95 人，班额数普遍在 55—70 人之间，全部超过国家规定标准。四是教师规模大，部分学校的师生比略微偏低，即师资力量低于学生生源所需师资力量。国家规定县城小学的师生比应为1∶21，上述小学中有3所达标，3所未达标，县城初中的师生比应为1∶16，上述初中有4所达标，2所未达标。不过需要说明的是，城区学校虽然从数据上感觉师资力量充沛，然而由于历史原因①，城区学校一方面存在严重的老龄化问题，大量老龄教师转为工勤人员，比如黄西县实验中学拥有50多位工勤教师，林甫县第三小学同样存在这一问题，学校真正能够用于教学的教师资源有限，在岗教学的教师任务重、压力大。

表3－2　　**三县城区学校近五年物质资源配置状况**

所在县	学校名称	生均经费（元/年）	经费总额（万元）	项目资源	项目金额（万元）
宁平县	友谊小学	600	142.8	餐厅、操场（人工草坪，足球学校）	120+
宁平县	南城小学	600	195	运动场	48
林甫县	第七小学	500*	108	教学楼两栋、综合楼、硬化操场、食堂、校史馆	1500+
林甫县	第三小学	500*	230	综合楼、教学楼、食堂、绿化公园、长廊	2100
黄西县	实验三小	600	72	教学楼、运动场、综合楼、食堂、宿舍	900
黄西县	实验小学	600	240	食堂、教学楼、厕所	400
宁平县	实验中学	800	122.4	餐厅、综合楼、公寓楼、博学馆、塑胶跑道	1800
宁平县	宁平中学	800	123.6	附属工程、厕所	70

① 历史原因指的是在教师配置不规范时期，大量乡村教师通过关系调到城区学校教学，但是由于能力有限或背景强大，学校难以充分调动和释放他们的教学能力。这批教师的存在，一方面会影响到学校的教学工作，另一方面则因他们占据编制，使得学校无法引进新进教师。

续表

所在县	学校名称	生均经费（元/年）	经费总额（万元）	项目资源	项目金额（万元）
林甫县	实验中学	800	216	新建教学楼、宿舍楼2栋、扩建食堂、道路硬化、教工宿舍3栋、塑胶跑道	1300 +
林甫县	善思中学	800	264	综合楼	1500
黄西县	实验中学	800	197.6	综合楼、运动场	820
黄西县	希望中学	800	120	科研楼、操场、厕所、绿化、附属工程、教师周转房、宿舍2栋	760

注：1 表格数据根据三县调研访谈资料整理而来。

2 关于标＊号数据的说明：国家规定小学阶段每生发放600元/年的生均经费用于保障学校的日常运转，但是林甫县三小和七小只能领到每生500元/年，其余经费用于教育局日常运转和补贴其他学校。

表3－2中所显示的内容，是城区学校物质资源配置的部分情况，包括学校的生均经费和项目资源配置状况。生均经费与学生规模直接挂钩，用于学校的日常运转，学生越多，学校的生均经费总额就越大，城区学校因生源规模大，因此学校日常经费充足，每所学校均超过60万元，大多数学校的经费在100万—300万元之间。

项目资源根据学校需求进行分配，从表中所示内容来看，城区学校的项目资源充沛，主要是大型的校舍建设，比如建设教学楼、综合楼、食堂、操场等，项目总金额普遍达到500万元以上。学校的项目建设，一方面是学校生源规模扩大产生的需求；另一方面则是由于城区学校要进行高标准建设，需要花费一定的资金进行校园环境的提档升级。需要说明的是，三县城区学校的建设均“借用”了薄弱学校改造资金，即将乡村学校建设的项目资金挪到城区学校建设中。此外，城区学校的物质资源还包括班班通、电脑、图书、音体美器材等设施设备，基本都配备齐全，因项目琐碎，未进行详细统计。

表3－2呈现了城区学校在物质资源上的状态，从数据上来看，

城区学校的物质资源丰富，不仅拥有大笔的生均经费，而且能够分配到各种大型的建设项目。然而，城区学校的资源拥有量与日益扩大的学生规模之间存在着巨大的张力：一方面城区学校面临的各类事务要多于乡村学校，花费的资源也更多；另一方面城区学校因自身特定的条件约束，无法解决一些基本问题，比如学校土地空间有限，即使政府能够为城区学校分配更多的资源，学校也无法扩建校舍和操场。

案例 3 - 1：宁平县南城小学只能容纳 1500 名学生，实际学生人数达到了 3250 人，实际人数是承载人数的两倍。然而学校只有 1 个音乐室、2 个实验室，仅有的 1 个美术室还因扩班需要将教室腾出来。学校的操场面积有限，很多活动如早操、运动会都没法开展。(访谈编号：2017 - 12 - 11LLF)

上述两表和案例 3 - 1 反映了城区学校人力资源和物质资源的实际状况，从数据上来看，学校的师资力量雄厚，物质资源丰富，一方面能够反映出当前城区学校的师生规模状况，不论是从学生规模还是师资力量上，都呈现出大规模学校的格局，师资力量配备和项目资源投入的力度大。另一方面可以看到城区学校在师资力量和校舍空间上无法满足当前学生增长的需求，大班额和超大班额的问题突出。结合调研的情况来看，城区学校的基础设施建设难以跟上学生进城的步伐，比如学生因缺乏宿舍和食堂，不得不住在校外，有的由家长陪读，有的寄宿在托管机构中。

由于义务教育属于准公共品，具有公平性和公益性，当大量农村学生向城区学校涌入时，半开放的准入政策会不断降低进入门槛，吸引越来越多的农村学生进入城区学校，城区学校的资源供给无法满足不断增长的需求，从而形成了学校发展的拥挤效应①。

城区学校学生不断增长所形成的拥挤效应，具体表现在两个方面：一是由规模所产生的正效应。由于城区学校学生聚集，一方面会

① 褚宏启、褚昭伟：《我国县城义务教育公共服务的拥挤效应与有效供给》，《教育发展研究》2018 年第 10 期。

因生源规模带来资源集聚优势，这一优势体现在多个方面，比如生源数量多，学校可获得的生均经费多，上级投入的资源同样会优先考虑生源多的学校。另一方面是任务完成优势，学生数量多，师资力量强，可支配资源多，学校要完成各种任务的能力也就越强。二是由拥挤所产生的负效应。一方面是生源过多，学校内部资源有限，由此会产生资源分配问题，无论采取何种原则分配都会产生选择性分配和分配不公的问题；另一方面则是教育管理负担过重所产生的教育责任外溢的问题，因学生数量过多，在师资力量不足和教育时间有限的情况下，学校可能无法完成必要的教学任务，从而将学校教育责任推向家庭。

城区学校在既有的资源格局与拥挤效应的影响下，形成了具有自身特色的学校结构体系。城区学校要履行教育责任和完成教育任务，必须从两方面着手调动力量：一是从学校内部着手，通过充分动员教师和学生参与到教育事业中，才能够完成基本的教育教学工作，形成学校的基本秩序。二是充分调动家庭力量，通过家长的配合和参与，使得学校工作运转更加顺畅，同时借助家庭力量弥补学校教育之不足，并推动学校工作的进一步发展。城区学校所拥有的资源结构，使之形成科层化的学校管理、功利型的师生关系和嵌入型的家校关系。

第二节　多层次管理架构和科层化管理模式

城区学校的特点是学生多、师资强、资源丰、事务杂，学校需要建立复杂完善的管理架构，依靠科层化的管理模式管理教师和学生，以此保障学校教学管理工作的有序运行。在教师管理上，城区学校采取目标责任制，明确工作职责和任务取向。在学生管理上，城区学校实行科学精细化的管理。城区学校的管理规范细致，但在资源再分配过程中存在群体排斥问题。

一　城区学校的复杂事务与多层次管理架构

城区学校在教育管理中面临着三大特殊背景：（1）学生人数多，学校管理任务的基数大；（2）学生来源复杂，学校管理的事务相对复杂；（3）行政力量渗透强，位于城区的学校更易受到同样位于城区教育主管部门的任务指派和行政监督，行政事务多，管理压力大。管理效率需求和行政任务压力驱使城区学校建立科层化的管理架构，以便学校更好地应对校内外的教学管理事务。科层制是韦伯提出的一种非人格化的组织结构，其典型特征是职位等级制和内部分工明确[①]。城区学校的管理架构依据科层制的管理思路建立，从城区学校的领导班子成员的分工，可以清晰地看出学校组织架构的科层化特点。

中小学管理组织结构主要有两种类型：一种是直线职能型结构；另一种是矩阵型结构。前者分工明确，组织结构刚性强，缺乏一定的横向交流和协作，后者保持了纵向直线职能结构，同时又加强了横向交流与协作[②]。城区学校基本上都采取多层次的直线职能型结构，既能够针对管理事务进行明确分工，又能够保证校长对学校的集权控制。

城区学校的领导班子成员一般有校长、副校长、办公室主任/校长办秘书、教务主任、政教主任、总务主任、大队部辅导员。校长负责全面事务，副校长协助校长开展学校工作，教务主任主管教学工作，政教主任主管德育工作和安全工作，总务主任主管后勤工作，大队部辅导员主管学生社团建设。领导班子成员所负责的各个部门工作职责清晰，办公室或校长办负责校长与各个部门的对接，同时负责对外对接工作，其他部门既可以通过办公室/校长办与校长联系，也可以直接与校长联系，对下则对接各个班级的班主任。在一些学校，若班级数量过多，每个年级也会设置年级主任，由年级主任作为部门领导和班主任之间的联结纽带。若校长有重要任务下达到办公室，办公室将把任务下达各个对口部门，再由对口部门下达给年级主任或班主任。若有紧急工作，将直接召集年级主任和班主任开会。（城区学校管理架构见图 3－1）

在学校中，比较重要的四个部门是教务处、政教处、总务处和大

---

① ［德］马克斯·韦伯：《支配社会学》，康乐、简惠美译，广西师范大学出版社 2010 年版。

② 方学礼：《中小学教学管理组织结构的变革》，《中小学管理》2005 年第 7 期。

队部/团委。其中总务处主抓后勤工作，负责学校的资金使用和项目建设，在幕后发挥重要作用。教务处、政教处和大队部/团委则在前台发挥作用，与师生相关的学校管理工作由这三个部门负责。

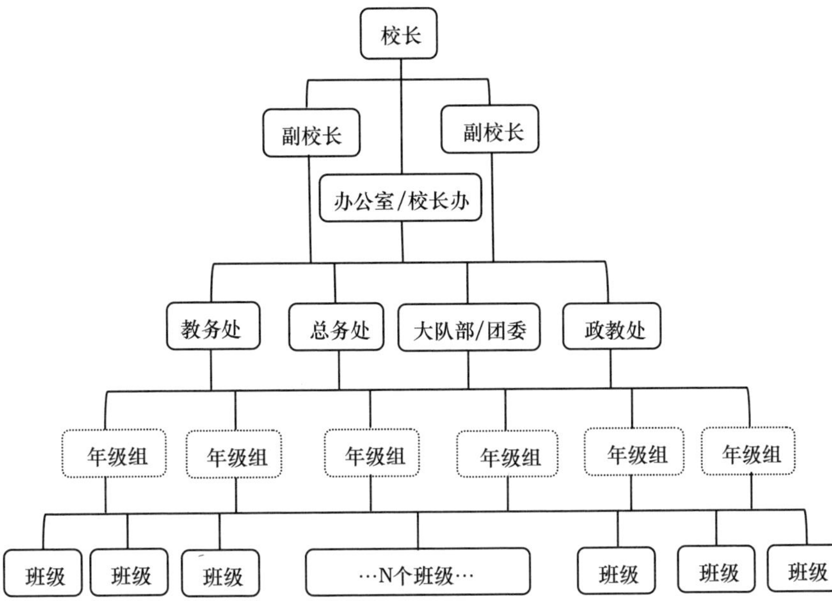

图 3－1　城区学校管理架构

说明：虚线方框表示有的学校没有年级组这一层级。

教务处的工作职责是确保学校教学工作正常开展，着力提升学校的教学成绩。教务处的基本工作是安排学期课程表，组织学期考试、学生竞赛、教师培训，提升教师业务能力，开展课程改革的学校还要由教务处负责课改工作。在大规模学校，教务处会下设科研处或教研组，专门负责不同学科的课程设计和教学研究，并安排老教师负责培养新进教师。

案例 3－2：黄西县希望中学教务处下设教研室，主要负责三项事务：（一）研究课题，课题包括市级及以上的大课题和县级及以下的小课题，学校倡导校内教师通过申请和研究课题不断反思教学管理工作，提高教师的业务能力，该校每个学科有 2—4 个课题；（二）一课三备，是指一门课程要经过授课教师自主备课、课题组听课、教师反思再备三步程序，不断修改和完善课程，使得讲授的课程更加完美；（三）四课一议，是几个课题组定期召开非正式的讨论会，通过平等交流的方式相互提出建设性意见，议课重在教师之间的深度交流，教师们能够各抒己见，彼此都能够在议课中有所收获。希望中学建立完整的教研体系，通过这一体系能够快速培养教师，教师有三年成长期，三年时间能够将新教师培养成为有经验的教师，将有经验的教师培养成为名师。（访谈编号：2018－06－23YFX）

政教处的工作职责是培养在校学生的良好习惯，维持学校校纪校风，保障学生安全就学。学校通过召开晨会、组织活动，提倡和引导学生树立良好的品德、行为和习惯，包括教育学生尊老爱幼、尊敬师长、讲究卫生、注重团结、爱护公物等，通过召开安全知识讲座，定期组织班会宣传安全知识，提醒学生时刻注意校内外各方面的安全。部分学校的政教处称为德育办公室，政教主任称为德育主任，工作内容和管理责任一致。

大队部/团委主要是团结和组织先锋学生发挥作用的组织，小学称为大队部，中学称为团委。这一组织主要负责两项事务：一是组织少先队或学生会参与学校管理和建设，协助学校为学生提供服务；二是组织管理学校社团或兴趣小组，负责带领学生开展课外活动，丰富学生校园生活。在一些学校，大队部或团委单独设立，与政教处等部门平级，有的学校则将大队部或团委作为政教处的下级组织，因此将政教/德育工作与大队部/团委工作结合起来一起开展。

案例3－3：黄西三小的德育主任负责学校德育工作和少先队的工作。德育工作内容包括学生习惯养成、德育思想建设、社团活动开展、研学旅行社会实践等。该校除了注重普遍的习惯养成如文明礼仪和卫生习惯外，还培养学生无声就餐和节约粮食、水电的习惯，专门通过班队会课、主题班会、国旗下讲话、晨会等方式大力宣传和倡导，将相关精神和习惯变成该校学生的行为印记。少先队的主要职责是对每个班级进行量化管理评分，细分评价不同班级和特殊学生的行

为表现，作为学校评价班级、学生和教师的重要标准之一。（访谈编号：2018－06－22WXY）

城区学校多层级的管理架构具有以下几个方面的特点：一是能够通过明确分工囊括学校的全面工作，涉及日常教学、德育教育、安全教育、活动开展、教师提升、后勤建设等多个方面，各项工作均能落实到具体的负责人和执行人。二是校长在学校管理中发挥绝对的领导作用，作为学校发展的领头羊，主导着学校发展的方向，拥有财务和事务的剩余分配权[①]。三是教务处、政教处和大队部/团委是学校的中坚组织，能够起到协调各方工作、组织动员师生、传达任务要求的关键作用。在一个组织中，中层管理者由于要连接领导层和执行层，直接影响组织的执行能力和任务的完成效率[②]，因此在执行中发挥着突出的作用。教务处、政教处和大队部/团委作为学校的中坚力量而存在，三大组织的运转状态直接决定了学校教学管理工作的实际状态。四是年级组起到任务转化、责任分工和职责强化的作用，成为任务落实的分解中介和缓冲地带，具有统分结合的功能。五是班级作为学校运转的最小组织细胞，是学校工作任务的最终承接单元，各项工作落实的成效，通过班级展示、竞争和比较呈现出来。从教师管理和学生管理的角度来看，这一多层级的管理架构具有职责清晰、管理高效的特点，教师管理和学生管理都被纳入这一体系中。

二　教师管理的目标责任制

目标管理责任制是以指标体系为核心，以责任体系为基础，以考核体系为动力，辐射形成目标管理网络，以期获得最佳行政效能的一套综合管理方法[③]。对目标管理制有两个理解维度：一是压力维度。

① 范先佐：《教育的低效率与教育产权分析》，《华中师范大学学报》（人文社会科学版）2002年第3期。

② 申作青：《中层管理者：提升组织执行力的中坚力量》，《管理现代化》2005年第3期。

③ 王汉生、王一鸽：《目标管理责任制：农村基层政权的实践逻辑》，《社会学研究》2009年第2期。

在关于基层政权建设中的目标管理制的研究中，有研究者认为，中国的县乡政治体制是一种压力型体制，表现为上级政府通过将“硬性指标”层层下达，通过“一票否决”等压力施以惩罚，确保指标和任务落地[①]。二是激励维度。激励维度融入了管理的能力原理，讲究信任下属，放权管理，能够有效克服集权的弊病[②]，这一维度强调的是绩效评价和激励作用，形成“激励—绩效—满意”模式，有利于释放执行者的自主性和积极性[③]。目标管理制建立于科层制的基础之上，同时依托科层制的层级属性强化压力与激励从而超越了科层制本身。科层制在运行过程中，存在事本主义、权威主义和制度僵化的特点，尽管责任到人，但是却缺乏动员能力和实际效率，目标管理制则弥补了科层制的上述缺陷。在科层体系之下，通过目标考核给予下级压力和动力，下级一方面要接受上级的目标考核压力；另一方面则拥有一定的自主空间进行工作，由此可以全面调动下级完成任务的主体性和积极性。

城区学校如同一个行政组织，教师队伍庞大，管理事务复杂，要确保高效高质完成教学管理任务，校领导要对教师进行充分动员和有效管理，需要在层级化的组织架构中注入考核体系和激励机制，给予教师压力和动力，故而建立了教师管理的目标责任制。城区学校针对教师建立的目标责任体系分为两部分：一部分是以班级为基础建立班级量化评分制度；另一部分则是以学科为基础建立学科成绩综合评价制度。

班级量化评分制度是针对各班学生各方面的表现进行评分并加总，每日、每周和每月总结一次，进而在全校或年级内部进行分数比较。分数比较具有三方面的意义：一是发现学生不良行为并及时纠偏；二是分数的高低能够产生荣誉感和羞耻感，有利于树立班级共同体意识，强化班级认同感；三是对班主任的管理工作进行检查，及时

---

① 荣敬本、崔之元、王拴正、高新军、何增科、杨雪冬等：《从压力型体制向民主合作体制的转变：县乡两级政治体制改革》，中央编译出版社 1998 年版。

② 杨顺湘：《正确认识和处理党政机关目标管理五大关系》，《探索》2000 年第 2 期。

③ 王汉生、王一鸽：《目标管理责任制：农村基层政权的实践逻辑》，《社会学研究》2009 年第 2 期。

发现管理上的问题和漏洞。

案例 3－4：林甫七小的量化评分内容包括清洁卫生、读书交流、大课间操、课堂纪律、写字联系、礼仪、路队、安全，将所有项目打分后加总排名。每周根据各班周度量化评分总分情况评选获得流动红旗的班级。由于全校 31 个班级，每周只有 6 面流动红旗，获得流动红旗的班级是全校的骄傲，获得流动红旗班级的班主任能够在绩效考核时加高分，因此竞争十分激烈。（案例编号：2018－04－11LBB）

班级量化评分的成绩作为考核班主任的重要指标，具有清晰性和简化性的特点，在开展工作时具有明确的目标指向和刚性特征，有利于教师将有限的精力放置在“关键工作”上，所体现的是一种“选择性关注倾向”[①]。上述量化评分内容主要是围绕学校的基本秩序展开，通过对各个事项进行打分排名，有利于激发教师之间的管理斗志，促进教师管理的积极性。

学科成绩综合评价制度是考察科任教师所授课程效果的考核制度，以重要考试的学生成绩作为评价依据，计算班级内部某一学科成绩的达标情况。不同地区考察的重点不一样，比如林甫县教育系统考察合格率、优秀率和满分率，黄西县教育系统考察合格率、优秀率和差生率，宁平县教育系统考察全科合格率、单科优秀率和单科及格率，三地均注重对合格率和优秀率的考察，但是林甫县将满分率纳入考核指标，黄西县将差生率纳入考核指标，宁平县将及格率纳入考核指标，说明前者偏重拔尖学生的培养，后两者偏重提升差生的水平。

教师管理以班级量化评分制度和学科成绩综合评价制度作为基础，作为对教师考评奖惩的依据，相当于教师的“责任书”或“责任状”，大致确定了教师的教学管理职责，普通教师主要以学科成绩综合评价制度作为自身工作的主要方向，班主任则以两项制度作为自身工作的任务要求。在两大考核制度的基础上，学校建立完善的教师

① ［美］詹姆斯·Q. 威尔逊：《官僚机构：政府机构的作为及其原因》，孙艳等译，生活·读书·新知三联书店 2006 年版。

绩效考核制度作为目标责任制的支持体系，作为教师工作的激励。绩效考核制度是对教师工作的全面考察，涉及德、能、勤、绩四个方面，德是指教师的师德师风问题，勤是指教师的坐班情况，德与勤是两个比较容易考察的内容，一般情况下教师之间的差距不会特别明显，各个地区和各所学校之间所考察的内容基本一致，具有普适性。差别在于能与绩两个方面，能是指能力，绩是指成绩，二者相辅相成，相互印证，不同学校出于学校发展的考虑，会根据学校自身特点和发展方向设计不同的考核制度，但基础要求是上述两项制度所考核的内容。

案例3-5：由于宁平县友谊小学是新建学校，大量教师是从乡村学校中招考或抽调的教师，教师业务能力有待提升。为此，友谊小学侧重于教师提升能力的考核。学校对教师的考核主要在以下四个方面：（一）注重听课制度，学校要求校长、教研组和科任老师每学期必须听足30节课，采取课题组集体备课的形式，要求教师“备讲听评说”五位一体。（二）注重提升教师科研能力。学校开展了校本研训，提升教师三笔一画、口才演讲等方面的能力。（三）推行集体教研常态化，规定不同学科的教研时间和要求，要求教师摩课、讲课、听课和说课。（四）推动高效教学，形成完整成熟的导学案，在集体课堂参与中落实，游戏中融入教学思想。该校教师要在学校的组织下定量完成上述工作，根据完成状况计算绩效分数。这些活动参与是绩效考核中的一部分，上述活动设计目的在于提升教师业务能力，因此最终同样要看在历次考试中的实际成绩。（访谈编号：2017-12-12WXH）

案例3-5中的绩效考核内容所要解决的是教师能力提升问题，故而将考核重点放在教师的业务工作上，通过听课制度、校本研训、集体教研、导学案等内容构筑了学校的绩效考核体系，从而将教师的精力集中于能力提升之上。不过，这些内容不是考核的全部，同时也不是考核的主要目标，考核的关注点最终落脚到教学成绩之上。

绩效考核制度一学期结算一次，结算依据是对综合标准的每个项目得分进行加总，统算出总分。绩效考核的分数对于教师具有两个方面的意义：一是绩效分数与绩效奖励资金直接挂钩，每一分对应一定数额的奖金，分数越高，绩效奖励越多，反之则越少；二是绩效分数影响到岗位定级和职称评定，如果在绩效考核中获得了优秀，在岗位定级和职称评定中会有加分。绩效考核制度的设计，使得表现优秀的教师能够获得物质层次和精神层次的双重正向激励，反之，表现不佳的教师在物质和精神层面都会受到双重负向激励。

绩效考核制度伴随着教育系统实施阳光工资而来。自2009年教育系统实施阳光工资后，教师的工资待遇就包括工资基本金和绩效考核奖励两部分，绩效考核奖励发放标准即依据绩效考核制度中所规定的内容，各个学校根据学校需求设定考核标准。绩效考核制度实施效果并不如人意，尤其在一些乡村学校效果不明显，但是在城区学校具有一定的政策效力。原因在于城区学校的生源和师资具有一定的规模，使得教师之间在教学和管理工作中拥有参照和比较的对象，教师的行为表现依靠绩效考核中金钱的物质激励和岗位职称的发展激励，而教师之间相互熟悉所形成的熟人社会关系使得教师之间容易形成面子竞争，双重作用使得量化管理制度、学科评价制度和绩效管理制度能够奏效。因此，城区学校教师在制度约束和荣誉约束中形成目标预期，从而产生行动的动力。

城区学校针对教师实行的目标管理责任制，以目标为核心进行充分动员，能够有效克服科层制中的僵化管理和行政效率低等问题，激发教师队伍的活力和能力，但是同时存在着“选择性控制”和“违规管理”的风险。根据“多项任务委托代理”理论，如果采取某种奖励方式去激励行为主体实现某些可测量的目标，那么不可测量的目标就会由于缺少激励而得不到重视。也就是说，在教师管理制度中，教师们会根据学校的指标体系、考评办法、奖惩方式和实施办法等内容采取有选择的行动，从而忽视掉一些重要却不在考评范围内的工作。此外，目标管理责任制设置了压力目标，但缺乏过程约束和手段约束，故而给予教师一定的自主空间，即意味着教师拥有变通的权力空间，这一自主空间既能够转化为创新空间，同时也可能带来违规越轨的风险。

三　科学精细化的学生管理

城区学校针对学生的管理压力来源于两方面：一是学生规模大，事务多，学校需要对全体学生进行高标准的教育管理以防范潜在的可能风险；二是城区学校作为县域内部的优质学校，要积极响应教育改革的号召，带头完成教育模式的转型，带动实现从占有式教育向发展式教育转变，从划一式教育向个性化教育转变，从权威型教育向民主型教育转变，从文体教育向生活教育转变[①]。因此，城区学校为了规避风险、助推现代教育转型，采取了科学精细化的方法管理学生。具体来讲，就是从调试应试教育和素质教育的关系着手，在知识教育、行为教育和能力培养等方面进行科学设计和精细管理。

义务教育阶段的学校教育包括：（1）知识教育，以课本知识为主，由教师引导和传授逐步建立起系统的知识体系；（2）行为教育，学校通过各种方式向学生传达正确的人生观、价值观和世界观，养成符合社会公民的行为习惯，纠正不良的行为习惯；（3）能力培养，学生在学习、活动、交往过程中所培养的组织、表达、沟通等方面能力，这一教育是学校教育中的附属内容却又必要的能力。学校对于学生的管理，即以上述三方面的教育内容为核心，建立起全面而综合的管理体系，既要维持学校运转秩序，又要实现教育发展目标。

由于我国教育要求和教育环境发生变化，教育内容得以扩展，教育不只是知识传授，还包括行为教育和综合能力培养，有研究表明，身体活动可以改善儿童的注意力和觉醒，这可能间接有利于学业成绩[②]。但是教育方式不能采取填鸭式的单向输入方式，体罚教育被严格禁止，因此要求师生进行深度互动，注重培养学生认知能力、思维

---

① 邬志辉、张培：《创新教育：概念、定位与变革》，《东北师大学报》2001 年第 6 期；Wieser，C.，“Teaching and Personal Educational Knowledge-Conceptual Considerations for Research on Knowledge Transformation”，*European Journal of Teacher Education*，Vol. 39，2016，pp. 1 – 14.

② Bailey，R.，Armour，K.，Kirk，D.，et al.，“The Educational Benefits Claimed for Physical Education and School Sport：An Academic Review”，*Research Papers in Education*，Vol. 1，2009，pp. 1 – 27.

能力和思考能力。城区学校为适应当前的教育环境，实现学生的有序管理，采取科学精细化的学生管理模式，科学和精细体现在学生教育管理工作的各个方面，通过将应试教育和素质教育两相结合得以实现。

应试教育和素质教育是两种不同的教育理念，在一些研究者看来，应试教育是以考试为中心和目标，以提升学生应试能力为主要目的且十分看重考试成绩、背诵和解题的教育制度，又被称为“填鸭式教育”。素质教育则是面向全体学生以全面提高学生的素质为基本宗旨，以学生为主体培养德智体美劳全面发展的能力①。实际上，应试教育和素质教育之间并非对立关系，不存在根本的矛盾和冲突，只是在教育的侧重点上存在差异②。应试教育更加注重知识教育，目标单一，可操作性强，教育实践相对简单；素质教育则更加注重学生全面发展的能力，目标多元，操作难度大，对学校资源要求和教师能力要求高。

随着学界对应试教育进行深度反思，我国的义务教育阶段的应试倾向逐渐淡化，以成绩为目标和以考试为手段的教育方式有所改变，教育实践中不断融入素质教育的内涵。问题在于，由于存在观念惯性和客观选拔，应试教育对知识教育重视的观念得到家长的持续认可，家长们对学生在校表现如何的首要依据是学习成绩。此外，素质教育的实践对学校资源和教师能力有要求，如果彻底抛弃应试教育，完全以素质教育取而代之，不仅会引发家长的不满，而且学校因资源约束也无法长久持续。因此，城区学校在教育实践中将应试教育中的知识教育与素质教育中的能力教育有机结合起来，形成具有自身特色并适应时代发展的教育模式，这一模式具有科学性和精细性双重特征。

城区学校的知识教育依然以传统的讲授传递为主，但是增加了自

① 闫闯：《应试教育与素质教育岂能相容——与〈应试教育与素质教育并非水火不容〉作者商榷》，《上海教育科研》2017 年第 7 期；张振峰：《素质教育与应试教育的关系探讨》，《教学与管理》2011 年第 18 期。

② 孙薇、郁钰：《应试教育与素质教育并非水火不容》，《中国教育学刊》2016 年第 5 期；陈平生：《对“应试教育”和“素质教育”的再认识》，《福建基础教育研究》2018 年第 1 期。

主教育的比重，通过激发学生主体性提升教学的效果。比如在相关课程上，老师会通过带领学生自主组织、模拟情景、参与实验以强化学生对知识的认知能力和接受能力。

案例3－6：宁平县友谊小学在校园中专门开辟了一块土地建立了“红领巾生物园”，作为生物学课堂和实验室。生物园中分为动物区，植物区、蔬菜区、休息区和宣传区。动物区中饲养了蚕、家鸽、家兔、家鸡，植物区种植了榆叶梅、垂柳、刺柏、月季、芍药、牡丹，蔬菜区种植了当地的西红柿、辣椒、韭菜、菠菜、白菜、萝卜、油麦菜，宣传区的目的是用于展示生物照片、进化树图、压缩标本(牌)、学生作品和生物有关知识。“红领巾生物园”由学生负责管理，学生们要参与种植植物、饲养动物、锄草施肥、打扫卫生等工作。(访谈编号：2017－12－12WXH)

在传统教育中，知识教育完全以课本为主，通过教师讲解获得基础知识体系，单纯的讲解说道具有单向度传输知识的特点，学生多是被动地接受知识，知识传输的效率低。城区学校改变了这种单向度传输知识的传统模式，通过多样化的教育形式引导学生自主学习和主动参与，有利于建立学生与知识之间的互动关系，增强学生学习的积极性和知识获取的效率。案例3－6中友谊小学的“红领巾生物园”作为学生的生物学课堂和实验室，学生通过亲自参与实践和体验，能够加强教学与实验的联系，使学生近距离获得基本的生物学技能和一定的生产技能。由于改变了学校旧的教学模式，让学生在园中通过自行观察和试验，也有助于培养学生主动获取知识的能力和处理资料与实验研究的能力。

行为教育包括正向的行为培养和负向的行为纠偏，所涉及的工作内容主要是政教处所负责的内容，即尊老爱幼、尊敬师长、保护环境、讲究卫生、团结同学、爱护公物等行为，总体上是树立学生积极向上的精神。学校要树立学生形成这些优良品质的规则意识，同时防范学生违背校纪校规，避免对他人或环境造成伤害或破坏。城区学校不是简单的说教和打骂，而是通过会议讲解、开办讲座、举办展览、活动参与等方式向学生传递正向的价值观和行为规范，在学生犯错逾矩之后采取说服教育和温和的负向激励引导学生改变错误行为。

表3－3　　　　城区学校的正向行为培养方式案例

学校	活动	活动目标
林甫县第七小学	路队建设	维持上下学秩序，引导学生有序离校
	爱护花草宣传活动	爱护花草
林甫县第三小学	十佳之星	表彰优秀学生
林甫县善思中学	感恩教育讲座	培养感恩意识
宁平县宁平中学	入学初期人生规划课	引导适应初中生活，培养学生自律意识
	开设音美班	以艺启智，以艺修德
宁平县南城小学	“向学的生命”	培养学生的学习能力
	梦想课程	引导学生明确未来方向，消除迷茫心态
黄西县实验三小	社会实践活动	引导树立学生感恩和劳动光荣的观念

注：表格信息根据相关学校的访谈信息整理而成。

表3－3呈现的是几所城区学校为培养学生良好习惯所采取的活动形式，比如为培养学生的感恩意识，会开设感恩讲座、开展社会实践活动；为训练学生规则意识会进行路队建设、开设人生规划课；为确立学习榜样会开展表彰活动等。城区学校将诸多行为习惯的培养，都附着在各种仪式活动中，通过这些活动作为载体传达学校的管理思想和管理规则，使得学生逐步洞悉和掌握这一套规则体系。

在面对学生越轨行为时，城区教师采取说服教育和责任转移的方式来解决和处理。由于国家不断强化师德师风建设，不允许对学生采取体罚措施，城区学校的老师只能在学生犯错后对他们进行说服教育，没有其他更为强硬的措施。

案例3－7：林甫七小一名六年级的学生，因为从小受到家人宠爱，有一次被一名同学得罪了，就叫了自己所住家政机构的同学来帮忙打架，他们扇了那个得罪他的同学几巴掌。不多久，他又打了一位阻止他在校园里吃零食的“红领巾”。政教主任将他叫到办公室，问

他为何要打人，他沉默不语，主任只能罚站，罚站时依然不老实。（访谈编号：2018－04－13GYL）

类似于林甫七小越轨学生的案例存在于各个城区学校，由于中小学阶段属于义务教育阶段，学校缺乏针对学生的退出机制，学生无论犯了何种错误，都能够继续在学校就读。而在具体管理中，教师缺乏具有强制性和威慑性的治理手段，因此，学校在面对一些冥顽不化的学生时毫无办法。如果教师采取说服教育无效，教师只能与家长沟通，交由家长自己管教。然而，大多数越轨学生的家长也无能为力，只好放纵学生违纪，这是城区学校在学生管理时的为难之处。不过，由于这一困境在教育领域中广泛存在，相比于农村学生，城区学校的解决办法要比农村学校多，可以从学校的素质教育和能力培养中寻找到解决问题的方法。

学生的综合能力通过社团活动得以培养。素质教育一向提倡德智体美劳全面发展，主张降低智识教育的比重，提升德体美劳等方面的比重，同时强调学生其他方面的能力。在素质教育影响下，城区学校采取多种方式去培养学生的综合能力：一是通过开展兴趣小组和社团活动丰富学生校园生活；二是举办校园特色活动培养学生综合能力，给予学生展示自我的平台。目前，每所城区小学都组织了至少 10 个以上的兴趣小组，比如绘画、舞蹈、体操、葫芦丝、合唱、朗诵、演讲、足球、篮球、羽毛球、乒乓球、象棋等，还有的学校结合学校自身特点创办特色学校。

案例 3－8：如宁平县友谊小学因学校空间大，且有一定数量的藏族学生，身体素质好，学校就申请创办了足球学校。（访谈编号：2017－12－12WXH）

案例 3－9：黄西县实验三小有一位体育老师是武术专业毕业，专业能力强，因此将武术与足球两项运动作为学校的主要运动形式，自创足球操和武术操，以此打造运动校园，作为学校的一大特色。（访谈编号：2018－06－22LZR）

案例 3－10：林甫县三小创办“和美校园”，提倡“让每一个生命和美成长”，将“和美”理念融入学校的朗诵比赛、演讲比赛、讲故事比赛、书画比赛、主持人大赛、十大歌手比赛等活动中。（访谈编号：2018－04－16LDM）

足球学校、运动校园和和美校园，都是以文化活动和社团建设等形式融入其中，能够起到调剂枯燥的学习生活、增添校园生活色彩的作用，同时能够提升学生的文化素质、沟通能力和合作能力等多方面的品质和能力。

此外，文化活动和社团建设还能够作为学校管理学生的治理资源。由于学生们普遍容易对枯燥的学习产生厌恶情绪，学校开展各种类型的活动深受学生们的喜欢，但参与活动的机会有限，学校可以借助参与机会作为约束和惩罚越轨学生的工具，越轨学生为了获得难得的机会，会选择自我约束和改过自新。同时这一资源还可以激励学生努力学习，如果学业退步，同样可能丧失参与活动的机会。从这个意义上来讲，素质教育与应试教育①二者可以有机融合。

案例3－11：2012年，宁平县宁平中学尝试开设了两个音乐班，学习管弦乐，全班同学都是管乐团的成员。音乐班的发展模式是将知识教育与音乐教育结合起来，学生在正常的课堂时间上文化课，利用周末时间和大课间时间练习演奏。（访谈编号：2017－12－01WTX）

宁平中学的音乐班是一种培养集体兴趣的模式，这种模式有助于同学之间形成相互促进和相互帮扶的风气，树立集体自信心。更为重要的是，集体兴趣培养还可以作为促进学生学习和管理班级的治理资

① 事实上，学界和社会对于我国长期以来的教育实践存在较严重的误解，以“应试教育”概括具有丰富内涵的教育实践有失公允，中华人民共和国成立以后的教育从来就不完全是以考试为唯一目的的教育，一方面在学习知识之外开展丰富的活动，另一方面考试本身对于夯实基础、学生发展和人才选拔具有重大的功能意义。“应试教育”无法概括其深刻内涵，这一概念的贬义色彩也掩盖了教育实践中具有正向价值的一面。但由于学界已经习惯使用“应试教育”概括中华人民共和国成立以来的教育形态，本书继续沿用这一概念，需要说明的是，本书在使用时，强调的是应试教育中知识教育的面向，不带有情绪色彩。

源，比如学生不好好学习或出现违纪行为，可以取消他们学习乐器的资格，由于学生都十分珍视学习乐器的机会，因而会进行自我约束和自我督促。如音乐班的班主任所言，“学一门艺术，孩子们都变‘稳’了，违纪少了，学习也特别积极”。

从城区学校学生管理的实践来看，城区学校将学生管理融入知识教育、行为教育和能力培养的具体实践中，各方面的教育管理充满科学性和精细化的特征。科学性体现在师生的互动性和学生的参与性上，学生综合能力的增长不再是教师单纯的知识灌输和枯燥说教，而是注重学生动手能力、实践能力和思维能力的开发，通过激发学生的主体性和主动性建立更加健全、稳固和持久的知识体系，这一知识体系和素质能力既具有完整性，也具有开放性，有利于拓展学生的知识深度和学习视野。精细化体现在教学管理过程的周全性和程序性上，学校要实现某一教育目标，会采取各种方式投入大量资源去推动，学校的每一项行动都指向某一目标或多个目标，使得行动本身具有意义感和目的感，精细化的管理使得学生置身一个被精致规划且充满丰富意涵的复杂世界中。

四　城区学校管理的优势与问题

城区学校的生源数量庞大，任务繁重复杂，学校为进行有序管理，建立了健全完善的多层级管理体系，职责清晰，分工明确，为有序开展学校工作、教育管理学生创造了条件。城区学校要实现有序管理，一要充分动员教师，二要有效管理学生。教师管理采取目标管理制使得教师能够围绕学校的规定确立目标和行动，学生管理则采取科学精细化的管理方式将学生的校园生活进行细密切割，学生在学习和活动上能够按照学校规定的方向行动，在出现偏差时能够被及时纠偏。学校以领导班子为核心建立了一个高度科层化的组织体系，教师和学生作为组织体系中的一分子，在教育管理中通过各种形式被充分动员起来，因此学校能够维持学校的基本秩序，高效地完成教育任务，教育效果良好，教师和学生在其中都能够获得成长。

不过，需要指出的是，由于组织体系健全而规范，教师职责分工明晰，学生管理精细化，使得学校的管理任务更加沉重，学校每举办一次活动强化学生某一品质或某一能力，都需要花费大量的人力、物力和财力，尽管城区学校的财力丰厚，人力相对充足，但是生源数量与资源供给不相匹配。在师资资源和物质资源有限的情况下，学校针对学生均衡分配资源，只能保障低水平的均衡，低水平均衡会影响到学校的资源使用效率和整体竞争力①。另外，即使学校遵循“平均主义”的原则向所有学生均衡分配资源，但某些资源的供给只能满足部分学生的需求。因此，城区学校内部会对资源进行再分配，以此提高资源的利用效率，而资源分配过程实际上是对农村学生进行客观排斥和主观排斥的过程。

案例3－12：林甫县三小为开展绘画、葫芦丝、舞蹈、篮球等兴趣小组，每周每门课要在校外请专业的教师来为学生上课。由于学校资源有限，全校4600名学生，能够参与兴趣小组的学生人数仅有1000多名，还有3000多名学生被排斥在外，进入兴趣小组的学生多是有相应基础的学生，而被排斥的学生多来自农村和经济条件较差的家庭。比如，校外偶遇一位三小四年级的女学生，家在农村，其母亲在学校附近摆摊，她放学后就要帮母亲干活，这位女同学想学习绘画，但是由于缺乏基础未被选入社团中，因此与学校的社团活动无缘。（访谈编号：2018－04－16LZ）

案例3－13：宁平县宁平中学于2012年开设了音乐班，最初招收的一批学生没有门槛，不需要懂得乐理知识。随着音乐班的名气越来越大，竞争越来越激烈，入读音乐班要进行面试，需要一定的声乐基础，还要自己带乐器参加面试，而懂得声乐基础和拥有乐器的学生基本上都是城区学生，在小学阶段参加过音乐方面的培训。（访谈编号：2017－12－02CH）

林甫三小兴趣小组的成员选择是一个客观排斥的过程，学校并未

---

① 尽管教育部门极力强调要促进学校均衡并抑制竞争，但是学校之间存在客观差距，且在教育部门管理需求和家长监督压力之下，学校之间不可能不进行比较排名。

规定谁有权参与谁无权参与，但是由于农村学生缺乏基础，即使进入了兴趣小组，也会被嘲笑或被边缘化。宁平中学音乐班的成员选择，则是一个主观排斥的过程，即学校在选择成员时就设置了门槛和规定，直接将缺乏乐理基础和无钱购买乐器的学生排除在外。如同邬志辉所言，在城区学校内部，会形成一种非同质化、混合化、马赛克化，以及入学群体之间所呈现出的一种社会阶层区隔化、身份认同内卷化的状态①。阶层区隔机制和身份认同机制在城区学校分配资源时发挥了显著作用，城区学生的内在优势与教育资源的使用效率存在亲和关系，农村学生则因缺乏必要基础和经济条件，需要学校花费更多的精力和资源去培养，城区学校基于资源基础和培养效率的角度考虑，必然会将更多的资源投入城区学生身上，农村学生在资源再分配过程中被排斥出局，成为城区学校资源分配过程中的边缘人和沉默者，这一排斥在班级内部管理中体现得更加明显。

第三节　班级正向层次结构与功利型师生关系

师生关系是学校内部最亲密的关系之一，师生关系状态由班级结构状况决定，通过班干部选择与教师精力分配反映出来。正向层次结构以优生为主导，使教师管理班级时能够充分利用优生群体主导班级氛围与班级秩序，形成班级积极势能的传递。在班级管理中，班主任注重中间层次的提升，以此壮大整个班级的优势结构，形成具有竞争力的集体组织。与学校的宏观管理类似，班级内部的微观管理同样存在对以农村学生为代表的后进学生的边缘与排斥。教师在教育管理中明确的目标导向形塑的是功利型师生关系。

一　城区学校的生源规模与结构层次

关于生源规模对教育的影响，学界存在截然相反的两种观点，一种观点认为小规模学校和小班额有助于提升学生学业成绩，推动教育

① 邬志辉：《城乡教育一体化：问题形态与制度突破》，《教育研究》2012 年第 8 期。

公平①；另一观点则否定了小规模学校/班级与学生成绩之间的正向联系，证明缩小班级规模与学生成绩之间并不存在相关关系②。之所以会存在两种截然不同的观点，在于研究者忽略了生源层次的影响，实际上，生源规模（量）和生源层次（质）共同构成生源结构，生源数量的多少和生源层次的级别由谁主导会影响到班级管理、学生成绩和班级氛围。

城区学校的生源规模大，能够构建班级内部充分互动的熟人社会关系和同辈交流的信息网络。熟人社会是费孝通概括乡土社会性质时所提炼的概念，“熟悉是从时间里、多方面、经常的接触中所发生的亲密感觉。这感觉是无数次的小摩擦力陶冶出来的结果”，“乡土社会是靠亲密和长期的共同生活来配合各个人的相互行为，社会的联系是长成的，是熟悉的，到某种程度使人感觉到是自动的”③。尽管费孝通提炼的“熟人社会”这一概念是对乡土社会的定性，但是其性质却可以用在类似的社会组织和社会结构中。班级类似于一个熟人社会，同学之间同样需要亲密接触，发生“无数次的小摩擦力”，通过共同生活配合各个人的相互行为，拥有稳定学生规模的班级与乡土社会具有类似的特征。学生之间的熟人社会关系有利于建立起信任情感和合作关系，形成班级内部成员共享的价值体系和规则体系，作为学生发展的动力来源和约束机制。

与乡土社会不同的是，班级是一个不断聚合分散的社会场域，学生进校时具体存在，学生离校后就成为抽象的存在，每个学生都作为一个信息源，依靠家庭和社会接触获得信息，进入学校后在同辈群体中交会扩散，使得学校形成一个庞大的信息网络。在这样的结构中，信息网络依靠足够的学生数量得以支撑，足够的学生在场持续互动，

① Wendling, W. W., Cohen, J., “Education Resources and Student Achievement: Good News for Schools”, *Journal of Education Finance*, Vol. 7, 1981, pp. 44 – 63; Howley, C., “The Matthew Principle: A West Virginia Replication”, *Education Policy Analysis Archives*, Vol. 18, 1995, pp. 1 – 25; Lee, V. E., Smith, J. B., “High School Size: Which Works Best, and for Whom?”, *Educational Evaluation and Policy Analysis*, Vol. 3, 1997, pp. 205 – 227.

② 卢海弘：《班级规模变小，学生成绩更好？——美国对缩小班级规模与学生成绩之关系的理论与实验研究述评》，《比较教育研究》2001 年第 10 期。

③ 费孝通：《乡土中国》，上海人民出版社 2013 年版。

能够保证学生之间和师生之间日常生活的充分互动和密集交往，扩大学生获得的信息流量，以此增强学生们的认知视野。这种熟人社会关系和同辈信息网络，是同学深厚情谊培养的基础，也是成长所需要的重要资源。

班级生源结构的层次性是通过特点各异的学生分层构成的，一个拥有足够学生数量的班级中，有能力超群的学生，有勤奋向上的学生，有资质平庸的学生，也有消极被动的学生。由此可以将班级结构分为三个层次，包括优秀学生、中间学生和后进学生。优秀学生是品行好、成绩好、能力强的学生，中间学生是学习勤奋、资质一般、品性优良的学生，后进学生是学习不自觉、能力不突出、行为不自律的学生。如果每个层次都具有一定的规模，就能够建立起一个有效的激励结构，通过主导层次的学生形成对其他学生的示范效应，从而形塑班级风气与管理样态。有研究表明，中等学生与好学生在一起能够显著提高其成绩，但对于差生而言，在精英班学习比在普通班学习更加痛苦①。由于城区学校是生源流入的高地，既拥有一定规模的生源数量，也拥有大量热爱学习的学生，因此不论在学校还是在班级中，优秀学生和中间学生的比重高，学生结构为橄榄形，从而能够形成正向层次结构。以几所学校的班级为例。

案例 3－14：宁平县南城小学六（4）班有 64 名学生，班级中有 10 多个学生非常优秀，40 多个学生位于中间位置，其中中上的学生有 20 多人，有明显的提升空间，中下学生有 20 多人，提升的希望不大，最差的学生有 7—8 人，学习不努力，行为习惯不好。（访谈编号：2018－12－11CHL）

案例 3－15：黄西县实验中学七（5）班有 65 名学生，其中最优秀的学生有 10 人，包括尖子生在内主动学习的优秀学生有 30 多人，被动学习的有 20—30 人，特别难管的后进学生有 5 人。（访谈编号：2018－06－27WLS）

① Burke, M. A., Sass, T. R., "Classroom peer effects and students achievements" *Journal of Labor Economics*, Vol. 1, 2013, pp. 51－82.

案例 3－16：林甫县实验中学八（1）班有 77 名学生，学生分为三个层次：优秀学生有 7 人，有可能考上重点高中；中间学生分为两部分，一部分是爱学习的学生，有希望考取普通高中，有 40 人左右，另一部分是智商不高的学生，爱发呆，不会学习，大约有 20 多人；后进学生有 3 人，爱睡觉，不学习。（访谈编号：2018－04－24CYX）

根据上述三所学校学生的分层结构，笔者绘制出班级结构的理想模型。

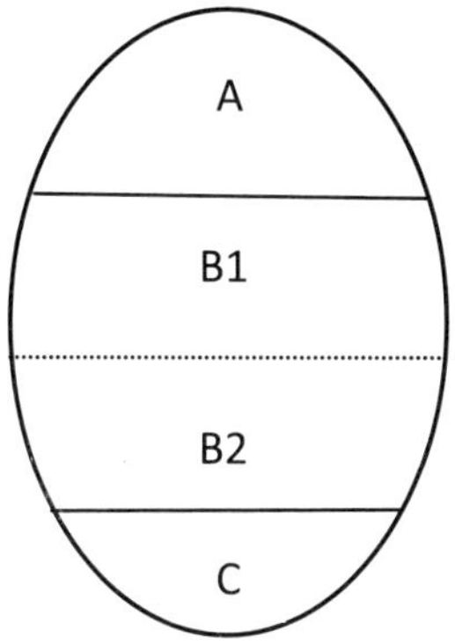

图 3－2　城区学校班级结构的理想模型（正向层次结构）

图 3－2 是根据城区学校班级结构分层情况绘制的理想模型，其中 A 代表优秀学生的人数，C 代表后进学生的人数，B 代表中间学生的人数，其中 B1 代表学习主动性高、还拥有发展空间的学生，B2 代表学习主动性不强但还未彻底放弃自我的学生。A 的人数比 C 的人数多，B1 和 B2 人数相当。之所以称之为正向层次结构，是因为在这一结构中，后进学生的比例低，班级内部能够依靠优生的带动形成积极向上的班级氛围。学生的成长既要依靠教师教授、讲解与点拨，也要靠学生之间相互激励、比较与竞争形成学习和发展的动力，在教师的合理引导下能够通过优秀学生发挥示范作用带动其他学生学习，优秀学生带动中间学生，中间学生带动后进学生，相互之间的正向传动可以使整个班级氛围积极向上。

由于班级是制度性的组合，生源的规模与层次如何发挥作用，需要依靠教师引导。教师引导可以从班干部的选择与教师精力分配中看出，至于如何引导则与班级结构本身的客观特征和教师自身的结构性位置有关，教师的选择所反映的是师生关系的性质。

二　班级实质管理与权威型班干部

班主任采取何种方式选举和选举什么样的学生作为班干部，需要依靠班级管理需求进行确定，如何抉择体现的是班主任对于班级秩序管理的期待和班级氛围营造的目标。由于城区学校主要是大班额和超大班额班级，这样的班级需要班干部参与实质管理，一是为班主任分担具体的工作，二是在班级内部起到带头示范作用。因此，班干部的选择需要考虑实际职责需求和群众支持基础。

城区学校的班主任一般采取民主选举制和直接任命制相结合的方式选择班干部。在具体选举过程中，班主任会先设定一个基本的投票标准，然后由学生投票，给予学生充分的自主权。在投票结束后，班主任会根据投票状况结合班级工作需求最终确定人选，班主任享有最终发言权，若有不合适的候选人被选上，班主任会直接换掉。民主选举的优势是能够通过投票树立班干部的群众基础，确立他们胜任班级工作的制度合法性，但是存在的问题是学生可能忽视管理者的管理能力，而是将人缘作为评价和选举的主要依据。直接任命能够弥补这一缺陷，班主任会根据工作需求综合考虑学生的实际能力，选择更为合适的学生担任相应的职务。

在实际选举中，城区学校的班主任会优先考虑班干部的群众基础，因此采取的是民主投票的形式确定大致人选，但是选举中会存在群众基础与实际需求之间的张力。

案例 3 – 17：宁平县南城小学六（4）班的张宇泽因为人缘好，同学们选他做劳动委员，虽然组织能力强，但是不太负责。班主任更中意来自农村的王浩浩和邢小松同学，他们负责任、有策略，但是因来自农村，受到城区同学的排挤，在选举中没有被选上。（访谈编号：2017 – 12 – 11CHL）

案例3－17中的张宇泽代表的是具有群众基础的一方，来自农村的王浩浩和邢小松代表的是具有相关能力和实际需求的一方，班主任向哪方妥协，体现的是班级管理理念和倾向，六（4）班的班主任向群众基础妥协。不过，对于城区学校而言，当出现群众基础与实际需求之间的张力时，班主任更多的会选择发挥自身的权威作用，保障职位人员与职位需求的契合度。

案例3－18：希望中学八（3）班的班主任岑老师说："完全民主投票是不行的，他们总是投与自己关系好的同学，学生是不会考虑是否符合职位要求的。有一次投票选举，他们都投侯晓晨，侯晓晨爱玩，与同学关系好，但是学习态度不好，所以只能让他们参与选举，但是最后结果还是要由我定"。（访谈编号：2018－06－23CL）

案例3－19：林甫七小四（5）班的李蓉蓉因人缘好被同学们选上当班干部，但是她在管理时不敢说话，班主任将她调做少先队值日生，实际是一个闲职。（访谈编号：2018－04－12LLS）

由于城区学校每个班级的学生人数多，选择什么样的人作为班干部所考虑的关键是能否协助班主任开展管理工作。如果允许拥有群众基础但缺乏实际能力的学生担任班干部，可能会影响到班级管理效率和管理效果。因此，案例3－18中希望中学八（3）班和案例3－19中林甫七小四（5）班的班主任都选择了向实际需求妥协。

在学界对村干部分类研究的启发下，可以将班级中的班干部分为主职干部和副职干部，主职干部是班长和副班长，负责管理班级全面事务，副职干部包括各科学习委员（课代表）、纪律委员、劳动委员等，专门负责某一项专职工作。不同班级根据班级管理的状况设置班干部，班额越大，所设置的班干部数量越多，有的班级在设置班干部时可能会存在职能交叉。从功能上来讲，班长的主要职责是协助班主任维持班级管理秩序，营造班级的整体氛围，作为班主任和学生之间的联络人，及时向班主任汇报班级内部的各类情况。在大班额班级中，由于学生数量多，班主任需要寻找一名得力干将协助管理班级。班主任选择班长的标准是学习成绩好，道德品性佳，组织能力强，群众威信高。简言之，班长必须是品、学、能兼优的学生，否则就无法在班级中开展工作。

案例 3－20：“我选班干部，条件是大胆，自制力强，不会带头违纪，还有最关键的是成绩不能太差”。（访谈编号：2018－06－23CL）

学习成绩好是基本条件，原因在于，城区学校班级之间竞争的主要标的就是学业成绩①，学生之间竞争的主要标的也是学业成绩，若成绩不好，班长在管理班级内部比自己成绩好的同学时就缺乏底气，一旦有几个成绩好的学生不服从管理，班长在其他学生中就失去了管理的积极性。然而，成绩好不是唯一因素，品性、沟通能力、组织能力等方面也必须过关，这是班长在普通学生中树立威信和开展工作的基础，班长需要依靠“亲民”的形象和过硬的能力与同学们沟通，从而获得同学们的赞赏和支持。总而言之，大班额班级中选择的班长是充满正能量且能力强的学生。

案例 3－21：南城小学六（4）班有 64 位学生，班长是吴开俊，学习成绩排名全班前 10。班主任之所以选他做班长，原因在于他学习习惯好，学习成绩好，管理能力强，做事有策略，具有独立处理问题的能力和胆量。班主任陈老师讲述了一个事例来证明他的能力。有一天中午，班上有个同学在校外撞到电线杆上，头被撞破了，进校后被吴开俊看到了，他立马领着同学到学校医务室进行包扎，处理后他又及时向陈老师汇报受伤学生的情况。在整个处理过程中，他冷静沉着，处理有力，能够为老师分担工作和压力，深得老师喜欢。（访谈

① 尽管教育政策要求学校不能进行成绩排名，但是家长对教育的关注仍然以成绩为中心，根本原因在于升学压力和社会竞争始终存在，学业成绩是学生在校表现得最为直观的反映。

编号：2017－12－11CHL）

从案例3－21中能够感受到城区学校班主任对于班长工作能力的期待，班长的群众基础来源于为同学们服务所产生的个人权威，单纯依靠班主任赋予的制度性权威①无法支持班长管理班级事务，必须依靠自身行为获得同学们的认可。他们需要为班主任的班级管理分担具体工作，发挥管理班级事务和维持班级秩序的实际作用。

与班长的功能类似，城区学校的副职班干部同样需要承担具体的工作。选择副职干部的主要标准不是成绩，而是负责工作所需要的能力和开展工作的群众基础。比如选择各科的学习委员，需要所选学习委员在这一学科的学习上能力突出，且要具有带领同学们在这科学业上进步的能力，比如选择劳动委员，需要劳动委员自身能够积极劳动，同时善于带动同学们参与劳动，有效完成班级的劳动任务，体育委员则要有能够带领同学们在体育事务中奋勇争先的能力；等等。由于副职干部们需要承担具体工作，因此需要拥有相应的实际能力才能确保尽到职责。如若缺乏相应的能力，就会造成班级管理的混乱和班级之间竞争的失败，进而影响到班级管理的整体形象和荣誉感。也就是说，城区学校班干部的选择主要出自图3－2中的A区和B1区。

案例3－22：南城小学六（4）班在选举学习委员时，班主任的选择和学生的选择发生了分歧。班主任的意向人员是张先媛，她学习成绩优异，各科成绩都非常厉害，而且有自己的主见。在民主选举时，学生们却将票投给了柴如瑾，柴如瑾的学习成绩在全班15名左右，不如张先媛，但是人缘好，善于处理与同学之间的关系。相比之下，张先媛虽然成绩优异，但是更加自我，与同学们相处不和善，学生们都不喜欢，最后班主任遵从了学生们的心愿，选择了柴如瑾担任学习委员，主要是考虑柴如瑾有群众基础，日后开展工作更加方便。

① 波斯纳曾指出，现代社会司法权威的特点是一种制度性权威而非个人权威。此处借助波斯纳对“个人权威”和“制度性权威”的概念概括城区学校班干部的特点。参见［美］波斯纳《法理学问题》，苏力译，中国政法大学出版社2002年版，第262页。

（访谈编号：2017－12－11CHL）

案例3－23：林甫七小四5班的吴一菲，跳舞跳得特别好，但是学习成绩不太好，老师将她选做班上的文艺委员，希望她能够利用自己的舞蹈能力为班级争光。（访谈编号：2018－04－12LLS）

从案例3－22和案例3－23可以看出，能力是班干部自身必须具备的素质，只有具有相应的能力，才能获得学生的认可，并承担相应的职责。总体来看，城区学校选择班干部的原则是实用主义倾向。实用主义体现在两个方面：一是要保障班级管理的基本秩序，使各项工作能够有序运转，因此需要班干部拥有群众基础和管理权威；二是要提升班级各方面工作的能力和水平，在学校竞争中获得优胜地位，因此需要班干部具备业务能力和动员能力，既能够以个体形象代表班级形象，又能够带领班级同学形成班级凝聚力，增强班级共同体竞争的资本。

在班干部选择上，由于农村学生自身特性与城区学校教育环境不相适应，导致城区学校出现城区学生排斥农村学生的情况，即班干部以城区学生为主，甚至完全是城区学生，农村学生无法在班级中获得担任班干部的机会。这一排斥包括客观排斥和主观排斥两种类型，客观排斥是因为农村学生的群体性格和管理能力不如城区学生，在管理能力上确实不如城区学生，主观排斥则是城区学生因家庭经济实力、生活习惯、关注事务等方面与农村学生不同，前者的优越感强，在心理上瞧不起农村学生，不主动与农村学生交流、沟通和玩耍，导致农村学生缺乏人缘，因此在选择班干部时，学生们多会选择城区学生而忽视农村学生，即使农村学生能够当选班干部，也多是承担脏、苦、累的工作。

案例3－24："我更中意邢小松、王浩浩当劳动委员，他们负责、有策略，但因为是农村人，同学们不选他们，因为是民主选举，我就要尊重他们（同学们的选择），否则学生们就不服了，认为我过于专制，不会听……我们班有十来个农村女生，胆子小，不爱表现，怕羞，腼腆，不乐意交流"。（访谈编号：2017－12－11CHL）

案例 3－24 不是城区学校班干部选择的个案，几乎大多数班级都是以优秀的城区学生作为班级干部队伍的主力，这反映出农村学生在班干部竞选中的弱势地位，他们的性格特点和身份烙印影响到与城区同学之间的交往，两类学生之间难以建立起信任关系，因此在班干部竞选中即使能力强却无法引起注意和获得承认，邢小松、王浩浩二人是典型代表。在学校内部，教育资源不仅包括客观存在的物质资源，还包括各类锻炼机会和成长机会。对于学生而言，担任班干部既是一项协助老师和服务同学的职位，同时也是一次锻炼自我和成长自我的机会。然而，由于农村学生在城区学校中处于边缘位置，他们经常与班干部职位失之交臂。

三　城区教师精力的选择性分配

师资力量和物质资源是影响学生教育发展的基础性资源，学生之间的同伴效应和群分效应同样会影响到学生的表现。同伴效应是个体的行为和表现受到所在群体的同伴影响，本质上是一种发生在群体内部的社会互动。群分效应是人们按照偏好、收入或社会地位的不同而形成不同的社会群体，本质上是一种群体分化和身份认同[①]。在缺乏外部影响的情况下，群体内外的交往取决于个体自身的先赋性因素。然而，在班级管理中，教师是重要的外部力量，教师如何分配精力将会影响群分效应的分化界限和同伴效应的发生方向，进而影响班级内部的整体氛围和发展方向。比如，教师若将精力主要分配在优秀学生身上，忽视中间学生的转化，中间学生就可能受到后进学生的影响，若将精力主要分配给后进学生，可能会将后进力量转化成为班级内部的建设性力量。不过，需要注意的是，班主任如何分配精力和投入关注，既受到班级结构层次的影响，也受到教师管理目标和班级发展目标的影响，二者共同形塑出师生之间的互动状态和关系性质。

对于城区学校的班级而言，班级管理的基础责任是维持班级基本

---

① 何玉梅、［德］乌韦·杜莱克、［德］乔纳森·福肯、［葡］朱莉安娜：《行为经济学视角下的义务教育均等化研究》，东南大学出版社 2017 年版。

秩序，确保捣乱分子不去惹事，主要责任是推动班级积极发展，确保在年级竞争和学校竞争中获得奖励性评价，两者目标充分体现在教师的量化评分制度、学科成绩评价制度和绩效考核制度中。根据图3－2中所展示学生结构层次来看，城区学校班级内部的学生结构以中间学生为主体，优秀学生和后进学生人数相当。在目标责任制的考核要求下，班主任的首要责任是关注后进学生的情况，避免他们拖班级后腿，其次是中间学生，对优秀学生投入的精力反而较少。之所以对优秀学生的精力投入少，原因在于，城区学校中优秀学生占据一定比重，优秀学生内部之间所形成的隐性竞争会相互激励和督促，而优秀学生以城区学生为主，他们的家庭教育相对严格，因此不需要班主任花费过多的精力就可以保障良好的学习状态。

表3－4　**黄西县实验中学七（5）班优秀学生情况（班级前10名）**

编号	姓名	学生特点	父亲职业	母亲职业	备注
1	张金文	智商高、成绩好	高中教师	公务员	—
2	马桦	综合能力突出	公务员	做生意	父母要求严格
3	涂月欣	智商高、成绩好	公务员	开公司	家教好、环境好，文化熏陶
4	王淑敏	—	做生意	公务员	—
5	杨晓宇	—	公安局	国土局	—
6	明江伟	悟性高，聪明	做生意	做生意	农村小学转来，家庭条件一般
7	朱艳思	能力强	公务员	国土局	担任班长
8	朱舒	—	打工	做小生意	从农村小学转来
9	王俊毅	素质高、习惯好	公务员	公务员	家长要求严格
10	王一聪	聪明，成绩好	医生	医生	调皮、自觉性不强，但家长管理严格

注：表格信息根据对实验中学七（5）班班主任的访谈信息整理而成。

从表3－4中可以看出，一个班级的前10名中只有2名学生来自农村，其他8名学生都是城区学生，父母有体面的工作，家庭教育氛围浓厚且管理严格，教师对他们的关注可以相对少一些。

与优秀学生不同的是，中间学生的自觉性相对较差，学习习惯和学习风气不如优秀学生，班主任若不关注中间学生，中间学生可以同时受到优秀学生和后进学生的影响和带动。相比之下，后进学生比优秀学生更易影响到中间学生，使得中间学生转化为后进学生，班主任故而将主要精力放在中间学生和后进学生身上，避免后进学生对中间学生的影响，以此确保班级发展的向上性。正如一位城区学校的班主任所言，“最差的学生管理起来最费劲，中间的孩子要勤督促，否则容易转化成最差的孩子”。

班主任对于中间学生和后进学生关注的侧重点不一样。对于中间学生的关注集中在学业发展上，尽可能提升他们的学习成绩。黄西县希望中学八（3）班岑老师为提升中间学生的成绩所采取的行动最为典型。

案例3－25：希望中学八（3）班学生58人，为了提升班级的整体实力，她采取小组对抗赛的形式给学生编排座位，全班分为六个小组，前两组是班上成绩最好的学生，后四组按成绩平均分配，每个小组按照成绩、积极、胆大、表现力等综合标准确立一位组长，每个小组选择一个竞争小组，在各个方面展开竞争，每次竞争会计分，比如背书、英语听写、古诗词默写、考试成绩、卫生、纪律等，一周结算一次总分，输了的小组要给赢了的小组买奖品。（访谈编号：2018－06－23CL）

希望中学八（3）班班主任通过编排座位和组织对抗赛，建立了优秀学生和中间学生之间的强关联，使中间学生能够在正向激励的氛围中向优秀学生看齐。在这种“对抗”中，营造的是一种向上的竞争氛围，优秀小组带动普通小组，普通小组中的带头人为中间学生，在竞争中要获胜就要发挥主力作用，因此这种方式对于中间学生的激励和锻炼比较大。班主任在日常教学管理中，对中间学生给予更多鼓励，引导优秀学生带动中间学生，着力于培养良好的学习习惯和端正的学习心态。由于中间学生中存在大量热爱学习和心态端正的学生，教师只要稍加点拨和关注，他们就会积极地予以回应和效仿，成为班级中热爱学习的积极分子，因此在改造过程中的难度相对较小，更容易取得成效。

与之存在明显差异的是，城区学校的后进学生学习基础差，学习态度不端正，且存在着各种不良习惯和越轨行为。这些后进学生中有不少来自农村，由于生活习惯、家庭环境和村庄文化等方面的因素，他们自身带有明显的身份印记与文化烙印。进城之后他们的身份印记和文化烙印通过自身的行为特点展示出来，尽管不是所有人都表现出同样的行为特点，但是当多个同种身份的个体做出同种行为时，就会对外形塑出一种集体形象，甚至会演变成为刻板印象，在管理过程中逐渐形成了一套不利于农村进城学生的话语①。

案例 3－26："那些寄宿在家政中的孩子（指进城的托管学生），有各种问题。一是衣服不洗，不讲卫生，作业不交，管理不善。家政只提供吃、住，不会真正关心他们。有些家政辅导作业，但是大多数学生不写，即使写，写的字迹也很潦草。二是行为习惯不好，有偷盗现象，学校一年抓了 5—6 个学生偷盗，高中低年级都有。三是这些学生放学后到处玩，到处搞破坏，他们看到周边有鱼塘就去抓鱼，搞得附近村民来投诉，还有一些学生会打架。"（访谈编号：2018－04－11LBB）

案例 3－27："农村学生习惯差，匪得很，家长不配合。他们家长没上过学，没办法管，督促、盯着写，只能看学生做的整齐与否，不知道到底是对还是错。农村学生的家庭条件普遍较差，头发不干净，身上总有股味儿，衣服也不干净。城里学生干净、有钱。"（访谈编号：2017－12－11CHL）

案例 3－28："农村学生玩得更初级，打闹时只会'玩人'。但是城市学生见识广博，贪玩，但是会玩手机，玩篮球。城市学生胆大，对老师不神秘，农村学生神秘，认为老师也很神秘，角色固化，与老师有一定的距离感"。（访谈编号：2017－12－11LLF）

① 王欢、史耀疆、王爱琴、罗朴尚、罗思高、诸彦杰：《农村教师对后进学生刻板印象的测量研究》，《经济学（季刊）》2017 年第 3 期。

皮埃尔·布迪厄在《国家精英：名牌大学与群体精神》中分析过不同阶层的孩子在知识能力、思考能力、表达能力、行为习惯和思维习惯等各个方面的差异，比如上层阶层的孩子更善于表达，抽象能力更强，而下层孩子内敛、害羞，只会简短明了的句子①。安妮特·拉鲁通过家庭教养方式的差异论证了上述论断②。皮埃尔·布迪厄和安妮特·拉鲁对于不同阶层学生的认识和分析，带有明显的价值取向和身份立场，他们站在现代化和上层阶级的立场上为不同阶层学生的行为和思维进行了优劣排序。在我国城区学校中，同样存在着类似的取向和立场。上述案例显示，城区学校以城市标准规定了学生行为，带有乡村色彩的行为特点在城区教师看来是不合理和不合规的，比如衣着不整洁、爱穿拖鞋、行为鲁莽、爱挑战风险、自由散漫等。农村学生进城之后，他们的行为习惯不符合现代城市学校的要求和标准，需要进行大力改造使之符合城区学校的教育要求。因此，学校针对后进学生的关注主要集中在纠正不良行为习惯和抑制越轨行为的发生上。

案例 3－29："对于差生，主要是行为习惯上的管理，比如班上有个调皮的孩子，成绩不好，父母在县城打工，总是拿零钱买危险玩具，我看到他玩，心里就害怕（伤到其他学生），与父母沟通后就没收，但是没收了还是买，他父母也不来主动沟通沟通。对于差生，成绩不容易提高，只能多提问，多鼓励，多与家人沟通，但是家长总说'这样的孩子我也没办法治，孩子您帮忙教。您去抽（打）去吧，（可是）我是教不了的'。"（访谈编号：2017－12－11CHL）

案例 3－30：林甫七小四（5）班的梁老师最头疼的学生是陈福吉，他上课从来不拿书，放学后从来不写作业，考试时也不写试卷，专门做坏事，经常将女同学弄哭，做了坏事还要嫁祸给别人。天天有学生到老师那里告状，没有人愿意与陈福吉做同桌。因此梁老师为解

① ［法］皮埃尔·布迪厄：《国家精英：名牌大学与群体精神》，杨亚平译，商务印书馆 2004 年版。

② ［美］安妮特·拉鲁：《不平等的童年：阶层、种族与家庭生活》，张旭译，北京大学出版社 2009 年版。

决他的问题花费了大量时间。（访谈编号：2018 - 04 - 12LLS）

城区教师对后进学生的关注点集中在行为管理和越轨约束上，他们的不良习惯不仅会影响自身，还会影响到其他同学，在高度害怕风险和强调秩序的城区学校，这些学生不能成为学校的潜在危险分子，必须通过管控防范他们产生破坏性影响，因此教师们尤其是班主任花费了大量的精力在他们身上。与关注中间学生不同的是，教师对后进学生的关注着眼于行为改造而非学业提升。由于后进生身上所附带的不良习性以及薄弱的教育基础，他们天然地成为城区学校被改造的对象和低阶成员。这样的自卑感在笔者对城区学校的学生进行座谈时感受十分深刻，笔者曾经组织来自林甫县城乡的 8 名学生座谈，在座谈中几名城区学生侃侃而谈、态度积极，几名农村学生则羞涩不语、态度消极，城区学生表现出的优越感与农村学生表现出的自卑感形成鲜明的对比。对于这些农村学生来讲，即使他们顺利进入城区学校就读，但由于他们自身的身份印记和教师对他们的特殊关注，使得他们在城区学校中依然处于班级中的底层。

四　功利型师生关系

功利主义是将“功利”或“最大幸福原理”作为行为的目标以及各类道德生活的原则，“所谓的功利，必须是最广义的，必须是把人当作前进的存在而以其永久利益为根据的”[①]。功利主义是一种目的论的道德理论，主张行为若是正当的，当且仅当它能够实现最大可能的价值[②]。功利主义的价值是以善进行定义和计算，所计算的是快乐和苦乐的总和，不计较个体的得失，而是计算总收入，“善”“快乐”“苦乐”都是抽象的表达，在实践中具有情境性的意涵。

在城区学校中，师生之间的关系形态呈现出功利性的特征，这一特征从两个方面表现出来：一方面，教师所开展的教育管理工作具有

① ［英］约翰·斯图亚特·密尔：《论自由》，许宝骙译，商务印书馆 2001 年版，第 170 页。

② 姚大志：《当代功利主义哲学》，《世界哲学》2012 年第 2 期。

明确的目标导向，教师行为选择与学校针对教师的目标考核相关内容高度挂钩，选择班干部首要考虑的是协助管理班级，教师精力分配的依据是班级整体成绩的提升和基础秩序的维护，上述内容均指向教师考核目标，以至于教师和学生班干部之间的关系实际上十分理性。另一方面，在面对不断融入的农村学生，尽管教师不存在明显的排斥行为，但是在班干部选择和关注投入选择上，都表现出客观排斥和主观偏见，既无法给予他们通过担任班干部锻炼自己的机会，也无法在学业上更好地引导他们，而是将他们身上的身份烙印变成需要改造的“遗弃物”，教师与被放弃的学生之间的关系则显得冷漠。

客观来讲，无论是班干部选择还是时间精力分配，教师都是基于既有环境和自身利益所做出的最具效率的选择，是最大的“善”，是“理性欲望的满足”[①]，既能满足学校管理需要，也能满足教师发展需求，同时使得优秀学生得到锻炼和发展，部分中间学生得到提升和进步（另一部分中间学生由于缺乏学习积极性，也是在行为上被改造、在知识上被放弃的对象）。然而，这一“善”忽略了部分学生的利益诉求，对于大多数进城就读的农村学生而言，他们及其家庭渴望通过城区优质的教育环境带来发展的希望，即希望通过教育获得个体发展和阶层流动的机会，但他们的教育诉求却在具体的教育管理中被忽略，由此逐步沦为教育竞争中的结构性底层。

第四节　教育责任外溢与嵌入型家校关系

在教育城镇化的背景下，大量农村学生涌入城区学校就读，使得城区学校的家校关系发生改变。农村学生进入城区学校造成大班额和超大班额问题，使得城区学校的教育资源被稀释，学校教育压力增大，导致学校教育责任外溢而向学生家庭转移，从而形塑了家校之间的嵌入型关系。由于城乡家长之间的家庭教育能力存在差异，在家校之间的具体互动中，城区家庭占据优势和主导地位，农村家庭则处于跟从和边缘的位置。

---

① 姚大志：《罗尔斯与功利主义》，《社会科学战线》2008 年第 7 期。

一 学校责任外溢与家校责任再分配

自中华人民共和国成立以来，我国一直实行社会主义教育发展模式，义务教育阶段的发展经历了从“集体的孩子”到“国家的孩子”的模式转变①。在“人民教育人民办”时期，教育资源供给由集体组织承担，农村学生的教育由行政村负责，城区学生的教育由所在单位负责，城乡学生家庭都要承担一定的费用支持学校教育的发展。此后，义务教育供给体制进入政府供给的阶段，农村义务教育在取消农业税之后实行“以县为主”的教育供给模式，城市义务教育则在单位制瓦解之后实行城市政府的属地供给模式，学生家庭承担的教育经济责任逐渐下降直至取消。

在义务教育发展的两个阶段，家校之间的关系与责任亦存在差别。在前一阶段，家庭生产和家庭教育深嵌在集体社会中，家校之间的关系通过集体组织作为中介建立起来，即建立起“家庭—集体（村庄或单位）—学校”三位一体的关系，三者共同承担教育责任，以学校为主体承担知识教育和行为规范的责任，以家庭和集体作为辅助承担家庭教养和社会教化的责任，但是二者的责任界限并不清晰。在后一阶段，集体退出，国家进入，但是国家不承担直接的教育责任，家校之间建立起直接的联系，形成“家庭—学校”二元合作关系。由于历史惯性和市场环境的影响，家庭要深入参与到市场竞争和劳动生产中，家庭所承担的教育责任有限，因此学校要承接起社会教化和部分家庭教养的责任，其责任承担范围有所扩大。

随着教育城镇化的发展，城区学校的生源数量猛增，造成两方面的影响：一是教育主体的数量上涨，学校所要负责的主体人数随之增长；二是大量农村学生涌入，学校要按照城区教育模式管理和教育学

① 罗伯特·帕特南在《我们的孩子》（田雷、宋昕译，中国政法大学出版社 2017 年版）一书中探讨了教育公平的影响因素，“我们的孩子”这一短语的关键是“我们”是谁，在 20 世纪 50 年代，“我们”是国家，50 年代之后的“我们”是家庭及其家庭背后的社区、学校和关系网络等。“我们”背后则暗含着教育制度和教育环境的变迁，此处借用罗伯特使用“我们的孩子”这一用语的意涵，延伸出“集体的孩子”和“国家的孩子”，侧重于强调教育制度的变迁。

生，要对不符合学校规定的学生行为进行改造，由此扩大了学校教育的工作内容。然而，城区学校师资力量的增长速度低于生源数量的上涨速度，在繁重的教育责任要求之下，城区学校承担教育责任的能力有所下降，从而导致学校教育责任出现外溢。

学校外溢的责任包括教育辅导、活动参与和管理监督等。教育辅导包括两部分内容：一是学生人数多，教学时间短，学校只能传授基本的知识，不能提高教学难度，无法解决部分学生“吃不饱”的问题；二是学生人数多，教师批改作业和辅导学生的压力重，无法细致查看和指导学生的学习状况。因此，城区学校逐步将培优辅差和修改作业的任务交给家长完成。活动参与是指学校开展与学生有关的活动时，邀请家长参与和组织。部分学校邀请家长参与活动是自愿的，但是也有一些学校变成了强制义务。从亲子互动的角度来讲，家长参与学校活动有助于加强亲子之间的感情，但是当活动成为一种强制义务，就会成为家庭负担和累赘。管理监督是对学校教育管理工作的监督，这一监督责任之所以会外溢，在于学生人数增长造成学生诉求增多和学校的管理事务增重，利益关系变得日益复杂，需要家长代表在出现家校矛盾时出面协商和解决。长期以来，以上教育责任都是由学校承担和主导，但随着城区学校教育格局的变化，家长逐步被卷入城区学校的教育中，家校之间的教育责任得以重新分配。

二　城乡学生的家庭结构与教育能力

教育城镇化重构了城区学校的教育责任，学校外溢的部分教育责任需要由学生家长承担。然而，城区学校包含城区学生和农村学生，不同学生家庭的教育能力和承担能力存在差异，因此，需要先了解学生的家庭结构，进而才能把握不同家庭的教育承担能力和家校互动关系。下面将分别分析城区学生和进城农村学生的家庭结构与教育能力。

在中西部地区的县城，城区户籍学生的家庭以教师家庭、医生家庭、银行职员家庭、公务人员家庭、企业职工家庭、商人家庭为主，另有少部分小商小贩和务工者。在县城中，拥有体面职业和稳定收入的家庭属于当地的中上阶层，家庭特征是经济实力强、生活压力小，家庭成员能力强，可自主支配时间充足，属于当地综合资本能力强的家庭类型。这类家庭处于社会阶层结构中的中间位置，但阶层结构地位不够稳固，还有极大的上升空间。因此，城区家庭对于子女的教育要求与农民家庭的诉求一致，仍然希望通过教育作为家庭实现阶层流动或阶层稳固的手段。不同于农村家庭的是，城区家庭的职业特点与米尔斯所呈现的“新中产阶级”相似①，因此在教育中拥有一定的优势。

“新中产阶级”三个方面的特点可以直接影响子女教育的发展：(1) 学历相对较高，他们的文化水平使得他们的信息汲取能力和知识再生产能力强，对教育有自己的认识和理解。(2) 经济能力相对较强，有一定的可支配资金，对子女的教育舍得投入。(3) 可支配时间相对充裕，政企事业单位工作人员的上班时间是朝九晚五，下班以后的时间自由使用，有一定的闲暇时间陪伴子女学习。中西部地区县城的学生家长一般都是高中及高中以上学历，有相对稳定的工作和收入，有一定的可支配时间，符合米尔斯所定义的“新中产阶级”的特征。上述三个条件决定了城区家长有能力介入教育领域中，他们既可以直接教育子女，也可以购买市场教育服务，还可以建立与学校之间的互动关系以促进子女的教育发展。

城区学校另一部分学生来源于农村中的中上阶层，他们属于农村社会中的精英家庭，经济条件相对富足。然而，农村进城学生的家庭结构与城区教育体系存在着结构缝隙，二者并不相适应。农村进城学生的家庭特点具有以下三方面的特征：(1) 家长学历普遍不高，大多数家长的学历为初中及以下的水平，知识汲取能力和知识再生产能力不强，不善于教育和引导子女。(2) 与城区家庭相比，家庭经济实力一般，有能力将子女送到城区学校就读，但是并未完全实现城市化，无法支撑全家在城区的生活，同时缺乏购买市场教育的能力。(3) 家长有效陪伴子女的时间不足，所谓的有效陪伴时间不足包括两种情形，一种是家长在外务工，将子女放在托管机构或学校生活，

---

① ［美］C. 莱特·米尔斯：《白领：美国的中产阶级》，周晓虹译，南京大学出版社 2016 年版，第 18 页。

没有时间陪在子女身边指导教育；另一种是家长在身边陪读，但是由于能力限制等原因无法给予子女有益的指导，因此使得家长陪伴低效或无效。也就是说，农村学生家庭只具备将子女送到城区学校就读的能力，但是家长直接指导或参与学校教育的能力有限，同时缺乏购买市场教育服务的能力，因此在家校互动中，农村学生家长缺乏参与能力和话语权。

尽管能够进城就读的农村学生属于农村社会中的中上阶层，然而他们在城区中只是中下阶层。更为重要的是，农村学生家庭结构和城区学生家庭结构存在着质性差异，这使得二者对于学生的教育能力和教育影响力存在质性差别。由于城区学校的教育责任出现外溢，家庭需要承接部分教育责任，从而使得家庭能力对于教育的影响力不断增大。这意味着，一旦家庭背景对个人教育获得的影响力越来越大，教育公平就将面临严峻的挑战①。

三 家庭自主教育与家校互动实践

城区学校在教育城镇化的背景和影响下，重塑了家校之间的教育责任，学生家长需要承担起部分教育责任。学校教育责任的外溢，使得家庭的教育介入空间增大，学生家长需要直面教育竞争，城乡学生家庭结构的差异使得城乡家长在家庭自主教育和家校互动关系上呈现出差异。

家庭自主教育有两种类型。一种是纯粹的家庭教育，即由家长陪伴和教育，教育形式包括引导阅读、辅导作业、亲子故事、带领参观博物馆、家庭出游、规范行为等。城区家长表现出明显的自主性和能动性，农村家长则缺乏自主教育行动。

以作业辅导为例，城区家长要比农村家长更加普遍地辅导作业。城区家长文化水平相对较高，拥有一定的辅导能力，且时间更加充裕，因此能够监督和辅导作业。城区老师经常反映农村学生普遍不能完成作业或作业完成的质量不佳，但很少反映城区学生有此类行为。

---

① 仇立平：《家庭—学校—工厂：中国社会阶层再生产》，中国社会科学出版社 2015 年版。

农村学生的家庭作业完成质量不高，部分学生是因为陪读的家长辅导能力有限，还有部分学生则是因为放在托管机构中，托管机构的老师管理不严①，另有一些家长或托管机构根本不管学生学习，这使得学生放松或无视学习。

在知识教育之外，城区家庭还能够为学生制造各种学习机会，比如亲子谈话、外出旅游，通过家长“知识库”和外部环境来影响他们，以此开拓他们的视野，而农村学生却缺少类似的机会。

案例3－31：林甫七小五（4）班班长黄莹莹是县城人，父母离婚，由父亲抚养。父亲是一家公司的老总，母亲是一家大型超市的商务总监。虽然父亲工作忙，但是只要回家就会关心她的学习状况，母亲则每年都会带她出去旅游。同一个班级中的赵晨羽来自农村，三年级之前在省城一所私立学校上学，每学期要花费1200元的学费，三年级时父亲让他和弟弟回到县城读书，放在托管机构中，父母带着妹妹在省城继续打工，他就缺少外出旅游的机会。（访谈编号：2018－04－13ZT）

案例3－31中的两位学生分别反映出城区学生和农村学生家庭教育的一部分，城区学生的家长对子女的关注能力和投入能力远高于农村学生家长。

另一种是家庭购买的市场教育，即通过寻找家庭教师或教育培训机构提升学生各方面的教育水平，市场教育需要以家庭经济实力作为基础。市场教育类型包括文化教育和特长教育，文化教育是以课程为中心的教育，目的是夯实学习基础，提高学习能力和学业水平。特长教育是以兴趣爱好为中心的教育，目的是发展学生的兴趣特长，培养学生的综合能力，特长教育对于知识教育具有重要的补充作用和辅助

---

① 目前，托管机构的管理质量参差不齐，托管质量与老板的品性与能力有关，有的老板能力强、品性好，将托管的学生当作自己的孩子看待，无微不至地照顾他们，不仅给予较好的生活保障，在教育上也严格要求，有的老板能力弱，品性差，只为自己挣钱，学生吃住条件差，而且放纵他们玩乐。总体上讲，托管机构的名声不佳，意味着他们的服务质量不高，但不排除有些托管机构比较负责任。

作用，能够形塑完整的人格已经成为城区家长的共识。对于城区家长而言，他们经济实力强，有能力负担子女的教育费用，因此城区的市场教育非常普遍。一般来讲，城区学生在小学阶段以特长教育为主，在初中阶段则以文化教育为主，但不排斥两类教育兼而有之。进城的农村学生在教育竞争压力下也会参与市场教育培训，但是几乎全部是文化教育，而没有特长教育。

由于没有对城区学校学生参与市场教育的情况进行统计，因此无法获得学校中不同类型学生参与市场教育的比重，只能借助其他的方式从侧面反映。

案例 3－32：宁平县宁平中学在 2012 年开设音乐班，学习管弦乐。音乐班的宗旨是“以艺启智，以艺修德”，利用课外活动与周日为学生上乐理课程，打造全县第一个学生管弦乐团。最初音乐班招收的学生是零乐理基础的学生，既有城市学生也有农村学生，但是到 2017 年招生时，几乎全部都是有一定乐理基础的学生，包括后来开设的美术班，几乎都是有绘画基础的学生，而这些学生大多是城区学生，只有学习成绩特别优异或通过关系进来的少数几个农村学生。（访谈编号：2017－12－02CH）

进入音乐班和美术班的学生，很多是从小就开始学习音乐、舞蹈或绘画。相比之下，进城的农村学生在小学阶段时，将目光更多地放在学习上，即使家庭支持参与市场教育，也只限于支持文化教育，以补习英语和数学为主，因此来自农村的进城学生，鲜少进入音乐班。

林甫的情况与宁平类似，在林甫七小的一次学生座谈中，笔者随机请了两名城区学生和两名农村学生，座谈中了解到，两名城区学生都参加了绘画、舞蹈培训班，同时在补习数学和英语课，而两位来自农村的学生，一位只补习数学，一位只补习英语，因为“上课时老师讲得太快，根本跟不上”。根据两位农村学生的反映，他们所在托管机构的学生补习文化课的情况非常普遍，一家托管机构有 6 人补习英语，另一家托管机构有 15 人补习数学，都占到托管学生的 1/3 左右。由此可见，城乡学生在市场教育购买上的能力和目标存在明显的差异。

另一种家庭教育体现在家校互动上。最早的家校互动方式是开家长会，家长会的目的在于为学校与家长提供交流学生校内校外生活、学习和思想状况的平台，家长会已经成为一种常规形式。除此之外，在素质教育发展的趋势下，城区学校开始举办各种活动以拓展学校的教育内容和教育深度，学校科学化和精细化的教育需要花费大量的时间和精力，由于学校的资源结构存在拥挤效应，故而需要家长参与活动并给予资源支持，带动家长资源辐射社会力量，协助学校实现教育的进步与推进①。从家长的角度来看，活动参与能够拉近亲子关系，增强对子女成长的了解②，同时还能够通过资源支持获得学校教师的认可，为子女争取更多的教师关注，因此会有一些家长积极参与。

案例 3 – 33：林甫县善思中学每年都举办篮球赛、校运会、元旦晚会、青春仪式、游园会等活动。2018 年的游园会以“美食文化”为主题，要求以班级为单位，自制美食售卖，售卖所获得的收入由班级自主使用。“美食文化”游园会能够增进学生的动手能力、协作能力、沟通能力、组织能力等。学校邀请家长参与其中。有的家长到现场帮助学生们制作食物，有的家长帮忙购买和制作活动所需要的原材料，有的家长与学生们一起售卖美食，有的家长捐赠活动所需要的物品。七（16）班有 5 位家长到现场参与活动，七（9）班有 20 位家长到现场参与活动，有一个班的学生家长赞助 10 件矿泉水，帮助该班挣得最高收入。（访谈编号：2018 – 04 – 15MBN）

案例 3 – 34：林甫三小在开展读书节和六一艺术节时，会邀请家长观看。不过由于学校空间有限，学校只会针对少数家长发邀请函，邀请函主要面向关心学校建设的家长发放。（访谈编号：2018 – 04 – 16LZ）

学校开展活动，实际的参与者多是城区学生的家长，他们距离学校近，拥有可自主支配的时间，相较而言，农村学生家长要忙于挣钱

---

① 林玲：《家校合作关系的检视——一种批判的视角》，《教育科学研究》2013 年第 6 期。

② Lawson, M. A., Alameda-Lawson, T., “A Case Study of School-Linked, Collective Parent Engagement”, *American Educational Research Journal*, Vol. 4, 2012, pp. 651 – 684.

养家，缺乏参与活动的时间。此外，城区学生家长参与活动的能力强，具备接受新事物的理念和捐资捐物的能力。比如笔者在林甫七小调研期间，就遇上一位善思中学学生家长，她全程参与了“美食文化”游园会，她帮助儿子班级制作了各种美食，还拍下了很多照片，访谈期间对这一活动赞不绝口。虽然农村学生家长可以为活动贡献力量，但是可能不会接受学校开展活动的理念。

学校本身作为一个独立的管理机构，具有自在自为的运转能力。然而，随着学校规范化建设和任务复杂化，教育管理部门从制度上要求成立家委会，主要负责辅助学校管理和监督学校的运作。家委会是由家长代表组成的代表全体家长和学生参与学校教育和管理、行使教育监督权和评议权的一种群众性组织①，应由家庭投票选举产生，实际上多是自荐或举荐产生，班级家委会多是班主任选定，学校家委会由班级推荐，也是班主任举荐产生。在调研地区的城区学校，家委会成员标准要求政策水平高、在家长中有一定的权威、支持学校工作、有固定工作、人在本地生活。班主任在举荐时会综合考虑，一般会考虑优秀学生的家长，且多来自城区。

以宁平县友谊小学二年级某班的家委会为例，该家委会有五名成员，五名学生家长中有四名是城区家庭，父母都有体面的工作，只有一位学生家长来自农村地区（见表3－5）。

表3－5　　**友谊小学二年级某班家委会成员情况**

学生姓名	父亲职业	母亲职业	家委会成员	家庭住址
宋一嘉	县公安局干警	上班	父亲	县城
王之南	农民工	家庭妇女	母亲	农村
苗青青	县二幼教师	乡村教师	母亲	县城
姚文静	公司老板	家庭妇女	母亲	县城
王之文	高中教师	高中教师	父亲	县城

注：表格信息来源于友谊小学二年级该班班主任访谈资料。

① 陈立永：《学校家长委员会建设范式的转型》，《教育科学研究》2011年第7期。

家委会分为班级家委会和学校家委会，具体工作和基本功能一致。家委会的工作职责细小琐碎，包括但不限于以下内容：订换校服、征订教辅资料、管理相关费用、参与组织学校运动会、监督学校教育教学工作、为学校管理提出建议和意见、宣传学校政策、调解家校矛盾等。上述工作内容对家长的时间要求和能力要求较高，比如案例3－35和案例3－36中家委会要出面处理器械购置、补贴发放、矛盾调解等工作，家长既需要耐心还需要能力，甚至还需要权威，因此城区学生家长比农村学生家长更容易进入家委会中参与管理。

案例3－35：黄西县实验三小创建足球学校，提倡“一人一足球”，开展活动需要添置器械、聘请足球教练需要费用、教师课外训练需要发放补贴，这些事情学校不便出面，因此请家委会成员出面组织和安排。（访谈编号：2018－06－22LZR）

案例3－36：宁平县友谊小学有学生之间发生矛盾，其中一个学生家长打电话责骂班主任，班主任不服气，生气地不愿接受其学生在所在班级读书了，而家长不仅要求学生继续在原班级念书，还态度傲慢，班主任与家长关系恶化，该班家委会3名成员介入调解，在班级家长群中批评了该家长的行为。（访谈编号：2017－12－12LLS）

不论是活动参与还是家委会建设，都需要可自主支配的充沛时间和参与能力，从参与能力上看，前者需要资源投入和一定的组织能力，后者需要政策知识和极强的表达能力。相比之下，城区学生家长的参与能力显然要强于农村学生家长。

在家庭自主教育和家校互动实践中，城区学生家长能够根据自身的能力和时间制定出合适的教育规划。他们的教育规划与教育目标相匹配：一是出于教育竞争的考虑，即为了帮助子女在学校竞争中获得优胜地位；二是出于打发校外时间的考虑，通过自主教育使得子女的可支配时间充满效率和意义；三是出于培养子女综合能力的角度考虑，通过“私人定制”式的教育为子女未来发展铺路。为实现教育目标，城区家长充分动员各方面资源，而农村家长在学校外溢的教育空间中，却由于能力限制无法给予子女更多的教育支持，从而在教育竞争中处于劣势地位。

四　嵌入型家校关系

在教育城镇化的推动下，城区学校的生源数量大幅增长，超额的学生数量使学校的教育资源稀释和教育能力下降，使得学校的教育责任外溢，由此强化了家校之间的互动关系和联结纽带，形成嵌入型家校关系。格兰诺维特提出嵌入型理论，这一理论认为个人的经济行为与社会结构的关系既不是个体原子化，也不是集体原子化，而是嵌入正在运行的社会关系体系中①。笔者受到格兰诺维特"嵌入型理论"的启发，将城区学校的家校关系概括为"嵌入型家校关系"。嵌入型家校关系指的是家庭教育嵌入学校教育体系中，家长教育行为受到学校教育体系的影响和约束。嵌入型家校关系对于家庭教育支持能力提出要求，包括文化水平、经济能力、时间投入等，这一家校关系既是城区学校教育责任重新配置的结果，也是学生家庭与学校教育相互互动的结果，家庭成为教育体系中的重要因素。

嵌入型家校关系与城区家庭之间具有更强的亲和性，城区家庭基于自身实力和能力能够发展出与之相匹配的教育能力。然而，对于农村进城学生而言，他们的家庭由于缺乏家庭教育支持能力而无法适应城区学校的教育体系，嵌入程度远不如城区家庭。进入城区的农村学生家庭，尽管在乡村社会中处于中上层，但是家计模式仍然以"半工半耕"为主，即家庭成员将务工和务农结合起来共同维持家庭生计，这些进城的农村学生多是留守学生，或寄宿在托管机构，或由家人陪读，只有少量家庭有能力购买房产并在生产、生活方式上实现彻底的城市化，家庭的教育资源和教育能力显然弱于城区家庭。

嵌入型家校关系的教育体系，对农村进城学生的挑战在于，家长的文化水平总体不高，缺乏有效的教育引导能力；父母不在身边陪伴，无法时刻监督学习，缺乏有效的教育陪伴；家庭经济能力与城市家庭的经济能力存在差距，无力支付孩子接受市场教育服务的费用，

---

① Granovetter, M., "Economic Action and Social Structure: The Problem of Embeddedness", *American Journal of Sociology*, Vol. 3, 1985, pp. 481 – 510.

缺乏来自市场的教育补偿。部分农村进城学生努力融入城市教育体系中，比如通过母亲陪读增强家庭的指导和教育能力，参与购买市场教育，参加学校活动，但是这部分学生的数量极其有限，大多数农村进城学生因进城花费了一定的费用，父母必须在外继续务工才能维持家庭日常生计和子女接受城市教育的成本，家庭无法进一步投入教育资源。从家庭教育能力的比较来看，在城区教育竞争中，进城的农村学生因家庭教育投入与城区学生相比存在劣势，他们仍然处于结构性底层的位置。

第五节　小结：竞争型教育与城市二元教育结构

在教育城镇化的背景下，城区学校需要消化大量的农村生源，由此形成拥挤效应。拥挤效应的正面功能是具有一定的规模，学校可以通过规模化的师生资源建构起完整的管理架构。然而，由于生源流入过多，城区学校的空间拥挤与资源拥挤，因此学校面临着两个棘手的问题：一是秩序维持与风险防范，学生数量越多，可能出现的问题越多，秩序维持的难度越大；二是资源约束下的资源分配，学生规模超过学校资源承载量，学校无法公平分配资源。

要解决上述两个问题，学校需要建立健全的多层次管理架构，从宏观上保障完成任务，防范风险。在具体管理和资源分配过程中，学校依靠生源规模和师资规模建立起健全的多层次管理体系，采取目标管理制动员教师充分参与到学校教育管理中，采取科学精细化的管理方式管理学生，目的在于通过充分动员教师和学生，降低学校管理成本和管理风险，提升学校教育质量和管理水平。不过，这一管理体系和管理制度存在着内在悖论，即资源约束压力越大，组织越是需要动员，动员程度越深，所依赖的制度体系越庞大，故而所需要的资源越多。

在进一步的资源压力下，学校通过两种方式释放压力：一是在学校管理和班级管理中进行资源偏向性分配和选择性教育，通过将资源投入在最有效的地方提高资源使用效率。在学校层面，充裕资源可以实现公平分配，所有学生都能够公平享受，但是稀缺资源的再分配规则向城区学生倾斜，比如兴趣小组的成员选择需要有一定训练基础的学生，城区学生因参与过特长培训更易获得进入兴趣小组的机会。在班级层面，班干部的选择倾向于能力最强的优秀学生，教师的精力分配集中在中间学生和后进学生身上，针对中间学生主要是成绩提升，针对后进学生主要是行为规训。二是学校教育责任外溢，学校教育责任向学生家庭转移，家校之间通过合作共同分担学校的教育和管理工作。学校将部分教育责任交给家庭负责，城区学生家长的教育支持能力更强，故而更易把握到学校所释放的教育权力，农村学生家长则因教育支持能力较弱，处于被动跟从的地位。

城区学校在生源规模和管理任务的压力下实行了科层化的学校管理，从而使得师生之间形成功利型关系（资源的偏向性分配和选择性教育），家校之间形成互嵌型关系（教育责任外溢和家长深入参与教育）。科层化学校管理、功利型师生关系和互嵌型家校关系共同形塑了城区学校的竞争型教育。

城区学校的竞争性表现为以下三点：（1）教师之间的教育业绩竞争，教师在目标责任考核制度下要围绕考核目标开展工作和比较竞争，教师之间的竞争是形塑功利型师生关系的重要因素。（2）学生之间的教育表现竞争，在班级内部，教育资源和成长机会稀缺，学生要获得稀缺资源和稀缺机会需要在成绩、能力和品性等各方面表现良好，否则就容易被忽略。（3）家长之间的教育能力竞争，学校向外释放了一定的教育空间，强化了家长教育的重要性，学生要获得教育发展需要家庭教育能力的助力，家庭教育能力的强弱成为影响学生教育发展好坏的重要因素。城区学校的竞争型教育意味着学生要获得教育资源和教育关注，不仅需要个体努力，而且需要家庭投入，且后者的重要性变得越来越大。如此，对于农村学生而言，由于缺乏家庭资源的投入，在教育资源和教育机会的竞争中处于劣势地位，从而成为城区学校中的利益受损者。

基于此，需要反思的问题是，农村学生进城看似突破了城乡二元教育不公的结构限制，但是农村学生在进城后却进入了城乡二元教育不公的结构中。城乡二元结构是本地城市居民与外来农民工由于存在户籍身份差别，加之各项制度的不完善导致两大群体在就业、收入、公共服务、社会保障、住房等方面存在较大差距，进而形成相对固化的两大阶层①。在城乡二元结构中，不同群体所享受到的教育、医疗、住房等福利资源存在差异②，城乡教育二元结构是城乡二元结构在教育领域中的体现。在城乡二元教育结构中，城市学生可以优先获得学校中的稀缺教育资源和教育机会，同时可以获得来自家庭优质教育的支持和市场多元教育的补充。农村学生在家庭的努力下能够勉强进入城区学校就读，购买低端市场教育服务，但缺乏有效的家庭教育，在学校中难以分配到稀缺而优质的教育资源和教育机会，只是学校被着力改造的对象。

简言之，农村学生因自身缺乏竞争优势而无法获得学校内部的稀缺教育资源和教育机会，因家庭缺乏教育竞争能力而无法把握住学校外溢出的教育空间。因此，进城的农村学生无法彻底融入城市教育体系中，从而成为城区教育体系中的边缘人和被排斥者。这一发现与 Reay 所认为的“城市教育中存在着排他性、排斥性和社会阶层”的发现一致③。这意味着，尽管部分农村学生进入城区学校就读，意图突破城乡教育二元结构实现教育公平，但实际上在城区学校竞争型教育中仍然处于弱势地位和边缘位置，由此凸显出城区学校内部城乡学生之间存在着事实上的教育不公。

---

① 樊继达：《城市二元结构：拉美警示与中国式应对》，《国家行政学院学报》2014 年第 4 期；Luo，Y.，Zhong，J.，Zeng，R.，“An Examination of Distributive and Relational Justice in the Issue of Education Fairness for Urban Migrant Workers' Children”，*Chinese Education & Society*，Vol. 4，2017，pp. 368 – 392.

② 李翔：《城市二元结构：困局与破局》，《理论与改革》2014 年第 4 期；程业炳、张德化：《新型城镇化背景下城市二元结构研究述评》，《云南民族大学学报》（哲学社会科学版）2013 年第 4 期。

③ Reay，D.，“Exclusivity，Exclusion，and Social Class in Urban Education Markets in the United Kingdom”，*Urban Education*，Vol. 5，2004，pp. 537 – 560；Reay Diane，“I'm not Seen as One of the Clever Children：Consulting Primary School Pupils about the Social Conditions of Learning”，*Educational Review*，Vol. 2，2006，pp. 171 – 181；Reay Diane，“The Zombie Stalking English Schools：Social Class and Educational Inequality”，*British Journal of Educational Studies*，Vol. 3，2006，pp. 288 – 307.

第四章　保底型教育：农村学校的资源结构与运行机制

本章的主要任务是分析农村学校的资源结构及其运行状态，据此总结出农村学校的教育性质，反思城乡之间的二元教育结构。这一章的研究需要回答两个问题：一是教育城镇化对于农村学校产生了何种影响；二是我国农村小规模学校是否能够获得优质教育资源，就读于农村小规模学校中的农村学生是否能够享受公平的教育。研究发现，农村学校的资源结构受到城区学校师生吸纳作用的负外部性影响，存在着明显的反鲶鱼效应，弱质的师生队伍使得农村学校缺乏动力和活力。农村学校的资源结构使之建立起松散化的学校管理模式，形塑出策略型师生关系和脱嵌型家校关系。在缺乏发展动力的情况下，农村学校的教育性质呈现出保底型教育的特点，农村学校成为城乡教育体系中的边缘学校，农村学校中的农村学生难以依靠教育获得发展。

第一节　农村学校资源结构与反鲶鱼效应

教育城镇化的过程实际上主要是学生和教师从农村学校向城镇学校流动的过程。作为教育资源流动的洼地，农村学校的学生和师资流失使之逐渐演变成为小规模学校。部分研究者对于小规模学校的发展寄予厚望，认为小规模学校的发展能够通过个性化教育、精细化教育和学校比较优势发展出区别于城区规模学校发展的不同模式，以此保障农村学生的教育权利[①]。然而，农村学校资源结构的完整性已经遭受破坏，不仅规模小，而且结构弱，尽管国家在物质资源配置上有意向农村学校倾斜，但生源结构和师资结构的弱质化使得学校的发展极其不稳定，农村小规模学校的实际发展与理想状态相去甚远。

下面将从多个方面介绍农村学校的资源结构特点，由于农村学校主要是小学，农村中学几乎已经撤并殆尽，故而此处只介绍农村小学的情况。

表4－1　　三县农村学校人力资源配置状况

所在县	学校名称	学生数（人）	班级数（个）	平均班额（人/班）	教师数（人）	师生比
宁平县	东原小学	18	5	3.60	7	1：2.57
宁平县	河滩小学	104	6	17.33	15	1：6.93
宁平县	长峡小学	18	5	3.60	7	1：2.57
林甫县	草堂小学*	204	6	34.00	13	1：15.69
林甫县	锦绣小学*	300	10	30.00	17	1：17.65
黄西县	平津小学	290	6	48.33	20	1：14.50
黄西县	北远小学	198	6	33.00	15	1：13.20
黄西县	赤河一小	102	6	17.00	15	1：6.80
黄西县	赤河二小	290	6	48.33	16	1：18.13

注：1. 表格数据根据三县调研访谈资料整理而成。

2. *标注的两所学校所在的行政村覆盖范围广，均为包含教学点的总校，由于教学点的学校场所和教育管理相对独立，因此表中两所学校的学生人数只包括了村小总部的学生人数。

从表4－1中看出，农村小学具备以下四个方面的特征：一是学生人数少，学生规模在几人至300人之间，大多数学校的学生人数在200人以下，学校规模小；二是学校班级数量少，每个年级都只有一

① 刘敏：《农村小规模学校小班化教学管理之策略》，《学周刊》2019年第11期；张洁：《农村小规模学校实施个性化教学的意义》，《学周刊》2019年第6期；张金龙、秦玉友：《小规模之痛：农村教学点发展困境与应对政策——当地教师的声音与“规模效益”实践取向批判》，《四川师范大学学报》（社会科学版）2019年第2期。

个班级，9所学校中只有1所学校有10个班级，每个年级超过1个班级，其中6所学校每个年级只有1个班级，还有2所学校年级不全，属于不完全小学；三是班额数量小，农村学校的平均班额多在40人以下，9所学校仅有2所学校超过40人，大多数学校的学生人数都少于30人，最小班额数量为3.60人；四是教师人数少，9所学校的教师人数均不超过20人，但师生比高，所有学校的师生比都达到国家标准，其中5所学校的师生比高于1∶10，远高于国家标准。

上述四点共同指向农村学校人力资源的小规模特征，此外，农村学校的学生和师资还相对比较弱。学生和师资的弱质化特征通过案例学校的访谈信息予以证明。

表4－2　　三县农村学校学生特征和教师特征（话语摘录）

学校名称	学生特征	教师特征
东原小学	留守、贫穷	老龄化严重，30岁以下仅1个，最大年龄58岁，积极性一般
河滩小学	智障学生、单亲学生、孤儿多，留下的都是智力差的	教师敬业精神好、新机制教师带动学校发展活力
长峡小学	单亲、贫困、家长残疾、留守	校长为代课教师，其余为公办教师，教师的积极性差
草堂小学	单亲留守60多人，双亲留守30多人	平均年龄47—48岁，民转公教师为主
锦绣小学	留守儿童占到50%—60%，学生成绩差，纪律不好，作业做不做也不知道	教师以本地民转公教师为主，积极性难调动、"本地姜"不辣（不够厉害的意思）
平津小学	留守学生占到80%以上，贫困学生多	教师年龄结构均衡，教师队伍稳定
北远小学	30%的全留守，留守儿童难教，娇惯、任性，不认真做作业	教师敬业、负责、受尊敬，以本村为主，11位教师中有4位代课教师
赤河一小	留守学生占到2/3，学生家长打短工的多，工作不稳定，学生叛逆、抵触情绪重	新机制教师流失严重，留下的教师专业不匹配，心不在焉，教师老龄化严重，老教师思想陈旧满足不了学生知识需求
赤河二小	学生任性、家长溺爱、坏习惯多	教师年龄结构均衡，新机制教师流失不严重，对学校满意、负责

注：表格信息是相关学校教师的访谈资料摘录。

从表4－2中可以发现，三县农村学校的学生具有相似的特征，农村学生以留守为主，留守比重大，贫困学生多，学习不认真或学习不好，他们还具有一些特殊的性格，比如敏感、娇气、叛逆等。总体上来看，上述学校中学生的状况并不理想。一些研究者认为，农村学生学业表现和性格特点与留守有关，甚至认为是留守所造成的①，由于笔者未进行验证，因此对此不做判断和评价，只是进行客观描述。

三县农村学校的教师特征存在一定的差异，从教师年龄结构角度分类包括两种类型，一类是老龄化严重的学校，有2所学校明确表示教师老龄化严重；另一类是教师年龄结构均衡的学校，同样有2所学校明确表示教师结构均衡，其他5所学校的教师年龄结构处于中间状态（若教师队伍存在问题，访谈者一定会向笔者倾诉）。从教师积极性的角度来看，教师积极的有3所，教师的积极态度可以从“积极”“敬业”“流失不严重”“满意”等词语或话语中感受出来。教师消极的有3所，教师的消极态度同样可以从“积极性差”、积极性难调动、“本地姜不辣”、“心不在焉”等表述中感受出来，其他3所学校的教师积极性处于中间状态。

根据对农村9所学校的学生特征和教师特征的话语分析，发现学生特征的一致性强，普遍以留守为主，学生多贫困、成绩差。教师队伍特征的差异大，部分学校的教师队伍稳定性强、质量高、积极性高，部分学校的教师队伍老龄化问题严重、积极性差。结合表4－1和表4－2，可以从总体上大致判断出农村学校的人力资源结构处于弱质化状态。

表4－3则是三县农村学校近五年物质资源的配置状况。

---

① 陶然、周敏慧：《父母外出务工与农村留守儿童学习成绩——基于安徽、江西两省调查实证分析的新发现与政策含义》，《管理世界》2012年第8期；李云森、王军辉、罗良：《亲子分离之殇：父母外出与农村儿童的福利损失》，《中国经济问题》2019年第1期；唐有财、符平：《亲子分离对留守儿童的影响——基于亲子分离具体化的实证研究》，《人口学刊》2011年第5期。

表4－3　　　　三县农村学校近五年物质资源配置状况

所在县	学校名称	生均经费（元/年）	经费总额（万元）	项目资源	项目金额（万元）
宁平县	东原小学	600	1.08	翻新校舍	20多
宁平县	河滩小学	600	6.24	电脑10台、班班通7台、电子琴2台、粉刷教室、硬化操场	20左右
宁平县	长峡小学	600	1.08	翻新校舍、教具设备	40多
林甫县	草堂小学	600	12.24	综合楼	300多
林甫县	锦绣小学	600	18.00	教学楼	240
黄西县	平津小学	600	17.40	综合楼、教学楼维修、道路硬化、运动场改造、图书、计算机、音体美器材、班班通、餐厅	270
黄西县	北远小学	600	11.88	教学楼、宿舍楼、操场、餐厅	265
黄西县	赤河一小	600	6.12	学生食堂、宿舍、围墙、校门	173
黄西县	赤河二小	600	17.40	教学楼、宿舍、操场硬化、综合楼、电脑、音体美器材、图书室建设、学生食堂、班班通	400

注：表格数据和信息根据相关学校调研访谈资料整理而成。

从表4－3中可以看出，农村学生的生均经费配置到位，但是由于学生人数不多，因此生均经费的总额也不多。在项目资源的配置上，大部分学校都进行了校舍的建设或翻新，解决或改善了学习、生活空间不足或学习、生活环境差的问题。此外，教育部门还为农村学校配齐各种所需的教学设备，集中在班班通、音体美器材、图书室建设上。除却宁平县的3所学校外，其他两县的7所学校投入都在100万元以上，从生均投入的角度计算，国家对于农村学校的物质资源投入并不小，在不断弥补农村学校物质资源的不足，力图实现城乡义务教育均衡发展。

结合访谈的信息来看，农村学校的物质资源还具有两方面的特征：一是农村学校物质资源的生均占有量大，比如一台电脑，城区学校是30人使用，农村学校只有3人使用，在校舍资源和校园空间上更是如此（当然，农村学校的教室设备和校园跑道不如城区学校）。二是农村学校所投入的资源使用效率低，多所农村学校的校长和教师均反映，“音乐设备、美术设备都锁在室内，没有使用过”，其中一个重要原因是没有会使用相关设备和教授相关课程的教师，另外还担心学生使用会破坏设备，从而影响上级检查。

综合上述信息，可以看到国家在改善乡村教育方面的努力，通过注入师资力量和物质资源弥补乡村教育的不足。然而，农村学校的最大问题在于学生生源结构和师资结构存在着严重的问题，学生规模小、质量差，师生比高，但是缺乏优质教师和专业教师，师生的弱质性特征使农村学校的发展呈现出反鲶鱼效应。农村学校资源结构的反鲶鱼效应，将打消部分研究者对于农村小规模学校突破性发展的期待。

反鲶鱼效应（Anti-catfish effect）是笔者受到鲶鱼效应的启发对农村学校资源特征进行的概括。鲶鱼效应[①]是指在生性喜欢安静的沙丁鱼群中，放入一条鲶鱼，在搅动沙丁鱼群生存环境的同时，激活沙丁鱼的求生能力，避免沙丁鱼因缺氧窒息而死。随着鲶鱼效应的引用和演绎，逐步演变成一种竞争模式[②]。反鲶鱼效应则是沙丁鱼群中缺乏鲶鱼这一竞争主体和激活主体，由于缺乏竞争主体和激活主体的威胁和影响，“沙丁鱼”的求生能力和竞争能力不强，生存环境过于安定，生存资源难以被激活，以至于出现存活率下降的情况。在农村学校中，反鲶鱼效应一方面表现为优秀学生和优秀教师缺乏，学生和教师的竞争意识和学习动力不强，师生队伍的士气不高；另一方面则表

① 鲶鱼效应源于一个故事，相传在挪威，为了卖好价钱，渔民都尽力想保持沙丁鱼到岸后依然鲜活。可是只有一艘渔船能做到将鲜活的沙丁鱼带上岸，其中奥妙船长秘不示人。他离世后，渔民在他装沙丁鱼的水槽中发现一条鲶鱼在东游西窜，沙丁鱼为闪避它而改变其一贯的惰性，不停游动，以求保命，最终得以在到岸时保持鲜活。

② 赵洋：《鲶鱼效应在成人高校人力资源管理中的激活机制研究》，《科技风》2018年第29期。

现在国家所投入的物质资源缺乏主体力量的激活，处于闲置或浪费的状态。由于农村学校的资源结构具有反鲶鱼效应，使学校自身的管理受限，师生关系消极，家校关系简单，学校无法回应农村学生和农村家庭发展的教育需求和教育目标，以至于农村学校只能维持保底型的教育属性。

第二节　扁平化管理架构与松散化管理模式

农村学校的特点是学生少、师资弱、事务简单，但资源投入充分，人均资源多。教师管理积极性不高，学校设置简单的管理结构就可以保障管理工作有序运行。由于农村学校生源结构被破坏，缺乏可动员的资源和能力，因此教师管理按照教育管理部门的规定，保障完成基本的教育教学工作和学生安全即可，学校领导缺乏调动教师的积极性，教师缺乏调动学生的积极性。因此，教师管理实行过程管理制，目的在于监督教师完成基本的教学管理工作。学生管理上按照减负要求不给予学生过大的学习压力，实际上实施的是自由粗放式的学生管理方式。教师的过程管理和学生的自由粗放管理，使得农村学校的教育管理效果不佳。

一　农村学校的简单事务和扁平化管理架构

农村学校不同于城区学校多层次的管理架构，由于学校教师绝对数量少，学校管理事务相对简单，因此采取的是扁平化的管理模式。从管理学角度来看，扁平化管理模式有利于破除组织自上而下层级过多的冗余问题，减少管理层次，增加管理幅度，使组织既灵活敏捷，又富有柔性[①]。简言之，扁平化管理能够避免“层次重叠、冗员多、组织机构运转效率低下”等弊端，有利于加快信息流的速率，提高决策效率。但是从农村学校的实际情况来看，农村学校是由于教师人数少、事务简单，不得已采取扁平化的管理模式。

---

① 陈劲松：《以扁平化管理模式破除年级组管理“矛盾”》，《江苏教育》2018 年第 2 期。

在农村学校，管理层级十分简单，学校领导班子最多7人，分别为校长、副校长、教导主任、政教主任、总务主任、会计和工会组长，不过很多学校凑不齐7人领导班子，一般不设副校长，或者由一人身兼多职。在领导班子之下，不再设相应的办公室，每个职位一般只有1人，学生人数相对较多的学校在事务多的岗位设2人。不同部门的领导直接向班主任下达任务，部门事务由领导班子成员负责承担。这些行政领导与普通教师一样，在完成管理任务之外，还要负责日常的教学工作，大多数领导都需要负责主课教学，不享受特殊优待。农村许多学校领导兼任班主任，甚至全校教师均为领导班子成员，各自承担一部分管理责任。

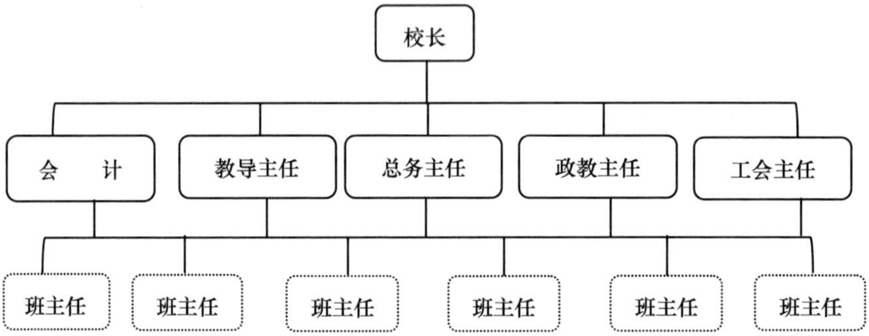

图4－1　农村学校管理架构图

说明：虚线表示上级领导不一定存在对接主体，即学校领导可能同时兼任班主任。

案例4－1：黄西县北远小学所有的行政领导都带主课，工会组长兼任班主任，还要负责后勤采买。副校长带主课，兼任教务工作，还负责学校的网络管理。（访谈编号：2018－06－21WXZ）

案例4－2：黄西县平津小学朵老师是学校的会计，同时还担任三年级的班主任，教数学课。（访谈编号：2018－05－28DYS）

案例4－3：黄西县赤河二小的李老师是学校的教务主任，她还要上四个年级的课，包括一年级数学课，二年级语文课、数学课，四年级语文课、数学课和五年级语文课。（访谈编号：2018－06－20LZR）

案例4－4：林甫县草堂小学的庞老师教二年级和四年级的数学

课，另外兼任其他课程，同时也是学校的行政领导。（访谈编号：2018－03－27PLS）

案例4－5：宁平县长峡小学全校7位老师，22名学生，实行包班制，一位老师要教授一个班级的所有课程，包括语、数、科、品、体、音、美等课程，英语由相对专业的老师来教，因此，校长和其他领导都要上课。（访谈编号：2017－11－21LJL）

从图4－1和案例4－1至案例4－5中的信息来看，农村学校扁平化的管理组织具有两个典型特征：一是学校的管理效率高。由于农村学校的学生人数少，管理事务相对简单，因此学校并未成立专门的中层管理部门，每类事务由1—2人负责即可。此外，由于班级数量少，各个部门的负责人直接对接班主任即可，甚至有的中层领导本身就兼任班主任，因此整个组织信息传递速度快、对接效率高。二是学校的管理主体和教学主体基本重合。尽管农村学校的师生比高，但是结构不平衡，“麻雀虽小，五脏俱全”的农村学校的管理任务和教学任务不重但十分琐碎，而教师数量有限，因此学校领导需要身兼数职，既要完成教学任务，也要参与学校管理，而非像城区学校领导一样专职化。

农村学校的管理机构在具体的管理过程中，只能完成最基本的工作任务。学校的教育教学管理工作有两项比较重要：一是教导工作；二是政教工作，两项工作以师生为核心构建了学校教学管理的基本轮廓，且最能体现管理工作的难度。在农村学校，教导工作主要是日常教学管理和学生检测等，政教工作包括学生安全管理和档案管理等。农村学校较少开展学生竞赛活动和教师培养工作，在学生行为纠偏、能力培养等方面所做的工作也极少。有的学校甚至无法成立少先队，以至于无法组建大队部以开展学生自我管理工作。比如平津小学每年开展的关于师生的大型活动只有四项：教师的“一师一优课”、学生书画比赛、征文比赛、六一儿童节，四项活动均是应上级安排组织参加的活动。在学生的绘画比赛和征文比赛中，学校每次选3名学生的作品送上去，但从来没有得过奖。由此可见，农村学校的管理结构单一，学校活动单调，在师生管理和培养中发挥的作用并不明显，主要职能是完成上级交办的任务。

二　教师管理的过程管理制

过程管理制是对工作过程各个环节的严密监控和规范化管理。过程管理制不同于目标管理制，目标管理制是以实现目标为核心，但不对目标实现过程做严格要求；过程管理制讲究对目标实现过程各个环节的关注，但对程序的监控并不能完全保障目标的实现，其背后隐含的是“不出事”逻辑①。目标管理制的效率更高，过程管理制更加稳健，前者具有明确的目标导向，以目标为核心，若上级设定明确目标，同时也对上级负责，但在目标实现过程中拥有一定的弹性空间，后者具有明确的保险倾向，以上级规定的政策为核心，按照规章制度行事，确保过程万无一失，极力规避风险。

农村学校与城区学校不同，由于缺乏管理教师的框架和资源，只能从程序上监督教师的行为。教师管理的核心在于明确目标，并提供一定的激励，从而保障目标的实现。城区学校教师的目标压力来自学校内部的竞争压力（目标考核和面子竞争）和学校外部的评价压力（家长诉求），教师激励包括工资待遇、职业晋升和成就感等。城区学校能够由内而外建立起完整的管理框架。然而，对于农村学校教师而言，既缺乏目标，也缺乏激励，难以通过目标管理责任制进行管理，故而只能从程序上进行监控。

从目标的角度来看，我国义务教育阶段在很长时间里将学生成绩作为教育教学中最重要的目标，随着素质教育理念的出现和兴起，此前的教育模式被扣上“应试教育”的帽子而被大加挞伐，成绩和竞争变得不再具有意义，教育部门为学生大力减负，为了不压抑学生，教育部门规定不能以成绩为中心，对学生的作业和测试提出严格的限制要求。因此，对于教师而言，需要探索新的教育目标。城区学校在外在的竞争压力和家长的教育诉求下，能够迅速综合各方面的教育诉求，及时调整教育目标，并为教师管理寻找到抓手。农村学校由于缺

① 贺雪峰、刘岳：《基层治理中的“不出事逻辑”》，《学术研究》2010年第6期；杨建国：《基层政府的“不出事”逻辑：境遇、机理与治理》，《湖北社会科学》2018年第8期。

乏竞争资源和外在压力，一方面放弃了原有的管理体系和管理目标；另一方面还未构建起新的管理体系和管理目标，因此农村学校还处于茫然的目标失控期。

从教师激励的角度来看，激励教师的方式有两种：一种是正向激励；另一种是负向激励。具体来讲，对教师的正向激励主要是精神激励和物质激励，负向激励则是经济处罚和职位威胁。教师的精神激励主要来自教育教学中获得的成就感和意义感，当教师取得成绩后获得表彰奖励时会感觉有面子和荣誉感。然而，在教育城镇化的影响下，农村学校的学生以留守的贫弱学生为主，他们身上具备的特点是家庭教育支持薄弱、学习自觉性不强、行为习惯不佳等。无论在教学上还是能力培养上，由于优秀生源少，教育和改造学生的压力大，学生在学习和活动中都缺乏积极的带动力量，因此学校难以塑造学习氛围，也难以培养出优秀学生。对于教师而言，他们难以从教育教学中获得成就感和意义感。

教师的物质激励来自工资待遇。由于教师工资根据岗位和职称确定，因此基本工资既定，不论工作状态如何，“干好干坏一个样”。对于教师具有激励作用的资金是绩效奖励部分，绩效奖励的分配按照教师的表现和成绩发放，但学校领导为了避免教师之间不团结，倾向于按照平均主义的原则分配。因此绩效工资部分既不产生正向激励的作用，也不产生负向激励的功能，这部分待遇成为教师应得的部分。

在学校管理中，具有负向激励作用的重要手段是职位威胁，即如果教师表现不佳，校领导可以申请将教师安排到偏远学校或非教学岗位任教。然而，职位威胁的方式目前在农村学校不再奏效，原因在于，农村学校已经处于整个学校系统中最为偏远的位置，职位阶层已经触底，校领导不再可能将教师调至环境更差的学校。尽管农村学校师生比例看似充足，但是实际上存在师生比例结构性失衡的问题①，班级数量多但班额数量少，学校要顺利完成教育教学工作，极度依赖教师，如果失去一位教师，可能难以顺利补充新进教师。因此，校领

① 周晔：《西北农村地区中小学教师队伍结构失衡问题与破解政策体系》，《教育科学研究》2018 年第 11 期；肖正德：《农村教师队伍结构的失衡问题与优化策略》，《课程·教材·教法》2012 年第 4 期。

导尽可能顺应教师的行为表现，不敢轻易得罪教师。对于教师而言，他们在最艰苦的环境中教学，领取稳定的工资，无论他们的教学表现如何，都不可能面临职位上的威胁。

黄西县平津小学王校长分析了当前学校管理教师的难处，印证了农村学校缺乏有效的抓手激励教师积极工作。

案例 4 -6：在 2010 年以前，校长的支配权很大，可以发奖金，比如在考试得奖、竞赛、辅导作文、教师教学案等方面得奖，都可以发奖金。那时对经费使用有限制，但不严格，只要学校开会，职代会通过决议定好就可以了。当时，奖金越多，工作越好，越有面子，经济和荣誉上有双重好处。还有，那时候教师调动，领导也有建议权，表现不好的老师可以由校长建议调走，调到偏远或生活不便的地方。现在什么都要按照上级要求来，权力还在教育组，但是校长没有建议权了，一般要维持稳定。（访谈编号：2018 -05 -28WAG）

在当前的环境下，农村学校校长能够调动教师的权力只有“绩效分配权”，通过工作出勤、学习成绩、日常管理、职位级别等内容分配绩效，但是教师之间的绩效待遇差距一年仅在 1000—2000 元间，无法呈现出差距，因此刺激作用不明显。

综合上述因素来看，在目标模糊和激励无效的情况下，农村学校缺乏对教师进行有效管理的资源和手段，只能按照教育部门的基本要求从形式上管理教师。

形式管理包括两个方面的内容：一是是否完成基本的教学任务，主要从备课情况、教学进度和教学总结等方面进行检查。由于校领导和教育部门领导无法时刻在场监督教师的教学情况，只能通过抽查可视的纸质材料来把握教师的工作状态，但纸质材料的呈现状态与教学工作的实际状态却不一定呈正相关关系，因此难以摸清教师的真实状态和教师之间的差距，案例 4 -7 中长峡小学的做法即是典型表现，学校的考核工作与教学效果之间并不存在必然的关联。

案例 4 -7：宁平县长峡小学对老师的考核内容是看老师是否批改

学生作业、是否撰写了教案、是否按时到岗打指纹签到。该校老师们在上述工作中都能够做到合格，但是学校的教学氛围却死气沉沉，学生和家长都不满意。（访谈编号：2017－11－22YLS）

二是是否确保学生的安全管理。目前，学校的安全管理责任压力大，农村学校尤甚，原因在于农村学校规则不清晰，全面监控难，调解成本和赔付压力大，因此农村学校将安全管理工作摆在学校工作的第一位，通过管理制度和管理程序进行严格监控，严防安全风险。

案例4－8：黄西县北远小学要求教师必须要在家长会上强调学生安全，每两周班主任召开一次安全工作会议。在校车接送学生时，必须由班主任跟随前往，班主任要清点人数，记录在册，缺少一位学生都不能发车，要做好行车记录，保障痕迹管理，防范安全风险。暑假时，学校要发放《告家长书》，明确“六不准”，保障家长收到安全提示信息。（访谈编号：2018－06－21WCQ）

以北远小学为代表的农村小学在安全管理上做了细致的工作，确保学生安全万无一失，但是有意思的是，很多农村学校保障“安全第一”之后，却忘记了学校当以“教育为本”的目标，在教育管理和教学竞争上缺乏积极性和动力。

尽管上述教师管理工作同样出现在城区学校中，但是并非城区学校教师的核心工作，且大量工作可以由领导班子成员采用技术手段解决，城区学校教师的主业仍然以教育教学为主。农村学校的教师管理受制于目标模糊和激励无效等因素的影响，只能完成最为基础性的教育管理任务，实行对上负责的过程管理制，但是教师队伍缺乏活力和生气，教学效果难以得到保障。

需要强调的是，农村学校的教师管理模式虽然受到制度约束和资源约束的限制，但同时也是学校自主选择的结果。自主选择有两个层面的含义：一是政策本身只是底线管理，规定了教师工作的基本事项，即学校只需要花费少量的精力即可以完成，但农村学校却将之作为主要任务和主要工作。二是考核制度本身赋予了学校和教师一定的自主空间，并未极度细致地规定教师行为，仍然为教师创新留有自我发挥的空间，但是大多数农村学校和教师并未充分利用这一空间①，以至于教师队伍未能被动员起来。相比之下，城区学校是在过程管理制的基础之上实行目标管理制，能够将教师队伍充分动员起来。

三　自由粗放式的学生管理

在第三章中指出，学生管理主要是知识教育、行为教育和能力培养。城区学校依靠自身的特点和优势建构了一套科学精细化的管理模式，农村学校则因学校管理体系和乡村学生结构特点等因素的影响，建立的是一套自由粗放式的学生管理模式。

在知识教育方面，由于农村学校的师资存在结构性失衡的问题，按照师生比计算，大量农村学校的教师数量超过编制数量，但是农村学生数量少，人员分布分散，每个年级几个学生，若实行包班制，一个教师或两个教师要承担班级的所有授课任务和管理职责，同时因学校扁平化的管理体系，教师们还要承担学校里的其他管理事务。虽然教师的教学管理任务不重，但是事务十分琐碎，导致学校的教学管理质量的总体水平不高。

案例4－9：长峡小学全校22名学生，其中包括幼儿园4名学生，小学段18名学生。各个年级学生分布情况为：一年级2人；二年级1人；三年级3人；四年级3人；五年级4人；六年级5人。学校8名教师，专门安排1名女性巡回支教教师照顾幼儿园学生，其他7名教师教6个年级18名小学生，小学段的师生比达到了1∶2.6，远高于国家所规定的师生比。由于所涉年级多，教师的任务实际上非常多。以该校杨老师的工作任务为例，杨老师担任六年级的班主任，负责六年级的语文课、美术课，五年级的数学课和全校六个年级的体育课。（访谈编号：2017－11－22YLS）

① 部分农村学校有幸遇到卡里斯玛型特质的校长，这类校长在制度要求之下仍然能够突破限制，采取一些创新举措和温暖举措，将教师充分动员起来，使得学校充满活力。但是，卡里斯玛型校长具有稀缺性和偶然性，无法依靠制度选拔产生，农村学校很难碰到。

上述案例中的杨老师，若要将所有课程都教好，需要花费大量的时间和精力备课、授课，若要实现教学上的突破，还需要花费精力继续学习。在缺乏有效监督和积极激励的情况下，教师们并不愿意努力投入，因此课程质量水平不高，有的课程甚至不上。比如长峡小学的体育课实际上成为学生自由活动课。农村小学的教学成绩无法与城镇学校的教学成绩媲美，尽管有少量学校能够取得不错的成绩，但是却无法改变农村教育整体上的落后状态。

表 4－4　　2017 年春林甫县城乡村三类学校六年级学科综合素质调研检测成绩

学校	语文			数学			英语		
	平均分	及格率（%）	优秀率（%）	平均分	及格率（%）	优秀率（%）	平均分	及格率（%）	优秀率（%）
城区学校	87.66	97.53	86.14	81.85	85.57	69.05	75.63	75.41	55.94
乡镇学校	86.21	96.30	84.26	82.32	89.81	69.44	81.27	85.19	70.37
农村学校	81.17	92.71	69.38	73.60	75.54	52.42	79.7	86.77	61.93

注：1. 表格数据根据林甫七小和两水镇教育组提供的统计信息整理而成，其中乡镇学校和农村学校以两水镇的情况为代表。

2. 及格分数为 60 分及以上，优秀分数为 80 分及以上。

从表 4－4 中可以看出，农村学校的语文和数学平均分分别低于城区学校 6.49 分和 8.25 分，分别低于乡镇学校 5.04 分和 8.72 分；语文及格率比城区学校低 4.82 个百分点，比乡镇学校低 3.59 个百分点；语文优秀率比城区学校低 16.76 个百分点，比乡镇学校低 14.88 个百分点。不过，有意思的是，农村学校英语成绩的平均分、及格率和优秀率都高于城区学校。其中的具体原因不得而知，可能的解释是进城农村学生拉低了城区学校的成绩，从城区学校优秀率的比例中有所反映。

在行为教育上，农村学校难以建立一套有效的规则体系对学生进行改造和约束。学校的规则体系按照城市要求所设定，农村学生在田野中习得的自由散漫等行为特点与学校规则存在出入。要对之进行改造，既需要教师引导，也需要学生示范，后者是促成教师引导发生彻底改变的结构性力量。在学校，老师会对学生提出要求，但是由于学生人数太少，学生的行为具有同质性，相互之间效仿的速度太快，如果一个学生无法改变自身不良行为，可能很快就会传递到其他学生身上，而好习惯的传递速度则要慢得多。比如，在老师不在的时候，有学生跑出去玩，其他学生可能全部跑出去。一个学生骂人，其他学生也会学着骂人。

案例 4－10：林甫县草堂小学二年级完全不学习的学生就有 6—7 个，占到班上的 1/5，父母们管不了。该校的庞老师如此描述他们，“他们特别调皮，上课时会走动，软硬不吃，我要教其他学生，不能让他们影响到别人，可是现在啊，学生不怕老师啊。现在学生差的，我都不知道他们（以后）怎么混，我们也不知道如何去使力（教他们），只能鼓励他们多学一点，（听不听）完全靠自觉了”。（访谈编号：2018－03－27PLS）

学生的行为教育与知识教育是相辅相成的两个方面，二者之间相互影响。如果学生不把校内时间用在学习上，他们就会拥有更多的可支配时间，这些时间通过各种越轨行为来填充，教师就需要花费更多的时间去为学生纠偏。由于学生对于学习表现及其他表现不在意，教师缺乏引导和约束学生的资源，不知如何开导他们，就会使学生越来越难管。

能力培养需要教师提点和活动契机，单独依靠教师的努力难以持续发展，需要依靠活动契机作为体现能力和证明能力的平台。农村学校的活动包括课堂活动和课外活动。在课堂上，学生人数少，师生互动难，老师要点拨却缺乏学生的回应。

案例 4－11：宁平县长峡小学的杨老师说，“现在班上 5 个学生，怕说话，听话，回答问题声音小。他们人少，交流少，我鼓励他们大胆一点，不要怕，他们还是不说话，不回答提问。以前学生多的时候，胆子大，闹哄哄的，回答问题也积极一些。现在读书没有声音，

没有士气”。（访谈编号：2017 －11 －22YLS）

农村学校的课堂活动简单无力，缺乏活力，难以感受到儿童应有的活力，课外活动更是单调无趣。学校不仅缺乏音体美等课程，更无力开设兴趣小组培养学生各方面的兴趣和能力。在城乡义务教育均衡发展验收压力下，农村学校根据教育部门的要求配备了音体美设备，但是因缺乏专业的指导老师使得设备处于闲置状态，没法开设与城区学校类似的社团或兴趣小组，一些农村学生的课外生活在简单的游戏和无聊的呆坐中度过。

案例 4 －12：黄西县赤河二小没有体音美专业教师，体音美课程的教学工作得不到保障。学生们的课外活动也比较简单，以游戏为主，他们的课外活动有乒乓球、篮球、跳绳。学校还开办有一个文学社团和书画小组，书画小组以班级为单位，一周学习一次。学校计划发展校园足球，但因场地受限，场地改造资金存在问题，还不确定能否发展起来。（访谈编号：2018 －06 －19QXZ）

案例 4 －13：林甫县锦绣小学六年级学生刘茹雪成绩优异，热爱学习，喜欢阅读，她想看名著，比如安徒生童话、水浒传，但是学校里没有图书馆，没法满足她的愿望。她清楚自己因为课外知识不足，在各种竞赛中比不过城镇学校的学生。（访谈编号：2018 －04 －18LXL）

笔者在调研时通过参与式观察发现，赤河二小的学生缺乏活力，下课后学生们就坐在教学楼前的水泥地上发呆，没有交谈也没有打闹，这种状态与这一年龄段的学生应有的活力形成巨大的反差。在三县其他农村学校，学生们的课外生活也十分单调，有的学校氛围宽松活跃，但是学生只是“瞎玩”，无法从中汲取更为丰富的营养，而有的学校氛围低沉压抑，学生们不知道在学校应该做什么，活动匮乏使他们的校园生活显得有些单调。纵然学校中有如刘茹雪一般的优秀学生，他们在如此的环境下也只能被逐渐同化，日渐消磨奋斗的意志。如此一来，学生们在学校中难以获得能力上的增长。

从学校管理层面来看，农村学校在知识教育、行为教育和能力培养上，由于学生规模小和教师结构失衡等原因，学校无力建立科学精细的管理模式，而是实行自由粗放式的学生管理，学生在这一管理模式下能够享受“自由”，但是这种“自由”却使得学生的成长和发展受到了较大的限制和约束。

四 农村学校管理的问题

部分研究者认为，农村小规模学校发展的主要困境在于师资结构不合理和师资专业水平有限，从而使得农村小规模学校走向边缘化[①]。从师生比和学校事务数量来看，如果经过合理分工，农村学校教师人数能够满足学校教学管理工作。从理论上讲，以小规模学校为主的农村学校有自身发展的比较优势，因学生人数不多，师生之间能够实现充分互动，彼此之间的熟悉程度高，教师更能够因材施教。小规模学校和班级更有利于个体化教学、个体化关注、减少纪律问题、运用创新策略[②]。这意味着，小规模学校要突破自身规模劣势，关键在于教师的引领和带动。如果教师缺乏积极性和动员性，那么小规模学校就会陷入沉寂。目前，大多数农村小规模学校的教师队伍在过程管理制的约束中无法被充分调动，学校规模小构成限制学校发展和抑制学生成长的最大瓶颈。

农村学校的生源规模和教师状态塑造了学校的教师管理模式和学生管理模式，教师管理实行过程管理制，学生管理实行自由粗放式的管理模式。与城区学校相比，农村学校的管理模式最大优势是给予教师和学生自由的“快乐”，但这一“快乐”却以抑制发展为代价。从教师发展的角度来看，过程管理制监控教师教育教学的过程，由于所涉环节少，教师完成任务即可，由于难以实际有效地监督教学行为，教师实际所拥有的自由时间多。然而，教师所拥有的自由时间却无法转化成为有效的工作时间，农村学校缺乏针对教师的发展培训和有益

① 秦玉友：《农村小规模学校教育质量困境与破解思路》，《中国教育学刊》2010 年第 3 期；雷万鹏、张雪艳：《农村小规模学校师资配置政策研究》，《教育研究与实验》2012 年第 6 期。

② 秦玉友：《农村小规模学校发展的基本判断与治理思路》，《教育研究》2018 年第 12 期。

指导，教育教学缺乏明确有力的目标，教师难以从中获得可持续的发展和成长。于学校而言，教师未进行充分整合和动员，学校的教育管理工作无法顺利开展，学校巨大的教育空间被闲置。

从学生成长的角度来看，自由粗放式的学生管理看似释放了学生的天性，符合现代素质教育的理念。然而，农村学校的管理自由与天性释放，实际上是教师管理中的空白，是缺乏有益的引导与教育。学生们既无法获得良好的知识教育，也难以纠正不良行为，培养良好品质和综合能力，他们只能在稀薄的教育环境中无助地玩耍。自由粗放式的管理无法让他们获得巩固的知识和综合的素质以参与教育竞争，也无法让他们释放的天性与现代社会相契合。可以说，农村学校的教育处于整个教育体系的底层，农村学校的学生则成为教育竞争中的失败者，进而被现代社会所排斥和抛弃。如果不改变当前农村学校的结构性地位，学校的师生管理体系就难以改变，而就读于农村学校场域中的学生可能丧失发展希望，他们将成为城乡教育公平发展中最脆弱且最易被忽略的力量。

第三节　班级负向层次结构和策略型师生关系

一　农村学校的生源规模与结构层次

随着教育城镇化的影响，农村中经济条件处于中上层的家庭将子女送到城镇学校就读，留在农村学校的学生人数减少。农村学校的生源规模保持在每个年级一个班的水平，每班学生人数不超过 40 人，此外还存在大量的复式班，几个年级的学生混在一个教室上课，另有少数农村学校班额数量超过 40 人。农村家长在选择将子女送入城镇学校就读时，会有至少两方面的考虑：一是家庭经济实力是否能够负担子女在城镇学校所需成本；二是子女自身的学习能力和学习成绩如何。对于经济条件充裕的家庭而言主要考虑前者，经济条件相对紧张的家庭则主要考虑后者，若子女学习表现不错，家长在经济条件限制的情况下也可能会不遗余力为子女创造更为优越的就学条件，而留在农村学校的多是家庭经济条件差和学习成绩差的“双差生”。此外，农村学校的“问题学生”[①] 多。所谓的“问题”，既可能是家庭问题，如父母离异、父母双亡、家长家暴等，也可能是学生问题，如智力障碍、行为偏执等。

案例 4 - 14：宁平县河滩小学全校 104 名学生，一至六年级学生人数分别为 14 人、17 人、19 人、14 人、21 人、19 人。全校有智障学生 5 名，几乎每班 1 名，单亲家庭和孤儿家庭的学生总共 20 多名，每班平均 3—4 名。比如五年级的陈昭，父母离婚，他还有一个妹妹在本校读一年级。王衡衡，父亲去世，母亲改嫁，成了孤儿，跟着爷爷奶奶生活。二年级的郭璇璇，母亲外出打工跟人跑了，还有一个妹妹在本校读一年级。这些残缺家庭的孩子，一般比较懒散，布置的作业不写。（访谈编号：2017 - 12 - 06JXZ）

案例 4 - 14 中的河滩小学包含各种类型的问题学生，有智障学生、单亲学生、孤儿，教师和家长不对智障学生抱有教育上的期待，但是担心那些受到生活困境磨砺的学生们会对学习丧失兴趣和信心。

在以“双差生”为主要生源的农村学校，班级中的结构分层以“后进生”为主，优秀学生和中间学生数量屈指可数，班级的层次结构导向消极被动的一面，由后进学生主导。至于农村学校优中差三种类型的学生比例难以估计，这一比例具有偶然性，可能遇到有想法、善教育的老师可以带动班级整体气氛，或者恰好这一年级学生悟性高，优中等生的比例就可能更高，但更多时候遇到的是难以调教的学生比例更高。

案例 4 - 15：黄西县赤河一小的孙老师承担了全校三个年级的英语教学工作，但是她感到十分痛苦，“学生不好管理，作业不写、听力不听。三年级 30 人，成绩好点的都走了。四年级 12 人，一学期走了 5—6 人，留下来的都是不抱希望的。五年级 5 人，特别懒，怕吃苦，班主任陈老师说了‘一个也不可以’，他们有的喜欢偷东西，有

① 对于“问题学生”的说法，不包含价值判断，只是对现象的概括表述。

人偷了王老师的手机，有的特别爱请假，爱说谎话骗老师，5 个孩子有 2 个完全不做作业，他们英语中等难度的试卷最多考 60 多分”。（访谈编号：2018－06－20SRQ）

案例 4－16：林甫县草堂小学四年级有 39 名学生，班上自觉学习的学生有 15 名，这些学生能够认真学习，主动完成学业，其中女生居多，男生仅 3 名。特别调皮的后进生有 6 名，这些学生不懂 1 位数 *1 位数得多少，从不看书，虽然智力上不存在问题，但是每次考试只能考几分，都是蒙的。二年级 35 人，完全不学习的学生有 7 名，占到了 1/5，特别调皮，上课时会到处走动，极易影响到其他同学。（访谈编号：2018－03－27PLS）

案例 4－17：林甫县锦绣小学六年级有 30 名学生，班上爱打架的学生就有 10 来人，既调皮，成绩又差。他们打架的时候一起打，玩的时候也一起玩。（访谈编号：2018－04－18LXL）

在上述案例学校中，班级内部的总体氛围不佳，优秀学生流失严重，数量极少，调皮学生的比重大，中间学生占据一定的比例，还有一些学生少的班级甚至存在“全军覆没”的风险，“一个也不可以”“没一个是好的”。结合上述几所农村学校班级的生源层次状况，笔者绘制出农村学校班级结构的理想模型（见图 4－2）。

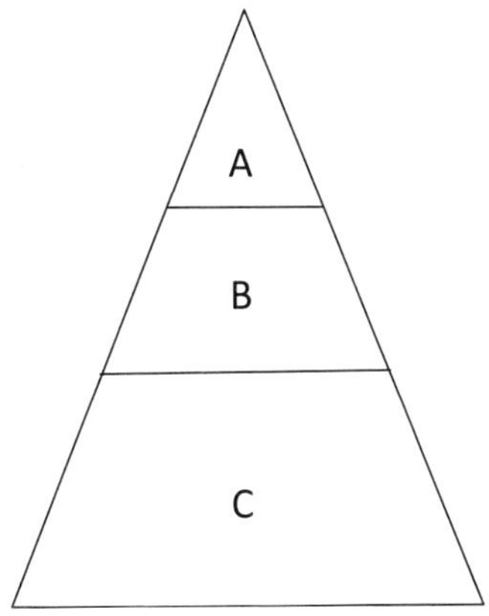

图 4－2　农村学校班级结构理想模型（负向层次结构）

在图4－2中，A代表优秀学生，B代表中间学生，C代表后进学生，其中A的比例最小，B的比例其次，C的比例最大，农村学校的生源结构呈现出金字塔状，以后进学生居多，班级的整体氛围受到后进学生的主导，故而将之称作负向层次结构。

班级作为一个熟人组织，学生之间会受到同辈群体的相互影响，并形成群体内部界限。青少年正处于辨别能力、控制能力和抵抗能力都比较薄弱的时期，认知水平不高，内在的行为准则正处于形成阶段，容易受到不良同辈群体的交往影响①。由于同辈群体内部具有较强的同质性，不同学生之间的行为具有同化作用，同时形成外在的行为压力，因此学生会表现出同辈群体的顺应性②。在缺乏优秀学生且以后进学生为主的班级中，后进学生的思想和行为就会成为班级内部的主流氛围，从而影响中间学生和优秀学生。前者的思想和行为成为后者的示范，并会影响后者的学习状态，侵犯他们的学习权利或人身安全。在极端情况下，先进学生甚至可能成为班级中的边缘人。

二　班级形式管理与象征型班干部

班干部的功能是协助班主任和科任教师处理班级管理事务，如何产生和选择班干部体现的是教师管理班级的目标与策略。农村学校的班级具有学生规模小和负向层次结构的特点，班主任会根据学生具体数量和管理工作总量确定所需班干部的数量和人选。一般情况下，班干部由班主任指定任命，多选择班级中成绩突出的学生。

在学生数量低于20人的班级中，由于学生人数少，班级工作少，且师生之间的沟通成本低，因此班主任只需要一位班长就可以协助完成班级管理的各项事务，很多事情可以由教师自行完成，比如收发作业、打扫卫生、组织活动等工作，班主任和科任教师可以一次性解决，不需要通过班干部转达或组织，省却了管理的时间成本和沟通成本，班干部只需要进行简单的形式管理。

---

① 张宝方：《论同辈群体影响下的青少年价值观教育》，硕士学位论文，河南大学，2010年。

② 张家军：《论学生同辈群体的作用及其实现机制》，《当代教育科学》2009年第11期。

案例 4－18："以前选班长，（是为了）协助班主任管理，现在班长就一人牵头，全班几个人上，班主任可以自己做了，学生作业也可以自己抱，不需要学习委员了。"（访谈编号：2017－11－22YLS）

从案例 4－18 中透露出的信息来看，在小班额班级中，所选的班长实际上只是虚职，具有仪式性意义，实质的管理功能并不明显。只是作为班级的代言人，在学校开展活动需要班级代表时出面即可，有时甚至连这一"仪式性代表"的自我定位也不明确，并未认识到自己的意义何在。在调研过程中，笔者进入长峡小学高年级的班级中，试图了解同学们的情况，问及谁是班长，同学们嘻嘻哈哈、推推搡搡，相互指对方是班长，多数人指向一个沉默不语的女孩，但是她似乎对自身的身份并不敏感和骄傲。因为在这样的班级中，所有的学生都清楚班级同学的情况，作为班长，她没有信息上和能力上的特权，即使因成绩相对优异而被选出，但是由于大多数学生都不学习，缺乏跟随者，在众多成绩落后的学生中，这些优异的个体反而成为"怪物"而可能被其他同学"边缘"，因此他们不会感到骄傲。只有在教师表扬和学校表彰时，他们才会感觉到一丝宽慰。

在学生人数超过 20 人的班级中，工作事务相对较多，可以组建一个完整且具有实质意义的班干部队伍。在选择班干部时，同样采取直接任命的方式，成绩优秀是选择班干部的核心标准。

平津小学是经历过撤点并校整合之后形成的村中片小①，学生人数属于农村小学中较多的学校，全校 290 人，每个年级一个班，一至六年级的学生人数分别是 49 人、50 人、63 人、49 人、39 人、28 人。该校学生的特点是，一至四年级尖子生连年流失，五至六年级很多普通学生会流失。从积极的一面来看，该校各个班级的学生人数还保持了一定的规模，尤其是中低年级还能够保持完整的班级管理。表 4－5 以该校三年级为例，呈现和分析农村学校班干部队伍的基本情况和选择标准。

① 片小是指同一片区相互临近的几个村庄共用的一所学校，地址位于村庄中。

表4－5　　　　平津小学三年级班干部队伍基本情况

职称	姓名	成绩	能力	备注
班长	南佳佳	全班第3	爱学习、性格懦弱	能力不是最强，为了锻炼她
学习委员	南耀萌	全班第1	爱学习、组织能力强、综合能力强	班级中威信最高
语文课代表	杜一思	全班第2	语文成绩在全班最好	班级中威信高
数学课代表	詹郁风	全班第8	成熟稳重、做事放心、不起哄、不闹腾	兼任劳动委员
体育委员	张文吉	全班较差	无能力、贪玩、厚脸皮	体育老师选择，工作实际由南耀萌负责
文艺委员	吴启宇	全班中等	有能力，但不热心、不积极	学校成立学生会推选产生，并不发挥作用

注：表格内容根据平津小学三年级班主任朵老师的访谈信息整理而成。

从表4－5中可以看出，平津小学三年级有七个班干部职位，发挥作用的实际只有四名同学，其中劳动委员由数学课代表兼任，体育委员由学习委员兼任，文艺委员是一个虚职，因此真正发挥作用的只有南佳佳、南耀萌、杜一思和詹郁风四名同学，而他们的成绩优异，全部是全班前10名，其中有3名分别是全班前3的同学。由此可见班主任对于成绩优异的优秀学生重视程度之高。

对于农村学校的学生而言，担任班干部一方面是为了分担班主任的管理任务；另一方面则是作为班主任培养优秀学生能力的契机，后者的功能更加重要。在平津小学，班主任将班长职位任命给一名能力不强、性格懦弱的学生，目的在于培养她、锻炼她、改造她，让她变得更加优秀。农村学校给予班干部一定的自主空间和试错空间，这一空间能够用于培养和锻炼学生。同时，班主任选择能力不强但成绩相对优异的学生担任班干部，似乎是在向学生宣告，只有成绩好的学生才有资格做班干部，班干部这一身份本身内含成绩优异的象征意义。

相比之下，城区学校繁杂的工作和繁重的压力，难以允许班主任将如此重要的职位用于培养和改造学生，势必要选择一个得力的学生作为自己的助手，这也意味着，所选择的学生自身拥有相应的管理能力，班干部职位更多只是展示能力的平台，而非锻炼自我的平台。当然，这并不意味着城区学校的班干部职位不锻炼人，而是选择班干部职位的要求以相应能力作为基础要求，当选门槛高，主要目的在于协助管理，如果无法胜任，就可能面临机会流失的风险，甚至遭受责罚。林甫七小五（3）班的班长，成绩优秀，能力突出，但是在管理班级中感受到来自班主任的压力。她曾经向笔者倾吐当班干部的委屈与无奈，能够反映出城区学校班干部的某些特征。

案例 4－19："这两天老师让我出题（国旗下讲话的主题），还让我准备国旗下讲话。昨天下午进度慢了一点，她就打电话来批评我，我觉得太多事情了，我实在做不了这么多了，我就跟她说我不做国旗下的讲话了。然后今天下午她就处处针对我，把我的事情（机会）全部给了别人了。最可恶的是，我昨天刚刚想好怎样在最短的时间内出好题，她今天就说让别人出不让我出了。（我不知道）她到底是想要干啥？"（访谈编号：2018－04－16HY）

上述城区学校的班长倾诉充分体现了班主任对于班长的要求，班主任要在最短的时间内高效完成各项工作，如果班干部不能胜任，就会面临着机会错失的风险。这既是城区学校科层化管理风格的体现，也是城区学校功利型师生关系的体现。

相反，农村学校的班干部当选门槛低，由于农村学校管理工作并不繁重，学校活动简单单调，班干部的职位成为教师培养学生能力的抓手和教师情感寄托的载体，班主任选择班干部的主要目的在于培养优秀学生和承认特定学生的优秀。因此，这种机会往往只落在极少数成绩优秀的学生身上，因为他们是农村教师在乡村枯燥教育中获得成就感的不易光源，为数不多的优秀学生成为农村学校中稀缺教育机会的主要受益者。

三　农村教师精力的倾向性分配

理论上来讲，农村学校学生少、管理事务简单，教师可以对学生因材施教，教师的精力分配能够公平惠及每一个学生。然而，从农村学校的教育实践来看，教师们实际上将主要精力倾向性地投入成绩优异的极少数优秀学生身上，班干部的选择即是体现之一。

农村学校的教师之所以将主要精力放在优秀学生身上，源于学生自身的独特性质和教师所获得的成就感。从优秀学生自身的特点来讲，由于农村学校是生源的流出地，经济条件较好和成绩十分优异的学生都转到城区学校或乡镇学校就读，农村学校留下的优秀学生，多是家庭条件较差但是热爱学校且还有很大提升空间的学生。在匮乏的经济环境和教育环境下，农村学校的优秀学生更加渴望学习知识和改变命运，他们试图跳出落后环境的欲望十分强烈，因此他们的学习积极性高，自制能力强，同时具有极强的可塑性。只要老师稍加关注，优秀学生们就会有所反应，如获至宝，积极表现，即刻见效。

案例 4－20：刘茹雪是锦绣小学六年级最优秀的学生，但是由于家中有四兄弟姊妹，父母在家养猪，家庭开销大，家境一般，在好友进入县城或省城读书后，她的父母却无力将她送到乡镇学校读书，一直在村小就读。她在学业上对自己要求严格，“我知道我的课外知识不足，在语数英综合赛的时候，没学过的知识都考。可是我一般不买书，妈妈说不知道有没有用，就不买给我。”她每天放学回家后，要帮忙带弟弟，干家务，但是一定会保证完成每天的作业，另外预习、复习课本。因为她自制力强，热爱学习，学校老师们都特别关照她，她的成绩也一直稳居年级前列，经常代表学校去参赛。（访谈编号：2018－04－18LXL；2018－04－19HCD）

案例 4－21：北远小学三年级学生胡思思，父母在家承包鱼塘，一直以来都没挣到钱，结果有一年发大水，家中 200 亩鱼塘全被水淹了，亏损严重，导致家庭经济特别困难。正因如此，她学习反而更加积极了，老师们也对她十分关注，后来她被评上了全县普通小学优秀少先队员，这在村小是一项难以想象的至上荣誉。（访谈编号：2018－06－21YLS）

农村学校的优秀学生在学生流动潮流下逐步流失，他们一方面会感觉到无奈；另一方面却有幸获得了教师的青睐和关注，收获更多的教育关注和指导。对于他们而言，学校教育和教师指导是可获得的唯一的教育资源，因此会倍加珍惜。

从老师的角度来讲，由于农村教育环境差，难以产生成就感，农村教师会在个人回报感和个人付出感、他人回报感和他人付出感之间进行衡量，如果出现付出—收入的失衡，就会产生不公平感，影响工作满意度①。在既有的环境下，农村教师对优秀学生倾注精力和投入关注更易获得成就感。尽管在农村学校中缺乏科学完整的教育评价体系，但是在学校中最显见的教育成绩就是学生的成绩表现和能力表现。如果有幸培养出能够与城镇学校优秀学生媲美的学生，教师也会获得荣誉感。一般来讲，优秀学生在对外竞争中的出色表现是农村教师和农村学校成就感最重要的来源。

案例 4 - 22：林甫县草堂小学每年要参加全县的语数英综合赛，需要先在镇里选拔，每个年级都需要参加，每个年级需要选 6 个学生参赛，因此老师们将主要精力放在培养种子选手上，希望这些优秀学生能够为学校争光。（访谈编号：2018 - 03 - 27PLS）

留在农村学校的学生中还有少部分学生如刘茹雪和胡思思一般，他们在逆境中没有放弃自己，只要有教师们阳光雨露般的滋润就能够绽放，老师们也会在种子选手的培养上投注更多精力。不过，目前留在农村学校中具有先赋性特质的优秀学生数量太少，资质一般，能力一般，而中间学生和后进学生的比重非常大。老师们之所以较少将精力放在后两部分学生身上，原因在于优秀学生少，班级中以中间学生和后进学生为主，若要将负向层次结构转变为正向层次结构，就要在中间学生身上使力。然而，由于优秀学生人数太少，难以带动中间学生，中间学生要进步，需要通过展示名次表现出来，但因优秀学生始

① 姜超、邬志辉：《农村教师工作满意度形成机制分析——以亚当斯公平理论为框架》，《教育导刊》2015 年第 7 期。

终占据前几名而难以提高名次，因此中间学生缺乏成就感和积极性。相反，后进学生对于中间学生的影响大，同学之间玩玩闹闹就能够打成一团，增进友谊，结成“娱乐性联盟”，教师难以将他们的“娱乐性联盟”转化成“学习性联盟”，因此会选择放弃他们。案例 4－23 是长峡小学杨老师的心态表述。

案例 4－23：“以前人多，能够相互学习，相互影响，会针对差生把知识点讲通。现在人少，考试都是前三名，没有竞争，对差生的辅导少，靠他们自己去悟透”。（访谈编号：2017－11－22YLS）

由于后进学生对学习不感兴趣，缺乏目标指向，很少思考自己的未来，不论老师如何使力，都难以改变他们自由散漫、目中无纪的性格和行为。王欧从断裂的知识链条、“坏习惯”的牵引、“被确定”的学习目标[①]（实际上是无目标的状态）三个方面总结学校底层学生的特征，与笔者关注到的现象基本一致，他们的这些特征使得教师缺乏改造他们的动力。此外，随着国家严管师德师风建设，不允许教师体罚学生，教师要引导学生学习，先要改变学生的不良习惯，但由于担心纠偏不当，会给自己带来麻烦，因此老师们尽可能地避免触碰教学管理中的“硬钉子”，任由后进学生自生自灭。一旦任由后进学生放纵，中间学生在恶劣的学习环境中就会变得难以把持，容易受到后进学生的影响，不仅不学习，还跟着捣乱。因此，老师们事实上已从心理和行为上放弃了对他们的教育与培养。

综括来看，农村学校中的班级结构是负向层次结构，学生的规模和学生的层次决定了教师精力分配的策略。教师在教育投入和教育回报之间会进行衡量，从成本—收益的角度选择将主要精力放在优秀学生身上，较少关注中间学生和后进学生的成长，任由他们自生自灭。这种选择看似有悖教育伦理，却是农村学校教育环境和班级结构倒逼的理性选择。

---

① 王欧：《文化排斥：学校教育进行底层社会再生产的机制》，硕士学位论文，华中科技大学，2011 年。

四　策略型师生关系

欧阳静曾在其博士学位论文中使用“策略主义”概括基层政权的运作逻辑，策略主义的逻辑是指乡镇政权缺乏稳定、抽象和普遍主义的运作规则，而是功利主义地将各类方法、技术、规则、手段和策略——不论其性质和实施成本如何——作为运作的规则①。“策略主义”的核心逻辑是着眼于某个暂时的或阶段性的目标，缺乏对长远目标的谋划。她对“策略主义”的定性，使“策略”具备了学理意涵，策略是在既有情境下的理性选择或最优选择，但缺乏前瞻性和长远性。策略主义与功利主义相关，但不等同于功利主义，功利主义具备原则性和整体性，但是策略主义集中于既有环境的妥协和短期目标的实现。从当前农村学校教师的教育实践来看，教师在选择班干部和分配精力时，具有明显的策略主义倾向，所形塑的是一种策略型的师生关系。

农村学校的师生关系以教师作为绝对主导，师生关系性质的“策略性”主要体现在教师的行为选择上：一是教师教育目标选择的指向性明显。教育是一项复杂的事业，教育目标包括知识教育、行为教育和能力培养，教育对象包括学校的所有学生。然而，由于农村学校的生源质量不高，后进学生多，而培养少数优秀学生的成本低、效率高，故而教师从教育投入成本—收益的角度考虑，将主要目标放在培养优秀学生的能力和提高优秀学生的成绩上。二是教师善于规避教育风险。教师拥有教育精力和教育机会的分配权，在精力投入和机会分配中，教师们善于绕过后进学生，尽可能避免与后进学生接触，一方面出于投入效率的考虑，担心投入无法见效或见效慢；另一方面则是出于规避冲突的考虑，因改造后进学生可能会触碰燃点引发冲突，因此农村教师普遍对后进学生的关注和投入不多。

农村教师们的策略选择，是在农村学校既有环境下所采取的不得已而为之的选择，因此不对之进行价值判断。不过，从后果上来看，教师的策略性投入却可能对农村教育造成毁灭性打击。尽管农村教师

① 欧阳静：《策略主义与维控型政权》，博士学位论文，华中科技大学，2010 年。

还未对优秀学生放弃希望，正在试图通过个人努力给予他们发展的希望，但是农村学校中优秀学生数量少，甚至一所学校没有一个“值得培养”的学生，而大量的普通学生在无助的结构中“享受”宽松自由的学习环境，看似释放了天性，实则毁灭了未来。此外，教师的策略选择本身具有偶然性，这种偶然性既与环境有关（是否有教师看得上的优秀学生），也与教师自身定位有关（愿不愿意对优秀学生投入关注），这就会使教师的教育行为变成一种主观活动，学生的受教育状态变得极其不稳定，从而使农村学校的教学管理质量难以得到有效保障。

第四节　“农村人员贫弱化”与脱嵌型家校关系

一　留村就学的学生家庭结构与自主教育

当前，我国农村家庭主要是以半工半耕作为家庭积累和家庭发展的家计模式，结合家庭成员和工农业生产的特点充分释放家庭劳动力资源。家庭劳动力数量越多，参与市场的程度越深，家庭资本积累能力越强。相反，家庭劳动力数量越少，参与市场的程度不深，家庭的资本积累能力就较差。因此，村庄中的中上层家庭基本上是家庭劳动力强或参与市场程度高的家庭，底层家庭是家庭劳动力弱或参与市场程度弱的家庭。

劳动力弱的家庭包括劳动力数量少、劳动力体力差和劳动力能力差三种类型，比如夫妻离婚、老人去世、能力不强等都是家庭劳动力弱的具体原因。参与市场程度弱的家庭包括拒绝进入劳动力市场、进入劳动力市场的时间晚、维持在劳动力市场工作的时间短三种类型，有些家庭的青壮年因打工受约束不愿外出打工，有些人在年纪较大时进入劳动力市场却无法找到满意的工作，有些人打工三心二意，赚到钱了就辞工回家，没钱了再外出打工①。在市场经济和教育城镇化的

① 雷望红：《阶层流动竞争与教育风险投资——对甘肃宁县“陪读”现象的解读》，《中国青年研究》2018 年第 12 期。

影响下，农村家庭劳动力的变现能力决定了家庭的经济实力，进而影响到农村户籍学生所能够享受到的教育资源和教育机会。留在农村学校就读的学生，多是出自残缺家庭或弱质家庭，相同的特质是经济条件差，不同的是贫穷原因不一样，有的学生是父母离异、有的是父母身体不好、有的是爷爷奶奶身体不好父母要在家照料、有的是父母能力差无法融入市场等。那么，农村社会就会自然生产出“农村人员贫弱化”的话语，认为留在农村的村民是劣等村民，留在农村学校的学生是劣等学生。

案例4－24：宁平县一所农村学校的校长发出这样的感叹，“经历几十年的高考，智力高的人都考走了，留下的都是智力差的，生下来的孩子都是不行的。打工经济发展，有本事有能力的，留在城市了，没能力的就留在农村了。现在农村学生，都是智力差的”。（访谈编号：2017－12－06JXZ）

在校长看来，农村社会经历了高考选拔和市场经济两轮筛选，筛选出来的都是进城的精英，留下来的都是家庭条件差、智力平平的人员。尽管言论有些偏激，但是从侧面反映出城乡之间和农村社会内部的分层状况，日前留在农村学校就学的大部分学生家庭经济条件确实不如意。在这样的家庭结构中，不论父母是否在家，学生是否留守，学生家庭所能给予的教育支持都十分有限。原因在于，农村学生家长的教育支持能力不足，在活跃的市场经济条件下，留在家中未外出务工的家长，多是劳动力不足、能力不足或要照顾老人的家长，他们在教育能力或教育时间投入上同样不足。

案例4－25：黄西县平津小学学生家长蒋晓梅，此前跟老公一起在外打工，在公公去世后，就回来照顾婆婆和孩子，老公一人在外做木工，一人挣钱供全家花。现在小儿子在平津小学读三年级，蒋晓梅说，“我文化水平低，什么都不懂，教不了他，现在的六年级相当于以前的初一、初二，我老公读了初二，还可以教老二学习，我是教不了了。我儿子语文不行，我给他买课外书，他不看，作文书也不看，

我不知道该怎么办，我还担心小孩叛逆”。（访谈编号：2018－05－23JXY）

案例4－26：林甫县两水镇锦绣村的刘静姝12岁，就在村里小学读四年级，有一个弟弟一个妹妹，父亲在附近乡镇做建筑工，母亲在县城衣架厂上班，两人每天早出晚归。刘静姝说父母对她管得很严格，经常被打骂。“爸爸有时候严格，骂我几句，妈妈很严格，因为我不听话会打我，有一次，要去别人家喝喜酒，我不想去，被妈妈用管子打了一顿。如果我学习成绩低于80分也会被打，有一次考试只有70多分，就被妈妈用木棍打了很多下。我知道妈妈是为我好，我爱学习，每天会回来写作业，写完作业就照顾妹妹，但是妈妈不会给我买书，说浪费钱”。（访谈编号：2018－04－19LSJ）

家庭的自主教育支持包括经济支持、文化熏陶和时间陪伴等各个方面。在经济支持方面，留在农村学校就读学生家庭经济条件有限，不过，由于义务教育免费，家庭要花费的费用不多，家长会缴纳学校所收取的正常费用，但是在市场特长培训、学校晚间托管等方面的投入意愿不高，有些家长还会限制子女购买课外图书，比如案例4－26中刘静姝的家长不会给孩子买书，认为买书是浪费钱。在文化熏陶方面，农村家长的文化水平普遍不高，以小学和初中文化水平居多，他们的文化鉴赏能力和知识引导能力有限，既缺乏直接的文化熏陶，也无法跟随当前知识体系变化的步伐，因此在这方面对子女的正向影响弱，案例4－25中的蒋晓梅在如何引导儿子读书上感到深深的无力感。上述两个案例中的学生家庭都缺乏文化鉴赏能力，在知识引导方面也不足，蒋晓梅给儿子买书，儿子不愿意看，而刘静姝的父母则是通过打骂的方式激励孩子学习，虽然有一定的效果，但是不会持久。在时间陪伴上，外出务工的家长无法在场陪伴孩子，在家的家长因农业生产工作细碎、劳累，难以即时陪伴子女学习，大多只是督促子女完成作业，但督促的效力有限，很多农村学生无法完成家庭作业。还有一些赋闲在家的家长拥有不良习惯，如打牌、赌博、玩游戏等，也会影响学生的学习心态。

从农村学生的家庭结构来看，留在农村学校就读的学生家庭对子女的教育支持能力十分有限，他们缺乏维持和转换子女教育获得的各种形式资本，这将影响到家长对学校教育的参与状况和家庭发展对学校教育的依赖程度。这也就意味着，家庭环境的局限使得学生必须更多地以学校为学习阵地，他们要早早地脱离家庭影响自主支配自身的学习和生活①。

二　农村学生家长的学校教育参与

李书磊曾将学校看作村落中的国家代言人②，学校与村落之间的关系，不仅仅是意识形态的单向灌输，更重要的是建立了国家与农民之间的关系纽带与责任体系。在“人民教育人民办”时期，农村小学的发展一方面依靠国家确立教育框架并给予学校一定的运转经费；另一方面由村集体负责解决。在《玉林教育志》③ 中记载了当时中小学教育经费的来源。

> 解放后，教育经费以政府拨款为主，收费筹募为辅，县经费来源：一、国家拨款；二、民办自筹；三、收学杂费及民办统筹费；四、勤工俭学；五、单位集资；六、单位、干部、职工、群众捐资助学；七、从税收中附加教育费。
>
> 1952 年起人民政府把中、小学经费包下来，按月拨给办公经费、教师工资。
>
> 1958 年以后，贯彻“两条腿”走路的办学方针，中、小学，耕读班民办教师的报酬，采取民办公助的办法解决……
>
> 办学经费的另一来源是向学生收取学杂费，各级学校均按照自治区规定的中、小学生学费标准执行。

在中华人民共和国成立后的很长时间里，农村小学的运转需要依靠民间力量的大力支持，主要是依靠农民力量维持运转，“民办自

① 顾辉：《教育：社会阶层再生产的预演一项对 H 市两所高中的研究》，博士学位论文，上海大学，2010 年。

② 李书磊：《村落中的国家》，浙江人民出版社 1999 年版。

③ 玉林为林甫县所在市。

筹”“收学杂费及民办统筹费”“群众捐资助学”等都是依赖农民力量，比如农民通过集资建设校舍、缴纳教育税费、支付教师补贴等来维持运转。当时，学校、家庭和村庄三者融为一体，家—校—村关系和谐，家长信任学校，学校有教育担当，村庄中的能人和干部从中协调家校关系，促进教育发展。在调研中，有两个案例能够反映出村办教育时期家—校—村三者关系的和谐状态。

案例 4 – 27：宁平县河滩小学现在使用的校舍还是 90 年代由农民家长捐赠苞谷建立起来的，家长们十分支持学校发展。学校为了有效管理，从村民中选择一名有威望、热心肠的老人担任家长代表。家长代表负责处理家校之间的矛盾、学生打架斗殴引起的家长之间的矛盾等。校长也经常会主动请老人到学校坐坐，了解家长对学校的看法，提出一些实用的建议。（访谈编号：2017 – 12 – 06JXZ）

案例 4 – 28：1986 年 6 月 30 日，黄西县西路小学（现已撤并）正准备放暑假，结果天降暴雨，电闪雷鸣，当时校舍没有防雷设备，雷电当场击中教室里的学生，其中 2 名学生当场死亡，重伤 7 名学生，总共击伤 30—40 名学生。事件发生后，校长带领教师紧急抢救，安顿伤亡学生家属，村民们则参与抢救和安顿工作，村委会出资为两名学生死者各买了一口棺材。在伤亡如此惨重的情况下，家长们没有怪罪老师，包括两名死者的家长也没有怪罪老师，更没有到学校要求赔偿，教育组同样没有降罪处罚校长，因为大家都认为这是天灾而非人祸，不是校领导管理不力的问题。（访谈编号：2018 – 05 – 26YXC）

上述两个案例展示了村办教育时期，农村学校与家庭和村庄是相互嵌入的关系，学校发展是家庭发展的希望，也是村庄发展的荣耀。当学校出现问题时，村民和村委会干部会形成集体合力推动学校运转，三者之间形成的是荣辱与共的共生关系。

随着农村教育逐步国家化，即农村学校成为国家包办的公办学校，彻底纳入国家行政管理体系中，村庄力量逐步退出了教育参与的历史舞台，不再发挥实质性作用，家校之间的关系也发生了变化。当前家校关系是一种自上而下的责权关系，即从理论上要求家庭参与到教育发展事业中，无论家庭是否有参与能力，都必须参与学生教育发展的过程。丁亚东指出，学校教育、家庭教育和社会教育作为三大教育系统影响着学生的发展，家庭教育环境作为教育环境的基础，是学生成长和发展的家庭生态系统，家庭教育包括家庭基础设施、家庭经济收入情况、父母职业等硬环境，也包括家庭教育理念、家风、父母与子女的关系等软环境①。当前的教育实践愈加强调家庭教育的重要性，以及家庭参与学校教育的作用。因此，在不断强调家庭教育重要性的今天，农村家长也被裹挟着参与到学校教育中。

农村家长参与学校教育的方式有四种，包括家长见面、微信沟通、活动参与、家委会。家长见面有家长主动见面和家长被动见面两种，后者俗称为“请家长”。在农村学校，家长主动到学校的可能性小，除非学生在学校中受到了家长认为的“不公”待遇，家长可能会到学校找老师讨说法。“请家长”更多时候发生在学生出现越轨行为时，教师请来家长沟通情况、交流问题、寻找解决办法。

随着信息技术的发展，微信技术被引入学校管理中，家长群作为家校沟通的媒介，发挥了及时沟通家校关系的重要作用。不过，微信群在农村家长中虽然能够推广，但是存在运行管理和运行效率的问题。由于一些学生家长不理解家长群的功能和意义，经常在群中乱发信息，要么发泄情绪肆意谩骂，要么发送与教育无关的无聊信息，扰乱群中秩序，教师劝解无用，还可能会引发家校冲突。此外，由于农村家长文化水平有限，微信群中的互动少，以教师发放通知为主，使用效率不高，且增加教师的管理麻烦。因此，许多农村学校在考虑种种问题之后索性不建家长群或解散家长群。

农村学校的活动参与是学校向家长展示的契机，而不是将家长作为资源拓展的手段。一些农村学校在举行重大活动时会邀请家长参与，学校最盛大的活动是六一文艺会演。在文化生活单调的乡村社会，学校举办的六一文艺汇演不仅是学校的活动，更是整个区域社会的盛会，因此家长参与程度和普通农民的参与度都很高。家长的这一参与实际上是作为观众观看节目，只具有观赏性质，区别于城区学校

① 丁亚东：《家庭教育、学生成绩与社会再生产》，《当代教育论坛》2018 年第 5 期。

学生家长参与的活动所具备的组织功能和资源动员功能。

按照规定，学校应当成立校级家委会、年级家委会和班级家委会，从不同方面加强家长和学校之间的联系。农村学校因学校规模小，事务相对简单，只能建立形式上的校级家委会。家委会作为家长自治组织，具有参与学校管理的权力和职责[①]，因此要选举出具有管理能力和热心校务的家长。然而，农村学校缺乏足够有能力的家长参与学校管理，加之存在其他不可控因素，因此影响到家委会的建立。

案例 4－29：平津小学全校 290 名学生，原本决定选择 10 个左右家长担任校级家委会成员，结果最终选择了 5 人，从一至五年级中各推出一名家长担任家委会成员，由班主任推荐产生。5 名家委会成员的特点是：（一）愿意支持学校工作；（二）文化水平在初中及以上；（三）学生在校表现不错；（四）在本地有一定声望。该校校长在组建家委会这一问题上感到为难，“（农村）家长素质不高，明事理、看得懂账的家长极少，要有一定的文化基础。还有，找了之后不好乱说话，否则容易引起纠纷”。该校成立家委会后还未发挥过实质作用。（访谈编号：2018－05－28YY；2018－05－28WAG）

从政策意图来看，家委会作为教育民主化的一部分，有利于促进学校教育民主化进程，教育部门要求建立家委会，给予家长参与学校管理和协商民主的权利。然而，在农村学校，家校关系的互动以学校主动作为为主，家长不仅较少参与学校管理，而且很少主动关心学生成长。家校之间的互动实际上是一种形式上的浅层互动，互动形式多样，但是参与者少，且难以进行深度交流，家长实际上处于教育缺位状态。

三　农村家庭教育的学校依赖

农村学生家长的教育缺位是家庭既有结构产生的客观结果，即不是家长主观上不愿去关注学生成长，而是他们不知如何去关注，其背

① 陈立永：《学校家长委员会建设范式的转型》，《教育科学研究》2011 年第 7 期。

后所涉及的实质问题是教育权力与教育能力的问题。农村家长自身缺乏知识教育和行为教育的权威和能力，在他们看来，学校才是教育的核心主体，因此高度依赖学校教育，依靠家长既无法承担家庭教育的责任，也无法承接学校所期待的家庭参与。

在农村，家长逐步丧失了教育孩子的合法性，难以树立起教育孩子的权威。原因在于，一方面家长缺乏教育孩子的能力，不论是在知识引导还是行为教育方面，家长都因文化水平限制，不能指导和说服孩子听从自己的教诲。他们在存量知识、逻辑思维、经验见识等方面已经滞后于时代发展，在与孩子沟通时，只会通过说教的方式说服教育，他们所掌握的道理可能已经不符合时代潮流，或者无法从逻辑上让孩子接受。另外，还有一些学生因为留守的原因怨恨父母没有照顾他们，从心理上剥夺了父母教育他们的合法性。

案例 4－30：夏秦莉是一个孩子的母亲，曾经在外打工，后来专门回来陪孩子上学。她在教育孩子的问题上感到非常无助：“我也辅导孩子，（但是）做对做错也不知道，文化低了，看不懂。现在儿子进入了叛逆期，我说他，他说（我）啰唆，（我）说（他）几句，他就走了。我常跟他说‘如果你考不上高中，就别想读书了’，他反击‘我还是童工，我是不会出去打工的’。他说话一套一套的，我说不过他”。（访谈编号：2018－05－23）

夏秦莉的境遇是大多数农村家长所遭遇的共同问题，农村家长们共同面临着“前喻文化”被“后喻文化”所侵蚀和统治的危机[①]。时间不仅冲淡了父祖辈的知识记忆，而且还改变了知识教育体系和社会认知体系，留在乡村中的家长们由于缺乏现代社会的洗礼，难以跟上时代的潮流和社会的进步，但学生们却因处于学校场域中始终与社会和时代保持着紧密的联系，因此农村父祖辈的经验、思维和原则与子孙辈的见识、逻辑和理念之间已经出现了文化隔阂，前者无法通过说

① ［美］玛格丽特·米德：《文化与承诺：一项有关代沟问题的研究》，周晓虹、周怡译，河北人民出版社 1987 年版。

服教育统治后者的头脑，也难以改变他们的偏向性行为。

另一方面家长缺乏教育子女的有效手段，不论是威慑式教育还是诱导式教育都不再有效。威慑式教育是指家庭中的打骂教育，打骂是通过负向惩罚威慑子女，以期他们的不良行为向着优良行为改变的教育方式。在独生子女政策见效以前，家长经常使用暴力威慑手段责罚孩子，如同刘静姝的家长一般，通过制造剧痛感和营造严肃气氛起到教育的作用。然而，在独生子女政策发挥作用之后，孩子数量少，多数家长舍不得使用暴力方式教育子女，因此这一教育方式逐渐式微。不论在家庭中还是社会上，威慑教育都失去了教育的合法性和合理性，随之兴起的是诱导式教育。诱导式教育是通过物质需求或精神需求的满足来引导子女接受教育的方式，前者如奖励金钱、购买零食、购买玩具等，后者如口头表扬，前者比后者更能起到立竿见影的效果。不过，随着物质生活水平的改善和提高，农村社会中的物质也逐步丰裕，物质需求的奖励逐渐失去了市场，即使是农村的孩子也可以随时通过哭闹获得物质补偿，家长们溺爱孩子使他们不需要改变自己的行为就可以满足物质需求。若要正向激励孩子，家长只能通过他们日常难以获得的物质刺激来激励他们，但大额的物质奖励又与农村家庭经济实力不相匹配，因此物质上的激励作用也明显锐减。

农村家长在教育上的权威和能力无法与教育发展理论中对家长教育的要求相匹配，他们自身不懂教育，高度信任教师，因此希望学校能够承担教育的更多责任，许多家长寄希望于教师细致周全的教育。然而，事与愿违，农村学校的教师出于规避责任的考虑，他们在学生出现问题时仍然将学生及其问题推回给家长，家长又解决不了，由此进入了“家长管不了，老师不敢管”的教育困局和责任推诿的死循环。

四　脱嵌型家校关系

理论上的家校关系是一种伙伴性合作关系，需要家校之间相互合作、共同推进教育目标的实现[①]。尽管伙伴性合作关系未明确界定家

---

① 陈桂兰：《建立新型家校关系，推进素质教育》，《厦门教育学院学报》2000 年第 2 期；陈亨：《拓展家校联系途径，培育良好家校关系》，《华夏教师》2017 年第 3 期。

校之间的合作界限，但是确定了家校之间合作的关系性质。然而，从农村学校的教育实践来看，留在农村学校就读的学生家庭结构决定了家长参与学校教育的程度不深，教育能力有限，家长处于客观和主观均不在场的状态，以至于学生及其家庭高度依赖学校教育，难以形成平等而有效的合作关系，家校之间实际上是一种脱嵌型关系。

具体来讲，脱嵌型家校关系包含两个方面的含义：一是家庭教育责任的脱嵌。由于农村学生家庭教育条件的限制，学生家长不在场或在场却缺乏教育能力，家长既无法参与到学校教育中，比如活动参与、学校管理，也无法保障学生接受完整而有质量的家庭教育，如性格培养与习惯养成等。因此，在家庭和学校之间无法形成明确的教育责任分工，学生家庭在教育上处于缺位的状态。二是家校沟通互动的脱嵌。由于家校之间缺乏明晰的教育界限，同时家长缺乏教育参与的能力，农村学校中的学生教育责任基本上由学校承担。然而，农村学校作为教育系统中的最底层，教育发展乏力，难以给予农村家庭发展的希望。对于学校而言，他们认为学生家庭教育能力匮乏，与家长之间缺乏沟通的必要。对于家长而言，他们认为农村学校缺乏发展的希望，不愿意了解学校以及学生发展的状况，因此家校之间的互动沟通极少。

脱嵌型家校关系不是农民家庭和农村学校有意为之的结果，而是农民家庭教育能力的真实表征，也是农村学校教育发展的无奈之举。教育理论和政策要求明确了家校合作的必要性，农村家庭却无法满足不切实际的教育要求，农村学校只能全权承担学生教育的全部责任。通过分析农村学校的家校关系，能够获得两点启发：一是农村学校自身的特殊性决定了在教育城镇化发展的过程中，农村学校无法按照政策要求或理念所期待的样子发展，农村学校教育始终处于整个教育体系的底端；二是教育是一项多重结构相互嵌合和多重目标相互叠合的事业，既要满足教育体制的变迁，也要符合农民家庭的特征，既要满足国家教育的目标，也要满足农民家庭的目标。因此，农村教育的发展需要根据农村教育环境与农村教育特性寻找合适的发展切口。

第五节　小结：保底型教育与城乡教育二元结构

国内部分研究者认为农村教学点将长期存在，他们从就近入学便利和保障公平而有质量的教育角度考虑，主张保留教学点和支持教学点振兴计划①。然而，当前中国社会正处于工业化和现代化的快速发展过程中，不可否认城市化是我国社会发展的必然趋势，城市社会的繁华与便利吸引了部分农村人口进城，同时也抑制了人口从城市向乡村流动，因此我国农村学校的学生和教师具有明显的向城性，城区学校吸纳了乡村学校的生源、师资和资源，形成了明显的教育高地和教育洼地。在教育资源的流动过程中，城区学校依靠自身优势积累了大量资源，形成有力的生源结构与师资结构，具有强大的发展能力和发展动力。相反，乡村学校则不断面临着资源流失的困境，生源结构被破坏，师资结构松散无力，农村学校的完整结构被打破，缺乏发展的动力和能力，因此农村学校只能维持基本的教学管理秩序，提供最为基本的保底型教育。

所谓的保底型教育，是指农村学校在松散的教育管理、策略型的师生关系和脱嵌型的家校关系中，无法为学生的教育发展提供动力和可能，大多数学生在教育实践中实际上早已被放弃，他们提前失去了依靠教育获得发展的机会。这一整套运行体制只能让农村学校保障农村学生最基本的入校就学的权利，却不保护学生从教育体制中获得发展的权利。这也就意味着，城乡之间的教育差距，使得学生的命运在入学之初就已经被决定，学生所处的学校决定了他们获得何种教育以及是否能够依靠教育获得成功，甚至直接决定了他们的未来。简言之，教学点和其他小规模农村学校只能保障最基本的入学权利，却无法给予农村学校中的学生依靠教育获得发展的希望。由此可见，当前

① 邬志辉：《打通教育扶贫的“最后一公里”》，《智慧中国》2016 年第 7 期；党建伟、张耀东等：《农村教学点标准化建设思考》，《标准科学》2018 年第 12 期；张金龙、秦玉友：《小规模之痛：农村教学点发展困境与应对政策——当地教师的声音与“规模效益”实践取向批判》，《四川师范大学学报》（社会科学版）2019 年第 2 期。

城乡教育格局实质上并没有缩小城乡教育二元结构的差距，反而在教育城镇化的负外部性影响下，不断扩大城乡教育之间的鸿沟，加剧城乡教育二元结构的失调。

当前，城乡教育二元结构从教育起点、教育过程和教育结果三方面充分体现出来。从教育起点上来看，城区学校的学生所获得的教育资源来自学校、家庭和社会等多个方面，农村学校的学生只能获得学校单方面的教育资源；从教育过程来看，城乡学校的学生在学校中所获得的教育质量差异明显，城区学校通过精细化的学生管理囊括学生教育的各个方面，包括知识教育、行为教育和能力培养，乡村学校在这三方面的教育能力上都不尽人意；从教育结果来看，城乡学校的学生依靠教育发展的结果呈现出完全不一样的结果，前者充满希望，后者结局早已注定。由此可见，当前我国农村学校的教育实践与坚持小规模学校的教育理想之间存在着巨大的张力。

学界一直将城乡教育二元结构归因于教育资源的城乡差异，即认为有限的教育资源不断地向城市地区聚集，逐渐形成教育领域内的“马太效应”。教育资源的匮乏，使得城乡教育双轨并行的状况一直存在，因此主张推动城乡教育一体化①。事实上，教育资源的投入（指物质资源）只是其次，更为重要的是教育结构的差异。农村学校的教育结构遭遇破坏和瓦解，使得城乡之间的教育实践差距越来越大。从社会整体效益来看，在教育城镇化的趋势下，尽管有部分农村家庭的学生成功进城就读，但大量的农村学生由于经济条件限制，无法获得城区的优质教育，他们只能接受日益劣质化的乡村教育，这些因家庭能力无法接受优质教育的家庭，成为教育体系中的边缘者，被彻底地排斥出教育发展的结构中。一言以蔽之，教育城镇化并未解决城乡教育二元结构对立的问题，而是将教育责任极力地推向家庭，通过家庭经济实力来获得教育资源，由此使得教育的城乡差异更加凸显，从而造成城乡之间无法逾越的教育鸿沟。

---

① 杜薇、李炳煌：《教育城乡二元结构与教育城乡一体化两难的超越》，《学理论》2018 年第 6 期。

第五章　发展型教育：乡镇学校的资源结构与运行机制

本章的主要任务是分析乡镇学校的资源结构及其运行状态，据此总结出乡镇学校的教育性质，并寻找城乡义务教育均衡发展的可能道路。这一章的研究需要回答的核心问题是，农村学生的教育需求如何进行有效供给，即何种教育环境/教育供给适合农村学生，如何保障农村学生的教育权利以实现城乡义务教育均衡发展。研究发现，乡镇学校的资源结构具有自身独特的集聚效应，一方面依靠自身的中间位置能够保障完整的师生结构；另一方面则面临着城区学校对优质师生资源吸纳的威胁，既能及时回应学生及其家长的教育诉求，同时需要时刻保障师生资源的稳定性，因此学校建立了民主化的管理模式，形塑出共生型师生关系和协商型家校关系。在师生规模优势和师生流失威胁的影响下，乡镇学校的总体结构呈现出发展型教育的特点，保障乡镇学校的发展有望成为推动实现城乡义务教育均衡发展的可能道路。

第一节　乡镇学校的资源结构与集聚效应

在城乡义务教育发展的研究中，乡村教育作为区别于城区教育的另一端教育形态被研究。由于乡村教育包括乡镇教育和农村教育，二者在资源结构、教育能力和教育质量等方面存在明显差异，故而需要将乡镇教育和农村教育分开进行研究。在第三章和第四章的分析中，城区学校的农村学生由于学校的拥挤效应无法接受公平的教育，难以真正融入城区教育体系中，农村学校的农村学生则因学校的反鲶鱼效应缺乏教育活力，学生教育的发展性权益难以得到保障。乡镇是城市与农村之间的过渡地带，具有自身的资源集聚优势，同时保持了与乡村的距离，成为解决乡村教育问题的最佳结点。

与城区学校和农村学校相比，乡镇学校依靠各方面的优势可以形成集聚效应。集聚效应（Agglomeration effect）是经济学中的专业术语，是指各种产业和经济活动在空间上集中产生的经济效果，以及吸引经济活动向一定地区靠近的向心力①。集聚效应的优势在于因规模经济与范围经济效应形成成本优势、能够促进分工和合作，享有区域与品牌优势。乡镇学校类似于具有集聚效应的经济空间，尽管具有一定的规模，但是规模不至于过大而产生信息传递速度慢、资源机会被稀释、管理官僚化等问题，同时能够通过同质要素的集聚形成竞争优势，构成教育共同体参与外部教育竞争。乡镇学校的资源集聚，一方面能够使之依靠自身特点和政策倾斜建立完整的管理制度和运行体系；另一方面能够形成自身的比较优势和品牌效应，形成学校发展的核心竞争力，由此推动实现城乡学校之间的实质公平与竞争发展。

乡镇学校的资源集聚效应体现在人力资源和物质资源两个方面，具体情况见表5－1。

表5－1　　**三县乡镇学校人力资源配置状况**

所在县	学校名称	学生数（人）	班级数（个）	平均班额（人/班）	教师数（人）	师生比
宁平县	土沟中心小学	198	6	33.00	29	1∶6.83
宁平县	临江中心小学	1377	26	52.96	78	1∶17.65
林甫县	金狮中心小学	2118	30	70.60	103	1∶20.56
林甫县	两水中心小学	821	42	19.55	42	1∶19.55
黄西县	王集中心小学	681	14	48.64	36	1∶18.92

① 梁琦、王斯克：《集聚效应、选择效应及其对区域生产效率的影响》，《华南理工大学学报》（社会科学版）2019年第1期；武优勐、毛中根、朱雨可：《城市的消费集聚效应影响劳动力流入吗？——基于35个大中城市面板数据的分析》，《经济与管理研究》2019年第1期。

续表

所在县	学校名称	学生数（人）	班级数（个）	平均班额（人/班）	教师数（人）	师生比
宁平县	土沟初级中学	122	5	24. 40	27	1∶4. 52
宁平县	临江初级中学	1016	24	42. 33	97	1∶10. 47
林甫县	金狮第一中学	1411	20	70. 55	91	1∶15. 51
林甫县	金狮第二中学	1355	21	64. 52	81	1∶16. 73
黄西县	王集初级中学	600	12	50. 00	57	1∶10. 53

注：表格数据根据调研访谈资料整理而来。

根据表5－1的数据显示，乡镇学校的师生结构呈现以下四个方面的特点。

一是学校学生规模适中，上述学校的学生人数大多数都在500—2000人之间，仅有2所学校因乡镇规模小而只有不到200人的规模，有1所学校因乡镇规模大而超过2000人。二是学校班级数量能够形成比较规模，10所学校中有8所学校的班级数量能够保证每个年级有2个及以上的班级，每个年级有2个班级，能够使班级之间进行比较和竞争，激发班级的发展活力，只有2所学校因生源规模小而无法成立多个班级。三是班级规模不够均质，但是大多数班级的班额适度。按照国家规定的标准，低于30人的班级是小班额班级，超过55人的班级属于大班额或超大班额的班级，上述乡镇中小学中，有2所学校的班级为小班额班级，3所学校的班级为大班额班级，5所学校的班额适中。四是教师配备充足，师生比均高于国家标准。按照乡村中小学的师生比规定，小学师生比为1∶23，初中师生比为1∶18，上述学校无论小学还是中学，师生比均高于国家标准，这意味着乡镇中小学的教师数量配备充足。

乡镇学校之所以一直能够保持稳定规模的学生和师资，在于乡镇学校作为城区学校和农村学校之间的中间地带，既是师生资源的流出地，也是师生资源的流入地，在一出一入之间，尚且能够保障学生和师资的规模。即使有教师流失，但是乡镇学校每年仍然能够分到新教师。学生的流动情况以黄西县王集镇中心小学为例。

案例 5－1：王集镇中心小学自 2015—2018 年三年来，转入转出学生共计 360 人次，转入转出学生持平。转入流向有三种：（一）乡村片小的学生转到中心小学；（二）随迁子女返回家乡学校就学；（三）私立学校成绩较差的学生转回公立学校。转出流向为中心小学的学生转到县城学校或乡镇私立学校。转入学生与转出学生人数基本持平。（访谈编号：2018－06－04PS）

教师的流动情况以林甫县金狮镇第一中学为例（见表 5－2）。

表 5－2　　金狮镇第一中学特岗教师招聘人数和保留人数（2007—2017 年）　　单位：人

年份	招聘人数	保留人数	备注
2007	10	2	—
2008	0	0	—
2009	1	0	调至县纪委
2010	3	0	分别调至玉林交通局，调到玉林岷山初中，自主择业
2011	1	0	转到小学
2012	1	1	—
2013	0	0	—
2014	1	1	—
2015	1	1	—
2016	3	3	—
2017	2	2	—

注：表格数据根据调研访谈资料整理而来。

从表 5－2 中可以清楚地看出乡镇学校的特岗教师一直处于变动状态，一方面几乎每年都会有新分配的教师，但是每年都会有教师离开。教师流动原因主要有两点：一是想到城区工作；二是不愿意做老师。尽管乡镇学校的教师队伍不稳定，但是由于每年可以新进教师，还是在一定程度上保证了乡镇学校在师资队伍上的平衡。

与师资分配相似的是，乡镇学校在教育物质资源的分配上同样具有一定的优势（见表5－3）。

表5－3　　　　**三县乡镇学校物质资源配置状况**

所在县	学校名称	生均经费（元/年）	生均经费总额（万元）	项目资源	项目金额（万元）
宁平县	土沟乡中心小学	600	11.88	刷新宿舍和教室、食堂设备、课桌椅、音体美器材	20＋
宁平县	临江镇中心小学	600	82.62	塑胶跑道	50＋
林甫县	金狮镇中心小学	600	127.08	办公楼翻新、运动场改造、升旗台、排水沟、围墙、图书室、综合楼建设等	630
林甫县	两水镇中心小学	600	49.26	综合楼、学生宿舍	330
黄西县	王集镇中心小学	600	40.86	厕所、教师周转房、操场、围墙	200
宁平县	土沟乡初级中学	800	9.76	附属工程、运动场	62
宁平县	临江镇初级中学	800	81.28	教学楼、宿舍、教师周转房	900
林甫县	金狮镇第一中学	650*	91.72	教学楼、宿舍楼、多媒体设备、图书室	1000
林甫县	金狮镇第二中学	650*	88.08	宿舍楼、综合楼、教学楼加层、足球场、教师周转房	530
黄西县	王集镇初级中学	800	60.80	广场、教学楼、校园绿化、餐厅、教师周转房	400

注：1. 表格数据根据调研访谈资料整理而来。

2. ＊所标注的数据之所以为650，原因在于国家规定初中阶段每人发放800元/年的生均经费用于保障学校的日常运转，但是金狮镇第一中学每生每人只能领到650元/年，其余经费用于教育局日常运转和补贴其他学校。

从表5－3中可以看出，乡镇学校的物质资源配置相对充足。从生均经费的角度来看，大多数学校每年都能够获得相对充足的运转经费，生均经费总额根据学生人数而定，8 所学校的经费超过 40 万元，学校日常运转基本有保障。从项目资源的角度来看，尽管乡镇学校的项目额度不大，但是各项设施基本上配备齐全。相比于农村小学，基础设施、设备的配置已经延伸至运动场、塑胶跑道、宿舍楼、广场、餐厅、教师周转房等，项目需求要高于农村学校。根据学生规模计算，项目资源的使用效率相对较高。

将上述三表和调研情况结合来看，乡镇学校与农村学校相比，具备两个方面的发展优势：一是生源集聚优势。乡镇学校在教育城镇化的过程中，既是生源流入地，也是生源流出地，农村生源流动的两个流向分别是城区学校和乡镇学校，乡镇学校是农村生源的流入地，而部分乡镇生源也会流向城区学校。即使在生源非理性流动的情况下，乡镇学校仍然能够维持一定的生源规模，一些乡镇学校甚至扩大了生源规模。乡镇学校能够聚集生源的原因在于，乡镇学校在基础设施、师资力量、教育质量和学生活动等方面与农村学校相比具有明显的优势。此外，乡镇学校位于乡镇政府驻地，政府驻地是镇域范围内的经济、文化和政治中心，交通便利，信息流通和物质流通的速度快，对于教育发展同样形成促进作用，因此能够吸引农村生源到乡镇学校就读。二是教师集聚优势。农村学校发展受限的重要原因是师资力量的更新难和流动快，无法为学生提供稳定质量的教育。农村教师流失的原因是多方面的，比如农村教育环境差、教师成长速度慢、发展前景差、难以获得成就感等。乡镇学校可以依靠生源规模、项目资源和区位优势解决上述问题。当学校的生源规模达到一定的程度，学校既能够建立起完整的教育管理体系和教师培养体系，还能够增加学校的运转经费，争取更多的建设项目，提高学校的环境，教育环境、教师成长、发展前景、职业成就等方面的问题都可以迎刃而解。

与城区学校相比，乡镇学校同样拥有两点发展优势：一是学生具有同质性特征，在教育上能够做到公平对待和有的放矢。在城区学校，学生来源复杂，不同学生的教育目标和家庭特点存在差异，城乡之间的差异最为明显，而城区学校以城区学生为主开展教育实践，农村学生被置于边缘位置。相比之下，乡镇学校的学生来源单一，主要是乡镇辖区范围内的学生，不论是镇街学生还是农村学生，家庭结构特征基本相似，家庭的阶层属性差异不明显，学生及其家庭的教育需求和教育期待具有一致性。因此，乡镇学校在教育实践中，能够明确教育方向，针对学生特点和教育需求提供与他们的结构特征匹配的教育公共品。

二是乡镇学校保持了与乡村的适度距离，有利于降低家庭投入成本。国家已于2007年实行城乡免费义务教育，但并不意味着农村学生进城读书是免费的，农民家庭要承担因城区教育资源供给不足所带来的附加生活成本和市场教育成本。因此，只有部分中上阶层的农村家庭才有能力将子女送到城区就读。在乡镇学校就读，可以通过两种方式减少农村家庭的教育成本：一种是提供校车接送服务，因乡镇处于镇域的中心位置，从乡镇学校到各个村庄的时间不会太长，尤其在平原地区，学生可以早出晚归①；另一种是提供寄宿服务，若因家校往返距离远、时间长，可以实行周寄制、旬寄制（10天）或月寄制（一般为周寄制），学生每周或每10天或每月回家一次，宿舍由学校提供②。后一种方式在山区和平原都可以实行，寄宿制度既可以增加学生在校学习时间，也可以减轻家长的经济负担和教育负担。

不过，需要注意的是，由于城区学校具有极强的资源吸纳能力，一方面会不断地吸引学生和教师进城，尤其是吸引优秀学生和优质师资进城；另一方面会因生源规模和师资规模获得更多的项目资源。因此，城区学校的资源吸纳能力会对乡镇学校的发展形成一定的抑制和威胁。此外，乡镇学校面对的教育对象主要是农村学生，农村学生所处环境和思想行为与现代教育体系的要求之间存在着一定的张力，学校教育和改造学生的压力相对较大。总体来讲，乡镇学校的教育任务要比城区学校和农村学校更为复杂。

---

① 江永清：《转型缺口与回应时滞：转型期农村校车服务政策变迁》，《农林经济管理学报》2015年第2期；董少林、蔡永凤：《农村公共服务的有限理性与集体理性——以农村校车服务为例》，《江西社会科学》2014年第9期。

② 王学男、吴霓：《“后撤并时代”寄宿制学校对农村留守儿童关爱与教育的挑战与可能——基于江西、四川两省的调研》，《湖南师范大学教育科学学报》2019年第1期；张玉卿：《农村寄宿制学校学生住宿有效管理的实践与研究》，《学周刊》2019年第6期。

第二节　简约型管理架构与民主化管理模式

乡镇学校具备一定的生源规模和教师规模，学校教育管理事务较为复杂，学校的教师数量足够建立完整的管理队伍。因此学校根据自身特点建立了简约型管理架构，服务学校日常教育与管理工作。在这一管理框架下，学校实行了教师管理的综合激励制，结合制度管理和人情管理两种方式管理教师，实行分类引导的方式管理学生，针对不同类型的学生进行特殊化的培养。

一　乡镇学校的灵活事务与简约型管理架构

从乡镇学校的资源结构及其特点来看，乡镇学校在教育管理上面临三方面的压力：（1）师生具备一定的规模，学校的日常管理事务相对繁多；（2）教育对象主要是农村学生，农村学生缺乏家庭教育、市场教育和社会教育，高度依赖学校教育，学校的管理任务更加复杂；（3）学校面临着学生和师资向教育高地流动的风险，时刻遭受着城区学校吸纳师生资源的压力。因此，乡镇学校需要建立完整的管理构架以应对上述压力，同时要有效缓解压力并完成教育管理任务。

乡镇学校根据自身实际能力和教育管理要求设置管理架构，乡镇学校管理架构分为四个层次：第一层次为校长，全面负责学校各项事务，校长与副校长对接，不另设校长办公室；第二层次为副校长，协助校长处理学校事务，负责各个部门的联系沟通工作，一般只设1名副校长，副校长直接与中间部门和中层领导对接；第三层次为学校的中间部门，包括办公室、教导办、总务办、政教办和大队部/团委，这些部门的职能与城区学校和农村学校相应部门或相应人员所承担的职能相似，其中乡镇学校教务办和政教办要承担更多的越轨治理和保学控辍的任务①；第四层次为教育管理事务最终的承接主体——班级，

① 乡镇学校在越轨治理和保学控辍上的任务多于城区学校和农村学校。与城区学校相比，乡镇学校位于乡镇，乡镇作为一个半熟人社会，学生更容易受到乡村环境的不利影响，从而动摇他们的教育观念和教育行为，以致出现越轨和辍学等问题。而农村学校的学生都是小学生，他们的思想和能力不太成熟，因此越轨行为和辍学行为相对较少。

其中包括各个班级的班主任、各科教师和学生（见图5－1）。

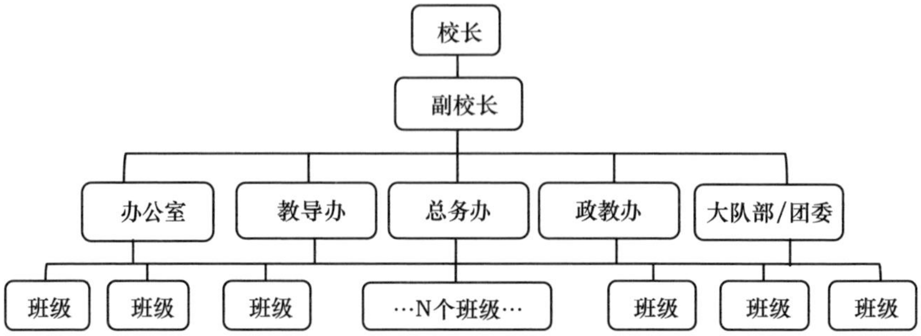

图5－1　乡镇学校管理架构图

在此需要特别说明两点：一是三个层次学校对事务部门的称呼不一样，城区学校称为“处”，乡镇学校为“办”，农村学校为“主任”，三者的差别是前两类学校成立的是组织，“处”的规模大于“办”，主要差异在人数上，农村学校不需成立组织，只需由一名干部负责所有事物；二是三个层次最终对接的主体不一样。城区学校和乡镇学校对接的是班级，农村学校对接的是班主任，差异在于前一类学校事务相对复杂，需要不同的事务对应不同的责任主体，包括各科教师、班主任和学生，后一类学校事务相对简单，多线工作只需对应同一责任主体即班主任。

乡镇学校的管理架构具有简约性特征，简约性是相对于城区学校的复杂性和农村学校的简单化而言，城区学校多层次的管理架构能够包揽各项事务，但是信息的传递速度慢，沟通成本高，农村学校扁平化的管理架构能够快速传递信息，沟通成本低，但是事务承担能力有限。简约性的管理架构则不仅能够在不复杂的组织框架下承担各种事务，而且信息传递速度快、沟通成本低。因此，乡镇学校一方面能够进行明确的专业化分工，使得教师们各司其职；另一方面则能够完成各类管理事务，保障学生接受完整的教育训练。比如乡镇学校可以正常开设各类课程，组织教师相互帮扶学习，为学生开设兴趣小组，成立少先队或学生会等。

案例 5-2：宁平县临江中心小学为提升教师教学水平，学校一方面会不定期查看教师的备课情况；另一方面实施推门听课制度，校长亲自带头推门听课，通过采取部分措施督促教师不断自我反思和自我学习。老师若出现错误，校长或其他校领导会心平气和地针对问题进行沟通。（访谈编号：2017-12-05CAH）

案例 5-3：黄西县王集中心小学为开展少年宫活动，成立了多个社团，包括硬笔书法、象棋、文学社、竖笛、舞蹈队和腰鼓队等，还开展了经典诵读活动，每年有运动会、六一儿童节等大型活动。在王集小学读三年级的罗兵兵同学说，“我喜欢王集小学，因为学校里有大操场，可以玩游戏，地方大，每次大课间还可以做武术操、跳校园舞”。（访谈编号：2018-06-04PS；2018-06-03ZT）

案例 5-4：林甫县金狮中心小学从 2012 年开始开展少年宫活动，活动项目包括书法、绘画、音乐、舞蹈、科技、少林拳、舞龙、中国鼓、朗诵等，其中中国鼓已经发展成为该校的特色项目。此外，学校能够组建少先队，完成每日针对班级的量化评分工作。（访谈编号：2018-04-02ZJLZ）

乡镇学校在管理内容上与城区学校具有相似之处，能够建立完整齐全的管理架构，为教师和学生提供各类教育服务，比如上述案例中所涉及的教师指导和文化活动等。但是由于管理层级少，学校能够打通校长/校领导和教师/班级之间的直接联系，如案例 5-2 中临江小学的校长能够直接进入班级听课，既能够形成对教师的直接压力，同时能够给予教师鼓励和信心。

管理架构中第三层次和第四层次的对接，暗含的是简约性的另一重含义，即乡镇学校不完全依赖组织架构和制度规约，在组织和制度之下拥有一定的自主性和灵活空间，在学校发展上可以适度调整教育行为，利用非制度力量完成制度性工作和非制度性工作，比如一些缺乏具体指向责任主体的工作依靠校领导面子交给一些本不需负责的教师做。

案例 5-5：2018 年是林甫县城乡义务教育均衡验收的攻坚之年，

当年年底要完成省级验收工作。林甫县金狮镇第二中学的验收任务重，资金压力大，为了不影响工期，不耽误验收工作，学校李校长动员教师利用节假日自己动手建设校园。李校长亲自绘制文化墙，带领教师粉刷校舍墙壁、涂写大门口的校训等，为学校建设节省了不少经费。这些工作本不属于教师义务，没有任何补贴，但是在面对学校发展困难时，教师们看在校长的面子上接受了任务并圆满地完成了任务。（访谈编号：2018－04－06LPC）

金狮镇第二中学的老师本无参与建设的义务，但是看在校长的面子上参与了建设工作，这意味着，在乡镇学校简约型的管理框架下，校领导与教师之间的关系不是官与民的关系，而是平等的责任主体，二者之间形成的是教育共同体，共同为学校发展承担责任。学校领导包括校长不只是纯粹的管理者，还是管理过程的参与者。如金狮中心小学张校长所言，“学校校长的角色就是生产队长的角色”。生产队长既要安排工作、领导工作，同时自身也要参与劳动，乡镇学校的校长角色与之如出一辙。

简约性管理架构能够顺应乡镇学校面对的复杂教育环境，依靠自身灵活的组织框架应对各类管理事务，同时也存在一定的管理风险。由于学校管理与正规制度之间存在一定的空隙，即学校的运作不是完全依据制度规范行事，因此学校的发展在一定程度上依赖校领导的能力与魅力，若校长具有卡里斯玛特质，学校的发展就具有明朗的前景。反之，校长若消极作为，学校的发展就会出现偏差。比如黄西县王集镇中心小学的校长由一名转业军人担任，该校长缺乏管理经验和管理热情，学校依靠副校长投入精力管理校务，但是副校长缺乏合法权威，因此调动教师积极性难。

二　教师管理的制度＋人情制

科层化管理适合于人员规模大、管理事务复杂的组织，客观、理性、清晰的关系能够提高管理效率。然而，乡镇学校不能完全依靠科层制度管理教师，原因在于，乡镇学校处于城乡发展的中间地带，学校规模能够为教师提供发挥才能的空间，表现优秀的教师拥有向外发展即调入城镇学校的机会。相比之下，乡镇学校要比城区学校的危机感强，若单纯依靠制度规则激励教师，学校就会缺乏足够的吸引力留住优秀教师。因此乡镇学校的教师管理在制度管理的基础上，融入了人情管理，通过情感感化留住教师。

乡镇学校的制度管理同样以量化评分和绩效考核作为标准。量化评分以班级为单位，考察班主任的班级管理工作。绩效考核考察全校所有教师的德、能、勤、绩等方面的工作。班主任的考核内容包括量化评分成绩和绩效考核成绩，普通教师的考核主要是绩效考核内容。根据上述标准，学校将教师管理工作分为两块，一块是日常管理，另一块是结果考察，前者是对学校管理秩序的维护，后者是对学校教学管理成绩的考察。

学校的日常管理由校领导和学生干部负责，他们每天检查学校日常工作的开展情况，记录每个教师的工作状态，校领导每天会管理教师签到、检查教师上课情况、查看科室工作状态、记录调课状况等，学生干部每天要检查学生做操、佩戴红领巾、教室卫生、朗读状态、班级纪律、活动纪律、好人好事、违规违纪等情况，每个项目都有评分标准和具体分数，每天结算分数、公布排名。

学校教学管理成绩的考察在期中和期末进行，在期中测验和期末考试之后，学校会对各个班级和各个学科的考试情况进行排名，排名后向教师公布，作为教师教学工作成绩的主要参考指标，纳入绩效考核内容中。管理工作的考察一般安排在学期末，教育部门和学校内部会对学校的整体工作和教师的个人工作进行检查，对教师的检查内容包括课程备课、课堂展示、课后总结、作业修改、学期总结等，所检查的工作都是作为教师的常规工作，基本上都能够完成。

量化管理和绩效考核具有两个层面的作用：一是能够形成学校管理的完整框架，明确教师的工作方向，保障学校管理秩序的正常运行。二是能够形成对教师发展的激励，两项制度的运行都是依靠绩效考核制度背后的奖励性资源作为支撑，奖励资源包括绩效奖金、优秀教师称号、岗位晋升机会和职称获评机会。尽管教师之间绩效奖金的差距不大，但是荣誉称号和晋升机会对教师具有明显的激励作用，是对教师工作成绩的肯定，是教育成就的证明和获得感的重要来源。

不过，需要注意的是，如果仅仅依靠制度激励，乡镇学校的发展与城区学校的管理相比缺乏优势，必然会出现乡镇学校优秀教师向城区学校快速流动的情形。因此，乡镇学校依靠人情管理巩固教师之间的感情，为教师营造良好的工作氛围。翟学伟将“人情”定义为由个体发生的将心比心而来的同情心①，它的运作方式同情理社会相契合。乡镇学校就如同一个没有被完全科层化的情理社会，在管理中预留了一部分施展情理、进行人情交换的空间，即通过人情管理搭建校长与教师之间的情感纽带，润滑教师关系和辅助学校管理。

人情管理体现在两方面：一是软化制度执行，尽可能多为教师考虑，在不涉及原则问题时维护教师利益。比如，按照绩效考核制度，教师请假要扣分扣钱，但是在实际计算时酌情考虑。

案例 5－6：宁平县土沟乡中学段校长说：“在绩效上，以前请一天假，要扣 20 元，扣 1 分。现在我只扣 2.5 元，扣 0.1 分，（只是）象征性地扣。有人情味，就特别暖和。以前不怕，啥事情都扣 50 元，心上不暖和，（老师们）就叛逆了。现在加班，还会给他们算上加班费。”（访谈编号：2017－12－08DQ）

案例 5－7：临江中心小学一些教师住在城区，孩子也在城区上学，有时教师家属在孩子放学时没空接送时，需要教师提前离校去接孩子。按照学校制度规定提前离校要扣工资，但是校长考虑到这种特殊情况，若教师在不影响自己工作的情况下提前说明，校长会予以特殊照顾，不予惩罚。（访谈编号：2017－12－05CAH）

二是工作之外的情感沟通，通过人情往来、解决生活困难等方式联结和巩固教师之间的情感联系，强化教师对学校的认同。金狮镇中心小学张校长直言：“学校管理一要靠制度，二要靠情感才能管好学校。”许多乡镇学校深知与教师进行情感沟通的重要性，将人情往来作为与教师沟通的媒介。

---

① 翟学伟：《人情、面子与权力的再生产》，北京大学出版社 2016 年版。

案例5－8：土沟乡中心小学李校长将走人情当作润滑教师关系的重要方式，“老师家的红白事，只要提前通知，我肯定去，必须参与。我不参加老师家的人情不合适，一来对方会觉得是不是我对他有看法，二来我去捧场后会支持我开展工作。在八项规定之前，老师们之间都会相互去，八项规定之后，学校班子成员会去参加普通老师的红白事，但是他们不能参加我们的红白事。若无八项规定，都会去，润滑关系，什么工作都可以顺利开展。另外，哪个老师生病了，我一定会去看，买一箱牛奶，不给钱，其他老师也都会私下去看，这是交往必要，老师们关系处理好了，每天干工作也更顺心”。（访谈编号：2017－12－07LXZ）

人情管理是一种去制度化的管理方式，能够通过软化制度执行和情感沟通拉近校领导与教师之间的距离，缓和学校管理制度的严肃面向，淡化教师工作环境的紧张感，有利于形塑学校内部的情感共同体。当学校领导和教师、教师和教师之间通过日常生活互动形成情感共同体，教师之间相互合作和帮扶就成为自然，比如教师之间换课、代课、教育交流等方面的工作就容易进行，老师之间相互打好招呼并在教导主任处备案即可。相比之下，城区学校在严格的管理制度下，老师之间临时换课还需要经过学校统筹安排，不仅程序复杂、交易成本高，而且经常会出现临时找不到代课人的情形。人情管理虽然具有去制度化的倾向，但是不会取代制度，而是在制度允许的范围内发挥作用，因此不会破坏学校管理的基本规则。

总结来看，尽管乡镇学校与城区学校同样拥有一定的教师数量以建立完善的管理制度，但由于乡镇学校存在教师流失危机，学校需要通过情感融入的方式感化教师，使他们形成对乡镇学校的认同，如此才能更加愿意留下来为学校服务。相比之下，城区学校不存在教师流失危机，同时因为教师规模更大，教师之间的竞争更加激烈，难以通过人情感化的方式团结教师队伍，城区学校缺乏人情管理的动力与能力。因此，严肃的目标责任制适合城区学校，而制度＋人情管理的方式更加符合乡镇学校的教师管理。

三　分类引导式的学生管理

学生管理的内容包括知识教育、行为教育和能力培养，乡镇学校拥有相对充足的教师，基本能够开足开齐课程，保障知识教育，并能够通过组建兴趣小组、开展各类活动完成行为教育和能力培养。在具体的教育管理过程中，乡镇学校按照因材施教和效率最优的原则对学生进行区分管理。区分管理的方式有两种，一种是实施重点班制度，另一种是分类管理，区分的目的在于让每一位学生都能够受到与之相匹配的教育，同时提高学校的管理效率和教育成绩。

重点班制度是基于知识教育的差异化考虑，根据不同学生的学习基础和学习兴趣进行分类，热爱学习和成绩优秀的学生分在同一个层次的班级中，存在厌学情绪和成绩一般的学生分在另一层次的班级中，多会分为两轨或三轨，两轨分为重点班和普通班，三轨分为实验班、重点班和普通班。不同类型的班级所配备的师资力量不同，所侧重的教育重点也不一样。在实验班和重点班，学生的基础好，授课教师在讲授课程基本知识之后，还能对学生进行提升训练。在普通班，学生的基础相对较差，授课教师的基本任务是为学生讲通讲透基本知识，保障他们能够掌握基本知识。

由于小学阶段学生所学知识的难度低，学生的知识教育实则是一个夯基的过程，小学生还具有极强的可塑性，难以判断出学生的发展状况。而到了初中阶段，初中的知识体系以小学知识作为基础，如果学生在小学阶段没有打好基础，到了初中会出现学习吃力的问题，学生的塑造难度提高，学习表现相对稳定，因此，分班管理一般发生在中学，乡镇小学较少实行分班管理。

乡镇中学实行重点班制度还存在两点考虑，一是要抑制本乡镇学生外流到城区学校，尤其是要抑制优秀生源的流失，学校故而通过划分实验班或重点班为优生配置优质师资，以此作为留住乡村学生的交换资源。二是要提升学校的升学率，参与与城区学校和乡镇学校的教育成绩竞争，即学校从自身发展和比较竞争的角度来讲，同样存在设立重点班的需求和动力。

案例5－9：金狮镇第二中学在七年级时实行均衡分班，七年级升八年级时开始按照成绩分班，分为重点班和普通班，然后对重点班的学生进行重点培养，一是为重点班配置学校最优秀的老师，二是学校增加重点班学生的学习时间，比如在节假日为重点班的学生免费补课。位于同一乡镇的一中从七年级开始就根据成绩实行两轨分班，为重点班配置经验丰富的老教师，从八年级开始重点突击。两校普通班的学生都是按照正常进度上课。（访谈编号：2018－04－06LZR）

案例5－10：黄西县王集镇中学分为实验班和普通班，每个年级有一个实验班，但是由于很多学生在小学时转到县城上学，留在农村小学的学生基础普遍较差，导致现在实验班和普通班之间的差距缩小，普通班的学生学习习惯不好，上课听讲不认真，作业完成得不好。不过，如果不分重点班，所剩不多的优秀学生受到后进学生的影响更大。（访谈编号：2018－06－05HQS）

对于乡镇学校而言，实施重点班制度的客观合理性在于，由于乡镇学校的优秀生源的比重并不高，若完全平衡分班，不同学生之间学习基础差距过大，教师授课难以平衡，要么让优秀学生“吃不饱”，要么让后进学生因“消化不良”而厌学。通过将不同学生分配在不同类型的班级中，既能使不同层次的学生在不同层次的班级中接受适合自身基础的知识教育，如案例5－9中金狮镇两所初中一样，又能够保护优质生源获得相对优质的教育资源，提高学校的教育效率和教学成绩，两个案例中相关学校都存在这一考虑。

乡镇学校的重点班制度确实存在尖子生选拔、资源分配不均、损害教育公平等方面的问题，因此一直以来备受诟病[①]。国家从法律层面要严令禁止设置重点班，在《义务教育法》第22条中明确规定“学校不得分设重点班和非重点班”，要求必须均衡分班，并将之纳入城乡义务教育均衡发展验收项目中。不过由于乡镇学生的优秀生源

① 李先军：《初级中学重点班制度与教育公平》，《教育学术月刊》2008年第1期；吴全华：《义务教育学校重点班制度应该废止——兼析因材施教的误用及后果》，《教育科学研究》2010年第10期。

比重低、人数少，若优秀学生平衡分配到不同班级，会形成与农村学校班级类似的普遍的负向层次结构，从而会影响甚至破坏优秀学生的学习状态。此外，由于乡镇学校缺乏足够优秀的教师引导优秀学生，无法满足优秀学生的学习欲望，可能会降低优秀学生的产出率和学校的教学质量。因此，一些乡镇初中学校在生源流失压力和校际竞争压力之下，顶着违背禁令的压力和风险，不得已通过各种方式将优秀学生集中起来教学，以此保障学校的教学成绩。当然，小学和部分中学并未实行差异化的分班模式，而是实行均衡分班。

由于乡镇学校的学生主要来自农村家庭，家庭教育缺位，规则意识模糊，学校经常发生打架、斗殴、学生恋爱、辍学等行为，因此乡镇学校在行为教育和能力培养上的任务要比城区学校繁重。学生们在组织、表达、沟通等方面能力也相对较弱。因此，一些乡镇学校会利用学生组织和兴趣小组等课外资源规范学生行为、培养学生能力。比如王集镇初级中学学生会有 15 人，由班主任推荐名单，政教处调查确定，推荐原则不一定按成绩，而是要求学生有服从意识、工作积极认真，且有一定的组织能力，这种选择标准给予学习成绩并不突出的学生锻炼机会。

分类管理是基于学生兴趣和能力差异而成立学生组织、开展社团活动进行学生管理的方式，意在发挥他们的特长和才能，培养他们的综合能力。城区学校和乡镇学校都建立了学生社团和兴趣小组，但是学生社团和兴趣小组的参与群体不一样。在城区学校，由于学生规模过大，资源分配和成长机会具有竞争性，学校将资源和机会分配到能力强、基础好的优秀学生身上，使得学生组织和兴趣小组实际上成为优秀学生展示自我的舞台，而后进学生缺乏获得资源和参与成长的机会。在城区学校，少先队干部和学生会干部都是品学兼优的学生，兴趣小组的学生则多来自城区经济条件较好的家庭，因他们从小参与各种培训班，因此在选拔兴趣小组的成员时更多倾向于那些有基础的学生。

在乡镇学校，一方面由于学生规模适度，管理资源和培养机会的竞争性不强；另一方面由于不同层次的学生关注点不一样，热爱学习的学生在学业上的成长空间大，他们更愿意将时间用在学习上，普通学生对于学习不感兴趣，但是其中不乏积极热心的学生，愿意为学校发展做贡献，后进学生虽然调皮捣蛋，但是机智灵活，愿意参与社团活动。因此，乡镇学校给予所有学生自主参与的机会，学生大多数能够按照自己的爱好选择兴趣小组，并能够借助管理机会培养自身能力，这些活动资源和管理机会也成为乡镇学校管理越轨学生的重要治理资源。

案例 5－11：金狮镇第二中学曾经特别容易发生打架事件，后来学校成立了三级学生会。一级是校级学生会，主要负责组织学校的大型活动，督促其他学生组织工作，监督值周班管理学生。校级学生会成员 10 人，由团委牵头，班主任推荐，通过演讲竞选出 30% 的优胜者作为校级学生会干部，主要考察组织能力、管理能力和口才，以高年级居多。二级是年级学生会，主要负责本年级的工作，管学生纪律、学生仪容仪表、协助年级主任和政教主任开展本年级的工作，包括打架斗殴等问题的监督和纠察（值周班的功能与之交叉）。三级是村级学生会，本校学生主要来源于 7 个村，每个村成立一个村级学生会，每个学生会 8 人，每个年级都有威信高、家族势力大的学生，就选这些人作为村级学生会干部。他们的职责是在负责学生放假和上学路上的安全，路上有人被欺负了要及时报告，发现本村人出现矛盾时要及时向学校反映。经过三级学生会管理实践，学校里打架斗殴现象明显减少。（访谈编号：2018－04－06LPC）

案例 5－12：宁平县临江中学以前经常出现打架的现象，2016 年还出现过学生打架之后家长来闹事的情况。学校为了抑制打架事件的发生，采取了三种方法：一是班主任在班内安排眼线，二是每个年级成立学生自主管理委员会，三是安装监控。目前学校的打架现象有所减少。（访谈编号：2017－12－06MWX）

金狮镇第二中学的三级学生会成员，多是一些学习一般但是在学生中有一定威望的学生。临江中学安插的眼线和自主管理委员会成员，同样是成绩不好、混迹于后进学生之中，但是还有一定责任感的学生。这些学生参与学校管理，监督学生校内外的动态，有利于将矛盾化解在萌芽时期，抑制打架等越轨行为的发生。对于他们自身而言，则能够获得为学校管理和贡献的机会，既承认了他们在学校的价值，也有利于锻炼他们的能力。

分类管理的优势在于通过资源机会与学生需求相匹配，以此保障不同类型的学生受到合适的知识教育、行为教育和能力培养，不仅能够使有限的资源得到高效利用，而且能够因材施教关注每个学生的成长。分类管理的过程相对复杂，需要不同学校结合学校自身特点匹配资源，否则就会造成资源浪费和人才培养的失误，因此一些乡镇学校并不能完全做到物尽其用、人尽其才。不过，从总体上来看，不论是班级分配的重点班制度，还是资源—机会分配的分类管理，乡镇学校都未放弃培养任何一类学生，只是侧重于根据学生的特点给予他们不同的教育资源和教育机会。

四　乡镇学校管理的优势与危机

“民主”一词源于古代希腊社会建立社会管理制度的期待与实践，在社会制度构建中强调对个体权利和个体价值的尊重，“民主建基于对公民管理自身事务与决定自身命运的能力的信任，其道德基础是每个人都是目的而不是实现他人意志的手段”①。乡镇学校针对教师和学生的管理体现出明显的民主化倾向，不是自上而下的政策执行，而是基于个体的现实需求进行制度改进。民主化倾向区别于科层化倾向，后者分工明确、责任确定、任务清晰，前者在分工、责任和任务上相对模糊，但拥有一定的自主空间。在教师管理和学生管理中，能够感知到教师和学生所拥有的自主空间。对于教师而言，学校的规章制度具有伸缩空间，校长在执行政策时能够根据实际情况酌情考虑。对于学生而言，学校为学生提供不同类型的教育培养方案和教育培养空间，学生可以根据自身的兴趣和能力进行合适的选择，无论是优秀学生还是后进学生，都能够找到自身在学校中的位置，但是这一位置并不固定，可以根据学生自身的能力进行调试。乡镇学校的民主化管理通过给予学校发展的自主空间，一方面有利于学校结合自身特点和

① 徐祖胜：《试析推进教育民主化》，《中国教育学刊》2011 年第 11 期。

优势进行发展；另一方面则有利于学校面对和解决所处环境的特殊化问题。

乡镇学校的管理优势是拥有一定的学生规模和教师规模，不需要建立复杂的管理架构，依靠对教师的制度—人情管理和对学生的分类引导教育，就能够保障学校的日常运转和稳定发展。不论是教师管理方式，还是学生管理方式，都与正式制度存在一定的张力，这一非制度空间为乡镇学校解决自身难题和应对外在压力提供了可能，使得乡镇学校的学生能够享受公平的教育，并为农村学生通过教育获得发展提供了可能。

然而，乡镇学校的这一管理方式面临着内部风险和外部压力。内部风险表现在两方面：一方面是来自教师管理上的风险，学校给予教师管理的自主空间，能够根据教师的实际情况酌情软化制度约束，学校意在借此举动稳定教师队伍。这也就意味着，教师拥有与校领导谈判的资本，可以借助自身的地位优势反制校领导，比如进一步软化制度约束，或者不服从学校管理。如果将学校中的教师和校领导之间的关系比作市场中的买卖关系，教师就如同卖方市场，学校领导相当于买方市场，乡镇学校的教师队伍面临着供不应求的局面，因此教师能够获得针对校领导的谈判资本。仍以黄西县王集镇中心小学为例。

案例 5 - 13：王集镇中心小学彭副校长坦言现在教师不好管，“那些年轻老师总想往上走（即往县城调），只有 5—6 个老师上进，其他老师都不主动做事，让他们做会做好，但是多余的坚决不做。他们还想尽法子钻空子，比如请假，一旦开头宽松，就有老师会攀比请假。有一个老师，看别人请婚假请了 3 天，她说别人请了几天她也要补回来，实际上她并不需要那么多天假”。（访谈编号：2018 - 06 - 04PS）

另一方面则是来自学生管理上的风险，学校通过分类管理的方式给予学生自主选择合适自身的教育空间和教育机会，爱学习的学生可以进入实验班或重点班强化知识教育，不爱学习的学生可以利用学校的活动资源和管理机会锻炼自身能力。乡镇学校的分类管理和自主空间能够因材施教，但是存在两点问题：一是使学生们所接受的教育不够完整，优秀学生花费大量时间学习，缺乏学习之外必要活动的滋润，后进学生虽有机会参与活动和管理，但难以保障他们获得必要的基础知识；二是学校的分类教育给予学生充分的自主，使部分学生自我堕落具备了合法性，比如有些学生放纵自我，既无视学习，也不参与管理，学校可能就直接放弃对他们的管理和教育。在几乎所有的乡镇学校中，都存在这种类型的学生。

乡镇学校的外部压力来源于城区学校吸纳生源和师资的威胁，尤其是吸纳优质生源和优质教师的威胁。乡镇学校中的优秀生源在小学阶段已经经历过一次筛选，在初中阶段，仍然有学生陆续转学。若学校不依靠自主空间建立自身的竞争优势，保障学生公平接受教育的权利和获得教育发展的机会，乡镇的优秀学生就会被城区学校挖走，学生流失的速率会更高。

此外，随着国家对学校办学行为规范化的要求越来越严格，乡镇学校的人情管理和自主空间会越来越小。若完全按照科层化的方式管理学校，遵循绩效考核制管理教师，并按照学校既有资源为学生分配资源，乡镇学校与城区学校管理没有差别，乡镇学校在管理上就缺乏自身的优势，那么就可能出现教师丧失教学积极性、后进学生被忽略的可能，最终不仅导致学校的整体教育质量下降，而且学生的教育公平也会遭致破坏。更严重的后果则是，农村学生和乡村教师进一步流失到城区学校，乡镇学校的发展迟滞甚至被替代。

第三节　多种班级层次结构与共生型师生关系

由于乡镇学校所处的环境相对复杂，一方面面临着城区学校的生源吸纳；另一方面面对着缺乏校外教育的农村学生，教育管理和教育发展的压力大。因此学校采取灵活多样的形式划分班级，班级规模结构呈现出正向层次结构、负向层次结构和稳态层次结构三种类型，其中以稳态层次结构为主。在三种类型的班级结构中，学生自主选择发展方向，优秀学生均以学习为主，中间学生将学习和管理结合起来，后进学生有机会参与学校管理。在具体的班级管理中，教师根据学生发展特点分配教育资源和教育机会，师生之间形成共生型关系。

一　乡镇学校的生源规模和层次结构

乡镇中小学的学生规模多为500—2000人，平均班额多在30—50人之间不等，特殊学校会出现人数低于30人或高于50人的情况。上文中提及，乡镇学校中的生源经历过一波流失潮，一部分中小学生进入城区学校，其中包括优质生源的流失。为了保障不同学生接受与之相匹配的教育，部分乡镇学校实行差别分班，即实行重点班制度，将学生按照学习基础的差异分为几种类型的班级，另有部分学校根据政策规定实行平衡分班。在两种类型的班级中，学生的层级结构存在差异。

差别分班模式的学生层次结构由分班标准所决定，实验班和重点班以学习成绩作为标准划定班级成员，同一层次的不同班级按照S形①分配学生，保障各班之间的均衡。普通班的学生由挑选优秀学生剩下的学生组成，同样按照S形分配。平衡分班模式的学生层次结构按照优中差的等次分配，每个班级各个层次的学生数量相当。

在差别分班模式中，实验班和重点班的学生分层结构呈现出正向层次结构，而普通班的学生分层呈现出负向层次结构。以林甫县金狮镇第一中学为例。金狮镇第一中学实行两轨制，分为实验班和普通班，以七年级的实验班和普通班为例。

案例5－14：七年级共6个班级，其中2个实验班，4个普通平行班，两种类型的班级各抽取一个班进行层次结构的比较，将学生分

① S形分班能够保障相对各个班级相对均衡，具体分班按照以下模式：比如有10个班，就是排名第一的在1班，排名第二的在2班，以此类推，第十名的就在10班，然后第十一名的也分到10班，十二名到9班，十三名到8班……这样折回去，像S形一样。

为优秀学生、中间学生和后进学生，实验班以七（1）班为例，普通班以七（3）班为例。七（1）班总共78人，三个层次的学生数量分别为39人、19人、20人，其中后进学生几乎全部都是通过关系插入到实验班。七（3）班总共75人，三个层次的学生数量分别为15人、20人、40人。（访谈编号：2018－04－04ZXQ；2018－04－22LJF）

从案例5－14中两个班级的情况来看，差别分班模式下两种类型班级的层次结构存在明显差异，实验班为正向层次结构的班级，普通班则为负向层次结构的班级。根据上述两个班级的情况，绘制出实验班制度下两种班级结构的理想模型。

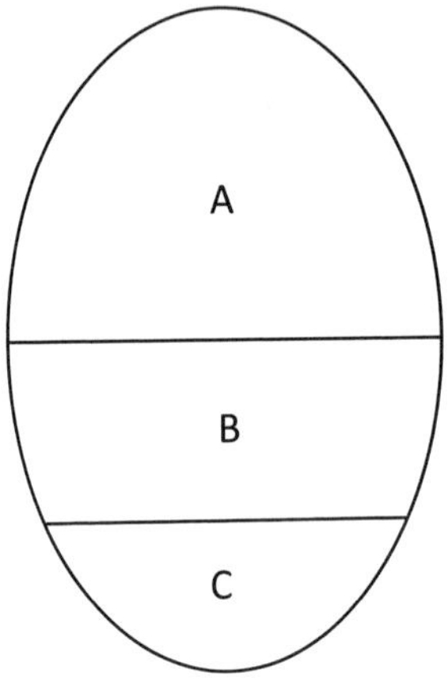

图5－2　乡镇学校实验班班级结构的理想模型（正向层次结构）

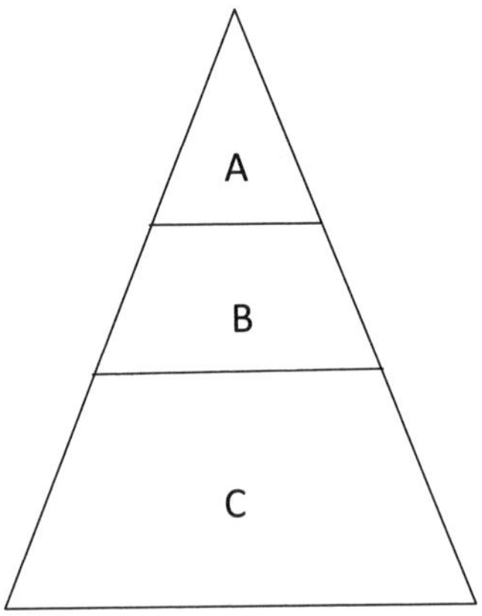

图5－3　乡镇学校普通班班级结构的理想模型（负向层次结构）

图5－2中乡镇学校实验班的班级结构是正向层次结构，优秀学生A和中间学生B的比重大，后进学生C的比重小，因此班级的整体氛围是向上的和积极的。这一结构中的优秀学生的比重比城区学校同一结构下优秀学生的比重要大。图5－3中乡镇学校普通班的班级结构是负向层次结构，因大量优秀学生集中到重点班之后，普通班的优秀学生人数极少，只有塔尖的部分，中间学生B的比重也不大，后进学生C的比重大，因此班级的整体氛围是消极被动的。

还有部分乡镇中小学采取平衡分班模式，在这一模式中，各个班级平衡分配各个层次的学生，因此班级都是两头小、中间大的橄榄形结构，即优秀学生和后进学生的比例小，中间学生的比例大，形成的是一种稳态的层次结构。一般在小学阶段，多会采取平衡分班，下面以黄西县王集镇中心小学四（1）班和宁平县临江镇中心小学五（1）班为例。

案例5－15：黄西县王集中心小学的四（1）班全班学生人数49人，其中优秀学生9人，中间学生30人，后进学生10人。（访谈编号：2018－06－04WLS）

案例5－16：宁平县临江小学五（1）班有59个学生，其中优秀学生10人，中间学生39人，后进学生10人。（访谈编号：2017－12－05CSR）

案例5－15和案例5－16中的班级层次结构代表着平衡分班模式中的班级结构，根据两所学校的情况，绘制出平衡分班模式下班级结构的理想模型（见图5－4）。

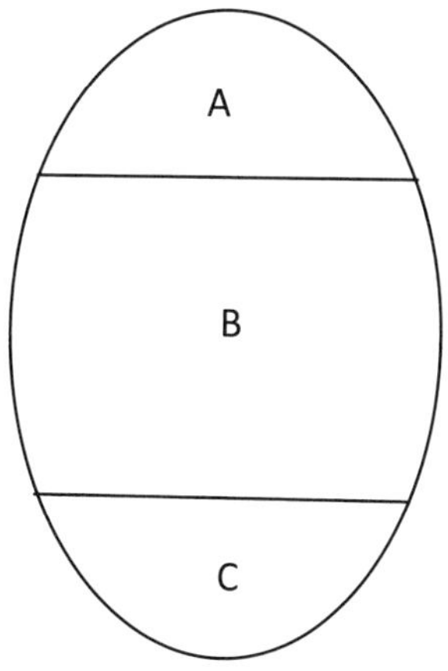

图5－4　乡镇学校平衡班级结构的理想模型（稳态层次结构）

图5－4中的稳态层次结构，以中间学生B为主，优秀学生A和后进学生C的比重小。这种结构更加有利于班级内部的日常管理和教师的精力分配，是一种合理的分层结构。如果优秀学生能够占到一定的数量，那么平衡分班所形成的稳态层次结构将是乡镇学校班级的常态。

两种不同类型的分班模式，使乡镇学校形成了三种类型的层次结构，既包括正向层次结构和负向层次结构，也包括稳态层次结构。乡镇学校重点班的正向层次结构类似于城区学校的班级层次结构，内部管理相对简单，在班级内部秩序管理和精力分配上一致，因此下文中就不对正向层次结构进行分析。需要说明的是，乡镇学校的普通班是负向层次结构，与农村学校的负向层次结构类似，但是班级规模要大，内部管理不同于农村学校。此外，乡镇学校的重点班级数量较少，以普通班和平行班居多，因此，下文中主要分析乡镇学校负向层次结构和稳态层次结构下的班级。

二　班级配合管理和成长型班干部

乡镇学校班级的特点是学生规模适中，管理事务较多，因此班主任需要依靠具有实际工作能力的班干部协助开展工作。在具有一定规模的班级中，乡镇学校班干部要有效地管理班级，一方面需要具备一定的工作能力；另一方面需要具备一定的群众基础，因此班干部的产生方式是民主选举＋推荐制相结合。这种方式既能让班主任和科任老师放心，也能够让同学们满意，获得双重支持的班干部才能够有效开展工作。

案例5－17：王集小学的汪老师说，“如果完全无记名投票，民主是民主，但是效果不好，控制不了，威望高的却不一定被选，选的都是自己玩得好的。所以我先推荐，每个职务推荐2人，再让学生们在2人中投票”。（访谈编号：2018－06－04WLS）

乡镇学校所采取的民主选举＋推荐制相结合的方式与城区学校产生班干部的方式一致，不过由于乡镇学校优秀学生的追求不同，因此，他们不是班干部的主要选择对象，中间学生和后进学生才是班干部的主力。其中稳态层次结构的班级更加倾向于选择中间学生作为班干部，负向层次结构的班级更加倾向于选择后进学生作为班干部。分别以黄西县王集镇中心小学四（1）班的班干部队伍和林甫县金狮镇第一中学七（3）班的班干部队伍为例，前者代表稳态层次结构的班级，后者代表负向层次结构的班级。

王集镇中心小学实行平衡分班，各个班级的学生学习基础差异不明显，其中四（1）班的班主任是汪老师。在选择班干部时，汪老师指出推荐干部的条件有三点：（1）要能管得住学生，有组织能力；（2）管得住自己，有自制力；（3）对成绩不做要求。他强调，乡镇学校的好学生不愿当干部，因为家长问的是分数，关注的是教育带来的晋升机会而非综合能力的培养。因此在汪老师所在班级的班干部，学习成绩不一定是最好的，但能够为班级积极做事。在汪老师所在的四（1）班，班干部都不是成绩最优秀的学生。王集镇中心小学四（1）班班干部的情况代表稳态层次结构班级的一般情况，具体情况见表5－4。

表5－4　**王集镇中心小学四（1）班班干部基本情况**

职位	姓名	学生成绩	能力状况	备注
班长	邱涛文	—	认真负责，威信高	与同学们关系好，大家都喜欢他
副班长	吴刚毅	—	管理能力强，善于管理事务	贪玩
语文课代表	李书涵	—	语文成绩好	—
数学课代表	黄冰清	—	数学成绩好	—
英语课代表	陈一星	—	英语成绩好	—
文艺委员	何雁诗	—	胆子大，擅长舞蹈	曾经参加过校外舞蹈培训
生活委员	谢瑞霖	—	热心劳动，组织能力强	—
体育委员	陈笛	成绩中上等	运动能力强，擅长跑步	—

注：表格信息根据四（1）班班主任的访谈内容整理而来。

表5－4表明，王集小学四（1）班总共8名班干部，其中只有1名班干部的成绩是中上等，所担任的是管理任务不重的体育委员，另外7名班干部的学习成绩都表现普通，其中副班长还是一个比较贪玩的学生，而三位课代表也只是单科成绩较好。此外，该班前三名的学生都未担任班干部，比如杨辉明同学成绩优异，班主任让他担任班干部，他以“不敢”为由拒绝，这一信息能够侧面印证出该班的班干部不是以成绩优秀的学生为主。

而在乡镇学校负向层次结构的班级中，学生主流是中间学生和后进学生，优秀学生人数少，话语权小。因此班干部以中间学生和后进学生为主，仅有少量的优秀学生参与班级管理。负向层次结构的班级以金狮镇第一中学的七（3）班为例（见表5－5）。

表5－5　　**金狮镇第一中学七（3）班班干部基本情况**

职位	姓名	学习成绩	能力状况	备注
班长	李振丽	中等	比较聪明，学习用功，做事灵活	—
副班长	庞莹	中等	能力较强，工作安排上手快，责任心强，积极活泼	—
团支书	程雨樱	中等靠后	比较细心的姑娘，能够从细节中处理好大事	有一定觉悟，但经常违纪
宣传委员	黄君	优秀	性格沉稳，心思细腻，注重细节	成绩一般在班级前10名
纪律委员	钟灵毓	靠后	能审时度势，能管束自己，更会观察老师的态度	—
学习委员	庞玲君	优秀	学习能力超级强，事无巨细，服从安排	成绩稳居班级第1
文娱委员	李思思	靠后	能歌善舞，会开玩笑，能把班级活动组织起来	—
生活委员	李廷秋	中等靠后	简单听话照做，接受通知能力强，愿意付出	曾经有过威胁自杀行为

注：表格信息根据七（3）班班主任梁老师的访谈资料整理而成。

从表5-5中看，金狮镇第一中学七（3）班8名班干部中，成绩优秀的学生有2名，分别为学习委员和宣传委员；成绩位于中间水平的有2名，分别为班长和副班长；成绩靠后的学生有4名，分别为团支书、纪律委员、文娱委员和生活委员。另外结合调研信息来看，七（3）班班干部队伍中有至少2名班干部是班上的“麻烦制造者”，比如团支书程雨樱同学经常聚众喝酒、打架，生活委员李廷秋同学因与同学闹矛盾曾经有过自杀举动。

在以负向层次学生为主的班级中，担任班干部的优秀学生少有两方面的原因：一方面普通班中的优秀学生更加珍惜学习时间和学习机会，不愿意将时间花费在班级管理上；另一方面则是因为后进学生人数多，管理班级的难度太大，一旦跟学生发生冲突，他们无法摆平，还可能会影响到自己的学习情绪甚至人身安全（得罪某些学生后可能被教训）。相反，那些中间学生和后进学生虽然成绩并不优异，但是他们因不爱学习而拥有一定的管理优势，如学习投入时间不多而闲置了部分在校时间，与同学之间的互动交流多而拥有较好的交际能力，因此他们有闲且有能力参与班级管理。比如程雨樱虽然成绩不好，还爱惹麻烦，但是比较细心，与同学们交往多，李廷秋学习同样不好，但是愿意付出，因此班主任给予他们当班干部的机会，希望借此机会锻炼他们，同时将他们转化为班级正能量，以此降低班级管理的难度。乡镇学校班主任在班干部选择上，反映出班级管理的配合属性和学生培养的特点。

综上，对于乡镇学校的班级而言，不论是稳态层次结构的班级还是负向层次结构的班级，班干部的选择都具有两个特点：一是优秀学生大多不做班干部，因他们的主要目的是提升学习成绩，且学习成绩还有极大的提升空间，因此不会将时间用于班级管理。二是班级管理的基础目标是秩序维持不是氛围营造，由于中间学生和后进学生比重大，班主任所要做的工作是保障这些学生“不出事”，维持基本的教学秩序，因此要从主导结构中选择学生担任班干部，即在稳态层次结构中以中间学生为主，在负向层次结构中以后进学生为主，主导结构力量中的成员在他们的群体中拥有一定的影响力和号召力，有助于维持基本秩序。由此可以看出，在两类班级内部，不同层次的学生能够基于已有环境寻找到自身的位置，优秀学生以学习为主，中间学生将学习与管理结合起来，后进学生也有机会参与班级管理，班干部这一职位成为锻炼他们的成长机会。

三　乡镇教师精力的均质化分配

乡镇学校的生源结构从学校层面来看，各个层次的学生都拥有一定的数量并占据一定的比例，但是优秀学生的数量和比例要低于城区学校，后进学生的数量则高于农村学校（比例应低于农村学校）。既有的学生结构所具备的两点特征使乡镇学校需要直面三类群体的教育需求：一是学校的中间学生和后进学生的比重大，尤其是后进学生占据一定的比重，他们不可能被学校排斥，学校必须直面他们的需求与问题；二是学校拥有一定数量的优秀学生，不论是从学生发展还是学校发展的角度考虑，学校都必须考虑他们的教育需求。因此，乡镇学校在分配教育管理精力时，尽管部分学校实行了重点班制度，但是重点班、普通班和平行班一样，同样需要面对和回应三类不同群体的教育需求，根据他们的教育需求进行精力的均质化分配。

在以乡镇学校重点班为代表的正向层次结构班级中，优秀学生占据了班级的绝对比例，成为班级风气的主导力量，中间学生跟随优秀学生，后进学生部分跟随中间学生，部分自甘堕落。在这类班级中，教师们不仅要花费时间和精力去培养优秀学生、引导中间学生，同时还不能让后进学生拖后腿，设法帮助他们跟上其他同学的脚步。

案例 5－18：金狮镇第一中学的张老师是该校重点班七（2）班的班主任，她描述了重点班教师的精力分配情况："重点班的工作量大，考试多、作业多、压力大，学生挑剔，你讲他们有时候不信你的，不听你的（因学生自身聪明、自学能力强，对老师的要求高）。老师们要跨类型管理，还要利用周六、周日和寒暑假给学生补课，学生们都很积极，不愿意回家，希望多学点东西，他们很自觉，下课都很安静……有些学生辍学后，学校会发动老师分片去跟学生说好话，劝他们回来读书。有一个学生姓朱，因为身上痒，留有伤疤，别人取笑他，朱同学为此辍学一两个月，虽然他成绩一般，但是我还是跟他聊，劝他父母让他回来读书，否则初中三年都白白浪费了。”（访谈编号：2018－04－04ZXQ）

张老师所言的“跨类型管理”所指的是针对不同学生的不同关注，即根据班内不同学生的教育需求给予相应的指导和帮助。老师们利用节假日时间为学生补课，回应了班级内部优秀学生和中间学生的学习需求，“学生们都很积极，不愿意回家，希望多学点东西”与老师们的时间投入相匹配。而面对后进学生，老师们会尽己所能帮助他们以保护他们的受教育权利，如果学生辍学，班主任及其他教师还会登门劝学，通过引导教育化解他们心中的委屈和不满，规劝他们返校就读。尽管教育部门对学校下达了“控辍保学”的硬性要求，但是在城区学校若出现辍学的情况，城区教师就不太可能登门“劝学”，只是打电话劝解，但乡镇学校还能够做到登门劝学，表明了他们不放弃后进学生的态度。

在负向层次结构的班级中，由于受到重点班级优生分配的负外部性影响，该类班级中的中间学生和后进学生占据了班级的主导位置，优秀学生数量少、比重小，这意味着这类班级不仅要保护好所剩不多的火种——稳住和提升优秀学生的成绩，而且要面对诸多学习以外的复杂问题。由于乡镇学校的学生们出身相似，他们的许多问题和需求成为共性问题和共性需求，因此班主任和其他教师需要花费大量的精力去应对和解决。简言之，教师们的精力分配实际上是由学生需求决定的。下面通过金狮镇第一中学七（3）班梁老师所处理的4类事件呈现出普通班班主任的精力分配状况（事件案例均来源于与梁老师的访谈，访谈编号：2018－04－22LJF）。

（一）刚开学时，庞玲君经常肚子疼，不想上学，后来转去邻镇初中，还是大半学期没上课，又不想读了，梁老师将她劝返回校，因她家庭条件不好，父亲有癫痫病，靠母亲一人在当地工业园区打工养活全家六口人，所以特地请求学校免了她的伙食费。她数学特别好，返回学校后，更加努力学习，老师也会给她一些指导，目前她已是班级第 2 名，全年级前 30 名。

（二）朱凌霄的家庭经济状况不好，父母在家务农，是贫困户，她认为一切都是虚无，还产生了自杀倾向。朱同学写信给梁老师，在信中写道："我是不是死了更好"。后来梁老师耐心开导她，一遍遍地给她做工作，让她逐渐打开心扉，她十分感激梁老师，说"遇到你，就如同遇到了光明"。

（三）郑靓歆同学的父母长年感情不和，父亲多年不回家，父母两人长期分居打工，郑同学的情绪低落，感觉到不幸福，梁老师为了开导她，培养她做广播站站长，她有了目标之后，变得更加好学。

（四）庞家文同学的父母做生意，家庭条件好，但她因自己是抱养的孩子对父母心生怨恨，认为父母不爱她，更爱 2 个弟弟，所以十分叛逆，经常在学校打架。李思思同学 4 岁时父母离婚，父亲一直吸毒，她也十分叛逆，在学校打扮花哨，不学习，经常发呆，还参与打架。梁老师针对这些叛逆的学生，既会严厉批评教育，也会耐心劝解，通过一些温暖的举动去感化她们，比如这些女生正处于生理的成熟期，她们不太懂生理知识，母亲又不在身边，当遇到麻烦时，梁老师会主动帮她们解决。当她们的行为有所收敛，梁老师还会给她们一些零食或书籍作为奖励，甚至将她们培养成为班干部，李思思就是班上的文艺委员。

从上述四个事件的处理来看，梁老师的精力和时间不是根据她自身的喜好和目标任务进行分配，也不是根据学生的层次选择精力分配的多少，而是采取事件治理和情境治理的方式应对和解决班上所存在或产生的各种问题，即在问题出现后，梁老师根据问题性质选择合适的方法、动用合适的资源努力解决问题，并试图斩断问题的根源。在庞玲君事件中，梁老师给予她学习和经济上的帮助。在朱凌霄事件中，梁老师针对她的心理障碍进行心理疏解，逐步打开她的心扉；在郑靓歆事件中，梁老师为缓解她的精神压力，转移她的注意力，帮助她树立自我奋斗的目标。在庞家文和李思思事件中，针对她们长期以来形成的心理问题和不定期发生的越轨行为进行行为纠偏，采取温暖的举动软化她们的心灵，引导她们走向正途。这种精力分配的方式，有效地回应了学生的实际需求。

土沟乡初级中学学生流失严重，问题学生多，全校仅 122 人，学生人数少，优秀学生也少，无法开设重点班，所有班级都是负向层次结构的班级。以该校八年级为例呈现教师的精力分配情况。

案例 5－19：土沟中学八年级学生总共 40 人，在一次考试中，数学成绩及格人数仅 7 人，在学习上，老师开始对学生们严格要求，任何学生在学习上有任何问题要请教，都可以直接在中午去办公室找老师寻求帮助。对于那些不爱学习的学生，老师会哄着他们学。针对问题学生的管理，老师会引导他们改变心态和行为。八（2）班的吕晶晶同学，父母离婚，母亲走了，父亲新婚后生了一个女儿，因此内心十分敏感脆弱。该班老师只要稍微关注她，她就会特别积极、认真，努力学习。（访谈编号：2017－12－08DQ）

在案例 5－19 所呈现的土沟中学八年级教师精力分配中，由于学生整体成绩差，因此班级内部形成了一致目标，通过师生合力改变教育现状，老师无论是对优秀学生还是普通学生，都能够一视同仁，共同投注精力进行教育。目前，该校的学习氛围得到全面改善，学生都将时间花费在学习上，以至于学生都没有空打架了。

在稳态层次结构的班级中，以中间学生为主力，优秀学生和后进学生所占比例相当，但是均低于中间学生的比例。这类层次的班级可以借助班级结构的力量，因此相对容易教育和管理。

王集中心小学张老师所带班级一（1）班属于稳态层次结构的班级，全班学生 44 人，该班只有 4 名学生不学习，其余学生都能够自主学习或在老师引导下学习。张老师为了提高学生的成绩，举办班级趣味运动会、趣味活动、六一活动，督促学生学习，甚至自己出测试题考学生。为了激励学生学习，她使用了“班级优化大师”软件为学生的行为打分，根据排名给予奖励。每学期期末，她会在班级内部评优，自己掏腰包购买奖状和奖品，为表现优秀的学生发放奖励（管理事项见表 5－6）。

表 5－6　　王集小学一（1）班班主任管理事项

编号	项目名称	项目目标	编号	项目名称	项目目标
1	遵守纪律	班级秩序	17	成绩及格	教学效果
2	书写优秀	教学效果	18	导学案已交	教学效果
3	大声朗读	教学效果	19	完成导学案	教学效果
4	完成作业	教学效果	20	周一穿校服	班级秩序
5	课堂积极	教学效果	21	劳动积极	班级秩序
6	举手答问	教学效果	22	注意力集中	教学效果
7	小小作者	教学效果	23	帮助他人	班级风气
8	积极思考	教学效果	24	优秀班干部	班级秩序
9	作业优秀	教学效果	25	家长积极	班级风气
10	好人好事	班级风气	26	完成《学练优》	教学效果
11	中字本已交	教学效果	27	背诵古诗	教学效果
12	学习进步	教学效果	28	作业积极	教学效果
13	团队合作	班级风气	29	《学练优》已交	教学效果
14	成绩优异	教学效果	30	成绩冠军	教学效果
15	完成中字本	教学效果	31	学习自觉	教学效果
16	成绩良好	教学效果	32	积极思考	教学效果

表 5－6 是张老师借助“班级优化大师” APP 设置的管理工作的具体内容，将学生行为细化为 32 项内容，不包括所有工作，但是囊括了大部分工作内容，其中包括班级秩序管理、教学效果提升和班级风气营造三大方面，其中涉及班级秩序管理的只占 4 项，班级风气营造也只占 4 项，这意味着该班的秩序和氛围较好。其余 24 项全部是关于提升教学效果的内容，而 24 项中有 8 项内容倾向于关注优秀学生，包括“书写优秀”“课堂积极”“作业优秀”“成绩优秀”“注意力集中”“作业积极”“学习自觉”“积极思考”，其他项目则是对普通学生的激励与引导，以及对学生完成基本任务的监督。由此可见在稳态层次结构中，班主任同样会将精力均衡分布在不同层次的学生身上。

在稳态层次结构的班级中，班主任通过对优秀学生的关注，能够树立积极学习的班级氛围，有助于带动中间学生，从而形成班级发展的乐观局面。同样，由于他们能够借助中间学生管理班级，因此有余力关注后进学生，他们会采取各种方式改造和转化后进学生。宁平县临江中心小学五（3）班程老师所带的班级也是稳态层次结构，程老师为了管理班级中的调皮学生，安排他们做班干部。

案例 5－20："我班的冉浩浩，胆子大，好动，刚上学时不好管，但是我看他机灵，管理能力强，就安排他做班长，结果做了班长之后，积极性特别高，学习也有了热情。王兴同学学习成绩不好，爱说话、爱吵架、爱打架，我安排他做劳动委员，他工作积极性高，同学们也喜欢他，大大增强了他的信心，他学习也变得积极了，以前不及格，现在都能够及格了。"（访谈编号：2017－12－05CSR）

程老师通过安排班干部职位，给予这些后进学生信心和支持，使他们能够感受到教师的关注，并寻找到自我的价值和意义。此外，程老师改变后进学生，还会在上课时多点他们回答问题，锻炼他们的胆量，给他们调动座位，让一个好学生带一个差学生，给他们播放励志电影以激励他们。

农村学生是乡镇学校的教育对象，他们的需求构成了学校的发展目标和主要任务，不论是哪类学生的需求都能够得到重视和回应。可以看到，无论是正向层次结构、负向层次结构还是稳态层次结构的班级，都倾向于针对不同层次的学生进行均质的精力分配，根据学生的实际情况帮助解决问题和困难，没有任何一个群体和个人成为学校中被排斥或被忽略的对象，这即是乡镇学校之于农村学校和城区学校的特征和优势所在。

四　共生型师生关系

从乡镇学校班级内部的管理来看，教师通过班干部选择和时间精力分配构建了师生之间的共生型关系。共生关系最初用于生物学界，指两种生物彼此互利地生存在一起，缺此失彼都不能生存的一类种间关系，若互相分离，两者都不能生存。根据陈晓春、谭娟等基于区域行政系统作为一个共生体对"共生"的定义，认为共生性具有系统的开放性、组成单位的多元性和独立性、运作方式的协同性与合作性，目标的互惠共赢共同发展等[①]。结合共生关系的原初定义与演绎定义，本文将共生型师生关系定义为“教师与学生之间目标一致、共同成长、相互成就、不可分割的关系”。共生型师生关系从乡镇学校的教育发展目标和教育发展路径中可以体现出来。

从教育发展目标上来看，乡镇学校的班级拥有教育发展与秩序维护两重基本目标，但是在目标实践中，教师将两重基本目标搁置，不是目标至上主义，而是在实践中注重回应学生的实际需求。也就是说，学生和教师之间能够保持目标一致，二者之间的一致目标通过供需匹配得以实现，即学生的需求能够得到教师的回应，教师的回应不以基本目标为标的，但最终能够在师生二者的合作和默契中回归到基本目标之上。

从教育发展路径来看，乡镇学校各个班级虽然存在层次结构上的差异，但是均能够针对不同层次的学生进行均质化的资源分配和精力投入。均质不等于平等，更不等于平均主义，而是基于实际需求和问题导向进行的分配与投入，目标在于重塑或维持结构的均衡与协调。在需求回应与问题解决的过程中，对于师生双方而言，既是一种解脱，也是一种成长。

若将共生型师生关系与城区学校的功利型师生关系、农村学校的策略型师生关系进行比较，会发现城区教师是基于目标考核制的要求将精力投入优秀学生和中间学生身上，农村学校的教师从成本—收益的角度将精力投入优秀学生身上，乡镇学校则是基于学生的实际需求均匀分配时间和精力。相比之下，乡镇学校在班干部选择和教师精力分配上，既关注了优秀学生，也没有放弃中间学生和后进学生，不仅给予他们锻炼自我的机会，任用他们担任学生干部，同时注重引导他们改变自身不良行为，提升他们的学习基础，三个层次的学生在既有条件下获得了关注，没有哪个群体被忽略和抛弃。临江小学班主任程老师的一句话，反映了乡镇教师与学生之间的亲密关系，“我表面严

---

① 陈晓春、谭娟、胡扬名：《基于共生理论的区域行政发展研究》，《财经理论与实践》2007 年第 6 期。

肃，但内心热爱他们，我会针对家庭条件差的学生主动进行沟通，他们也会跟我讲实话”。

对于乡镇教师而言，他们没有单纯地将班级管理的重点放在关涉自我发展的任务上，而是客观地选择了有利于学生成长的教育方式，他们不是选择“利用”学生，而是改造和培养学生，使每一位学生都获得行为和知识上的进步。对于农村学生而言，他们由于缺乏家庭教育和市场教育的资本，高度依赖学校的引导和教育，而学校教师给予了他们应有的教育关注，弥补了他们教育资本不足的缺憾。因此，这一师生关系是最符合教育本质的师生关系。

第四节　家校责任模糊分配与协作型家校关系

在教育城镇化背景下，乡镇学校作为生源流入地和流出地，能够保持完整而平衡的师生结构，保障相对充分的专业教育供给，而乡村学生家庭因自身教育能力限制，只能解决学生生活照料问题，无法承担家庭教养责任。在具体的家校互动实践中，家校之间以一致的教育目标为基础建立了正向互动，由学校主导开展知识教育、行为教育和能力培养，家长扮演辅助者的角色。不过，在模糊规则和模糊责任之下，家校双方均可能因为教育行为失当引发矛盾与冲突。为了保障学校的基本秩序和教育发展，学校需要担负起教育者的角色，针对家长开展再教育工作，以此提升家长参与教育和维护教育的能力，因此乡镇学校的家校之间形成的是以学校为主导的协作型关系。

一　乡镇学校学生家庭结构与家校责任的模糊分配

乡镇学校的学生来源有两部分：一部分是镇街区域内的非农户籍学生；另一部分是镇域范围内的农村户籍学生。在教育城镇化的趋势下，乡镇学校既是生源流入地，也是生源流出地，流入的主要是农村户籍学生，流出的既有非农户籍学生，也有农村户籍学生。因此，乡镇学校中的农村户籍学生和非农户籍学生（即镇街学生）各占一定的比例，其中以农村户籍学生居多。这些学生的家庭性质大致可以分为四种类型：纯农户、兼业户（农业和副业）、半工半耕户、经商户，其中纯农户和经商户较少，以兼业户和半工半耕户居多，学生家庭经济条件的结构表现为橄榄形结构，即经济条件特别好和经济条件特别差的学生家庭较少，多是经济条件一般的普通家庭。

在乡镇学校就读的学生家庭具有两点共性特征。

一是家庭经济水平一般，基本能够承担子女在乡镇学校就学的教育成本，但缺乏购买市场教育的能力。学生家长所承担的教育成本，主要是学生在乡镇学校就读的生活成本。在小学阶段，由于乡镇学校缺乏足够的食宿配套能力，学生家长需要解决学生的生活照料问题，一般采取陪读、托管或校车接送等方式解决，比如宁平县的乡镇小学生主要是家长租房陪读，林甫县的乡镇小学生主要是放在校外托管机构托管，黄西县的乡镇小学生主要是乘坐校车每日往返于家校之间。在初中阶段，由于大多数学生都住校①，住宿免费，学生家长则只需支付学生在校的生活费用。乡镇学校的学生家长能够承担学生的生活开销，但是购买市场教育服务的能力不足，从乡镇上为数不多的市场培训机构可见一斑。

二是家长文化水平一般，乡镇学校的学生家长多是中小学文化水平，缺乏指导子女教育的能力，但是对子女教育有一定的期待，关心子女教育发展状况。乡镇学校学生家长的教育能力缺乏，表现在教育辅导、行为纠偏和文化熏陶等方面，家长一方面要忙于生计，无暇顾及学生的教育发展；另一方面因知识体系陈旧，缺乏与当代教育知识体系的匹配度，因此难以给予具体的指导。然而，由于乡村社会处于现代社会的边缘位置，处于这一环境中的乡村学生拥有很大的发展空间，学生家长希望子女摆脱当前不稳定的社会环境（指职业不稳定、收入不稳定），争取进入现代社会的核心，即进入城市享受稳定、体面的生活。此外，乡镇学校尚且保持一定的教育竞争力，因此学生家长对子女的教育抱有希望，对子女的教育状况给予一定的关注。

家校之间的教育责任分配取决于家校的教育发展需求和家校的教育发展能力。城区学校之所以实现了家校之间的教育分工，原因在于城区学校既有的承载能力难以满足大规模学生的教育需求，故而要将

① 宁平县形成陪读风气，因此在初中阶段仍然陪读，导致学生宿舍闲置。

部分的教育责任转移给家庭，而城区学生家庭具备一定的教育能力，从而能够实现家校之间相对明确的责任分工。尽管当前城区学校的家校分工体系还不稳定，但是家校之间的责任界限在逐步清晰。从当前乡镇学校的发展情况来看，乡镇学校适度的学生规模使学校尚且具备承担教育责任的能力，学校在知识教育、行为教育和能力教育上的能力较强，而家庭则较少参与到知识教育、行为教育和能力教育中，即使有所参与，但是还未形成明确的责任义务。因此，在乡镇教育系统中，学校仍然作为学生教育的承担主体，家长主要承担生活成本，另外辅助学校开展相应的教育活动，二者之间的教育责任界限不甚清晰。

二　家校互动中的协作与冲突

乡镇学校和学生家庭之间的主次关系通过二者之间的教育能力得以划分，学校主导教育，家庭辅助学校教育。然而，家校之间却面临着正反两方面的互动，正向互动是学生家长基于对乡镇学校的信任，积极参与到学校的建设与管理中，从而实现家校之间的有效协作。反向互动则是乡镇学校正处于教育现代化的转型过程中，学校的教育实践滞后于现代化的教育规则，家长要求与学校行为之间的张力所带来的矛盾与冲突。“正”与“反”所代表的是积极影响和消极影响。

家校之间的正向互动是指家校之间的信息交流、活动参与和教育合作等。由于大量学生家长忙于家庭生计，缺乏在场进行信息沟通和参与学校活动的机会，家校之间的互动深度低，一般通过电话或线上平台了解学生的在校情况。随着信息技术的流行，学校借助微信群或QQ 群等线上载体组建班级家长群，老师通过线上平台以图文并茂的形式及时向家长汇报班级情况，即使外出务工的父母不在家中，也能够随时知晓子女及其所在班级的状况。

在活动参与上，乡镇学校面向学生家长的活动数量较少，一是考虑到家长的参与时间，许多家长不一定能够到场参与；二是考虑到家校之间的空间距离，一些村庄离乡镇距离较远，到校参加活动麻烦。因此学校的多数活动不对家长开放，只是针对家长召开家长会，用于家校之间沟通学生在校内外的基本情况。

案例 5 – 21：1985 年出生的邵姐在宁平县临江镇街上租房陪读，8 岁的女儿在临江镇中心小学上三年级，4 岁半的儿子上幼儿园中班。她经常会与老师进行微信沟通，了解女儿在学校的情况，有一次因为女儿写作业写错了，老师用棍子打了女儿的手，敲了两棍子，老师发微信告诉她这件事，她跟老师说非常支持。现在老师还会在微信上发作业。她女儿就读的小学，每学期开一次家长会，家长会的内容就是“讲一下娃娃学习成绩如何，应当如何教育”。邵姐在家长会后会主动找老师询问孩子在学校里学得怎样。（访谈编号：2017 – 12 – 10SJ）

邵姐与老师之间的沟通主要是通过微信和家长会，微信可以进行日常的信息互动，用于交换日常零碎信息，家长会则可以作为一次性的汇报交流机会，实现家校之间的深度交流。

乡镇学校的教育合作多发生在学生的行为纠偏上，比如学生出现厌学、辍学、校园暴力等问题时，教师会联合家长一起参与解决。在解决行为偏差问题上，学校仍然以专业的教育能力居于主导地位，家长则辅助学校参与解决。

案例 5 – 22：金狮镇第一中学八年级的闫林俊同学沉迷于网络游戏，不愿跟人交流，产生严重的厌学情绪，躲在家中不去学校。家长毫无办法，不知如何是好，老师们到他家中多次劝返，同时教家长如何与孩子沟通，如何安抚他的情绪，如何引导他与人交流，最后成功将闫同学劝返回校。（访谈编号：2019 – 02 – 28LJF）

从闫林俊同学辍学—劝学事件中可以看到，乡镇学校学生家长的教育参与表现为支持者和学习者的姿态，因他们自身的教育能力有限，他们一般会支持教师的教育行为，服从教师的教育安排，并向教师请教应当如何解决教育中的问题，而教师则会扮演专业的教育者角色，把握教育的方向和方法，并给予家长有效的指导与回应。

家校之间的负向互动是发生在少数学生家长身上的行为，表现为家校之间的矛盾与冲突，包括家长无理诉求引发的冲突和学校不合理行为引发的冲突。前者主要是因为学生家长的教育思想落后，规则意识不清晰，后者主要是因为学校的违规行为引发家长不满。下述两个例子分别从家长教育思想落后、规则意识不清和学校违规行为的角度呈现出家校之间的消极互动。

案例5－23：王集镇中心小学的一个孩子偷了东西被发现了，学校批评了他，结果孩子的奶奶到学校来找学校麻烦，认为老师不该教育孩子，还告诉孩子偷了东西应该保密，不应该告诉别人。（访谈编号：2018－06－04PS）

案例5－23中学生奶奶的教育观念存在明显的问题，奶奶“贪便宜”的观念在传递给学校的同时，也传递给了学生，她的错误观念使得学校在教育学生和引导学生时会遭遇障碍，当学校花费精力去改造学生行为和思想时，家庭中的错误观念却在无形中发挥潜在作用，使得学校的正确价值观受到冲击，同时还给学校带来管理上的麻烦。

如果说，家庭教育中错误观念的引导只是对学校产生一次性的冲击，学校尚且可以通过思想纠偏纠正学生不当行为，而学生家长规则意识不清和学校违规行为则会对学校产生持久的负面作用。

案例5－24：2015年，土沟中学一名女学生站在本班生物老师身后，直接骂老师是“猪”，老师气不过回头打了这名学生一巴掌，学生并没有被打出问题，但是学生还是到医院住院一周，女孩母亲到学校里闹，要求老师赔偿该学生1.4万元，没有协商成功，就要闹着今天要到省城检查，明天要到县城检查，学校折腾不起，最终协商解决，由老师赔了1万元。（访谈编号：2017－12－08DQ）

案例5－24实际上是两方面原因造成的，既有家长规则意识不清的因素，也有学校教师自身存在违规行为。从教师违规行为的角度来讲，该校生物老师打学生“一巴掌”确实违背了教师的职业道德，伤害了学生的身体和心灵。但是，在该事件中，学生自身也存在过错，且过错在先。在事件处理过程中，家长通过“闹访”的方式解决，学生母亲既没有走正规程序，也没有经过严格的验伤证明，而是借助国家规范教师师德师风的文件要求作为提高赔偿要求的谈判资本。事实上，学生的伤情本身的赔偿数值难以衡量，因此为家长留有巨大的谈判空间和谋利空间，而教师和学校作为制度约束主体只能在纠纷中任人宰割。家长的这一行为，既有为子女维护正当权益的诉求，也有谋取不正当利益的嫌疑。对于其他教师来讲，当他们发现为学生的行为纠偏存在风险时，因受到这一事件的刺激会选择克制自身行为，为不影响自身的工作而选择消极应对、积极自保。事实确实证明，在这一事件之后，该校老师在管理学生违规行为时都变得胆怯起来。

家校协作与家校冲突所反映的是家校模糊责任分配的一体两面。从积极的一面来讲，由于家校之间没有明确责任界限，使缺乏教育能力的学生家长能够依赖专业的学校教育，给予学校教师主导学生教育方向的权利，从而保障家校之间教育价值和教育目标的正确性和一致性。从消极的一面来讲，正是由于家校之间没有划定清晰教育界限，学校和家长都有权介入学生的教育中，部分学生家长在教育中渗入自身错误思想，教师则在学生出现偏差行为时代替家长承担教育责任（案例 5 – 23 中学生的偷盗行为和案例 5 – 24 中的女学生的骂人行为实际上是家教问题），却可能因为违背制度规定或违背家长理念而招致家长不满。因此，乡镇学校的家校关系难以形成稳定的常态，而是在协作的基础上充满变数。

三　家长教育的再社会化

乡镇学校的学生家庭教育能力有限，学生的成长高度依赖学校教育。由于乡镇学校拥有一定的学生规模，已建立起一套完整的管理体系，同时作为专业的教育机构，具备极强的教育能力，因此学校成为学生教育的全能型组织，各类教育责任向学校倾斜，包括学校本体责任和家庭本体责任，前者指学生的知识教育、行为教育和能力培养，后者指学生的家庭养育责任和教化责任。一言以蔽之，乡镇学校所面临的问题是家庭责任学校化，不同于城区学校的学校责任家庭化。

然而，家庭教育责任的学校化使乡镇学校面临着两个方面的问题：一是随着教育行政化对于学校的管理日益严格，学校自主操作的空间减少，学校的教育能力被弱化，不再能够完全承接家庭教育的责任。二是乡镇学校所面对的家长群体，是一群既拥有美好的教育期待，同时保留落后教育观念、缺乏教育能力的群体，他们一方面期待学生从学校获得良好教育；另一方面却质疑学校教育的合理性和合法性，这一质疑受限于他们的眼界与思维。因此，乡镇学校作为当地的文化机构和教育的承担主体，有必要对家长群体进行再社会化，引导家长和学校进行有效协作，一些学校针对学生家长开展了再社会化的教育活动。

再社会化是用补偿教育或强制方式对个人实行与其原有的社会化过程不同的教化过程，能够刷新旧有的价值观和行为模式，重新塑造新的价值观和行为模式①。乡镇学校针对学生家长进行再教育，即是通过补偿教育改变家长的教育意识，提升他们的教育能力，是一种再社会化的过程，有助于帮助他们适应当前的教育环境。家长教育的再社会化可以采取两种形式：一是学校借助家长会以集体教学的形式引导和教育家长。一些乡镇学校将家长会活动常态化，并将家长会的家校沟通功能转变成为家长教化功能，一方面能够提升家庭的教育能力和教育水平；另一方面则能够强化家校之间的友好关系。

案例 5－25：金狮镇中心小学每年会召开年级家长会，2017 年之前，学校只召开六年级的家长会，从 2017 年开始，学校从一年级开始召开家长会。召开年级家长会的目的在于教育家长，一是教育家长如何教育小孩，二是教育家长如何尊重老师，三是教育家长如何引导学生热爱学习。（访谈编号：2018－04－02ZJL）

金狮镇中心小学同案例 5－21 中的临江镇中心小学一样，将家长会常态化，借助家长会针对家长群体进行再教育。家长会中的教育实际上是针对家庭教育能力限制和家校关系互动问题所开展的家长教育能力提升和家校关系融合工作。对于家长而言，他们自身的教育水平

① 郑杭生：《社会学概论新修》，中国人民大学出版社 2019 年版，第 111 页。

有限，自我学习能力不足，需要进一步学习教育方法，了解如何在现有环境下开展家庭教育。学校通过公开方式将合理的教育方法传递给家长，并形成家长群体的集体共识，从而改变他们的观念和认识。比如“尊重老师”的议题在家长会中提出，实际上是为了强化学校和老师在学生及其家长心目中的权威地位，同时团结家长支持学校工作，为学校顺利开展教育管理实践提供便利。再比如，许多家长在孩子犯错之后不知应当如何引导和教育，金狮镇中心小学就在家委会中提供一些具体的教育方法，帮助家长克服家庭教育中的障碍。

二是老师借助与家长沟通的契机，通过个体互动和潜移默化的方式引导和教育家长。这种再教育的方式惠及面窄，但是具有针对性，能够有效解决个体问题。金狮镇第一中学的班主任梁老师，十分擅长教育和引导家长，案例 5 – 22 中闫林俊同学辍学后返学即是她劝返的结果，在家长教育中，她懂得为家长分析问题的根源和利弊。

案例 5 – 26：梁老师说，“我们班有几个‘天后’‘天王’（指特别调皮的女孩和男孩），经常打架、喝酒、旷课，我找他们家长来说明情况，父母都来道歉，但是不懂怎么引导。我要教育学生，还要教育家长，告诉他们问题出在哪里，应该怎么办，有的孩子是父母离婚带来的问题，有的孩子是家长娇纵带来的问题，有的孩子是‘野生放养’带来的问题，我们要针对不同的症状对症下药”。（访谈编号：2018 – 04 – 22LJF）

梁老师针对家长进行的教育工作，是学生教育的附属工作，是由事件激发所产生的教育机会，这一教育机会可以成为教师引导和教育家长的“活的教材”，能够生动形象地呈现问题并寻找到问题解决的方向。不过，这种教育方式的效果可能因事件原因的复杂性往往不尽如人意，但是教育过程却是一个理念输入与教育行为发生转换的过程，可能在某一瞬间，家长接受的某些教育理念或教育方法就能起到意想不到的效果。

针对家长群体的再教育工作还潜藏着各种方式，比如教师和家长之间的微信互动，教师经常会为家长解惑答疑，指导他们如何与子女沟通，如何引导子女在家学习等。一些学校甚至开始组建家长学校，专门指导家长如何教育子女。

乡镇学校学生家长之所以能够接受再教育，在于家长对子女教育抱有一定的期待，但是在具体的教育实践中却因自身教育能力有限难以自主解决教育中的问题，因此愿意接受再教育。从学校发展的角度来讲，家长的态度和行为关涉到学校的日常管理，直接影响到教师管理的积极性和效果。如若家长坐视不管学生的表现，或者出现质疑甚至敌视学校的行为，不仅会降低学校培养学生的质量，而且会为学校管理学生带来双倍压力。因此，家长接受再教育是增强家庭教育能力、增加学校教育力量、强化家校友好合作的重要路径，同时也是乡镇学校教育实践的必然要求。

四　协作型家校关系

家校关系是基于既有教育结构形塑而成的关系形态，与学校教育能力和家庭教育能力直接相关。城区学校由于受到资源结构拥挤效应的影响导致教育能力不足，而城区学生家庭拥有一定的教育能力，能够承接学校外溢的教育责任，从而使得家校之间形成互嵌型家校关系；农村学校则受到优质学生缺乏的反鲶鱼效应的影响，导致教师的教育能力激发和释放不足，而农村学生家长既缺乏教育管理能力，同时缺乏教育管理动力，家校之间关系冷淡，形成的是脱嵌型家校关系。在乡镇学校，由于师生具备适度的规模，学校足以建立完整的教育管理体系，因规模适度能够随时回应学生的教育需求，及时解决学生的教育问题，乡镇学校所形成的集聚效应能够建立以学校为主导的教育责权体系，家长因教育能力有限而处于辅助位置。

这即意味着，乡镇学校的家校关系是以学校教育为主导、家庭教育为辅助的协作型关系。由于家庭教育能力有限，学校依靠自身的专业能力承担了主要的教育工作和教育责任，家庭发挥辅助作用。具体来讲，协作关系体现在三个方面：（1）在知识教育上，学生家长高度依赖学校教育，学校依靠自身的专业能力和权威地位掌控学生获得教育知识体系的方向，帮助学生建立完整的知识体系。（2）在行为教育上，家长由于缺乏说服能力和引导能力，同样依赖学校管理体系和教师专业水平规范和纠正学生行为，家长一方面需要维护学校的权威地位；另一方面则需要依靠教师的引导和教育，学习教育子女的方法。（3）在家校关系互动中，尽管乡镇学校的学生家庭教育支持能力有限，但是在面对处于转型过程中的乡镇学校，学生家长们落后的教育意识和模糊的规则意识，使家校之间可能出现负向的消极互动，学校和家庭需要通过博弈达成协作。

乡镇学校所建立的协作型家校关系，是符合乡村教育真实环境的实践性关系。在乡村社会，学生家庭教育能力不足是客观的现实存在，乡镇学校有效弥补了家庭教育不足带来的教育空白，既能够针对学生进行全面教育，还能够针对家长进行再教育。尽管家校之间的教育责任不甚清晰，教育规则存在模糊之处，学校和家庭之间的互动会出现消极的一面，但是学校作为乡镇教育的主导主体，能够积极承担起教育实践中的责任，在实践中采取各种灵活方式解决问题、化解矛盾。可以说，乡镇教育是符合农民家庭教育目标和教育利益的教育形态。需要指出的是，乡镇教育中的学校主导并不意味着学校垄断了教育权力，形成以学校为中心的教育意识形态，而是给予了家长积极参与教育的权利和空间，一旦家庭具备了参与能力和参与愿望，学校可以随时将教育责任和教育权利归还给家长。

第五节　小结：发展型教育与城乡义务教育均衡发展的可能

乡镇学校因位于城区学校和农村学校的中间地带而具有自身独特的资源优势，从生源上来讲，乡镇学校作为生源的流入地和流出地，能够保持生源规模的稳定和平衡；从师资上来讲，乡镇学校作为乡村学校的一部分，享受国家倾斜性的师资分配政策，并依靠城乡之间的中间位置稳住教师队伍，因此能够保障师资力量供给的优先性和稳定性。从物质资源上来讲，学校依靠生源规模可以获得充足的生均经费和项目资源，能够解决和回应学生和教师的相关需求。乡镇学校的资源结构使之具备了资源集聚优势，适度的资源规模有利于乡镇学校形成现代化的教育管理体系。不过，由于乡镇学校存在一定的发展压力，故而需要建立起符合自身发展的教育发展模式。

乡镇学校在具体发展过程中面临着三重压力：一是来自城区学校的生源吸纳和教师吸纳造成的资源结构变动压力；二是来自乡村社会复杂教育环境对学校教育冲击所造成的教育压力；三是学生家长的教育期待和校际之间的教育竞争所带来的发展压力。因此，乡镇学校不可能完全效仿城区学校的运作模式，而是要依据自身的资源结构和所处环境建立一套合适的教育运行机制。乡镇学校依靠资源的集聚优势和自身的发展需求，建立起简约化的学校管理架构，针对教师实施制度—人情综合管理，针对学生实行分类引导管理，前者能够抑制师资的流失，后者能够最大效率地保障不同类型学生的教育需求。在具体的班级管理中，教师们根据班级结构特点和学生发展需求，均质分配教育资源和教育机会，保障不同类型的学生均能在学校中获得成长，从而建立了共生型师生关系。在家校责任分配和家校关系互动中，学校利用自身专业化的教育能力，既承担了教育的主体责任，同时为家长接受再教育提供了机会，以此弥补学生家长教育能力之不足，家校之间所建立的是一种协作型关系。可以看到，乡镇学校的运作实现了三重契合，即资源与环境的契合、能力与目标的契合、供给与需求的契合。

对于乡村学生而言，在乡镇学校就读能够享受到发展型教育。发展型教育具备两个层面的内涵：一是乡镇学校可以依靠自身的优势形成一定的发展能力，既能够给予学生完整的教育，同时能够参与到城乡教育系统的竞争中，而不是如同农村学校缺乏教育能力被彻底抛掷到教育竞争的边缘地带。二是乡镇学校的学生能够保持依靠教育获得发展的希望，学生在乡镇学校所受到的教育具有完整性和发展性，学生之间不进行外在的资源动员即可以平等参与教育竞争。也就是说，乡村学生无论出身如何，都可以在乡镇学校享受到平等的教育权利和教育机会，而不至于出现因家庭能力不足而遭受教育排斥的情况。简言之，乡镇学校依靠自身的发展性结构能够保障乡村学生的教育发展权利。因此，乡镇学校成为解决城乡义务教育均衡发展、保障乡村学生获得公平教育的可能路径。

在第三章和第四章中分别分析了城区学校和农村学校的资源结构

和运行机制，城区学校位于义务教育发展的高地，利用自身发展优势建立起现代化的管理体系和学生培养模式，但由于资源结构存在拥挤效应，从而形成高度竞争的教育状态，进城的农村学生因自致性资源有限实际上处于城市教育体系隐性排斥的状态，因此，在城区学校内部形成了城乡二元对立的教育格局。农村学校处于义务教育发展的洼地，教育资源要素的流失使学校难以建立稳态高效的管理体系和积极发展的学生培养模式，农村学校只能为学生提供保底型教育，城乡之间的差距继续扩大，无法遏制，由此形成了城乡之间对立的教育格局。教育资源的分配与流动具有外在影响，资源的流入与流出会对城乡学校产生正、负外部性。从城区学校和农村学校的发展状况来看，城乡学校所面临的“城挤乡空”问题进一步加剧了城乡教育的二元对立，不仅无助于缓解城乡差距的扩大化，而且还会加剧城乡教育差距的扩大化。

由此看来，农村学生无论在城区学校就读还是农村学校就读，都难以获得公平的教育机会，城区学校的农村学生在高度竞争的城市教育系统中因家庭教育能力不足处于被排斥的位置，农村学校学生接受的是缺乏竞争能力的保底型教育，即只能保障学生有一个接受教育的去处，但是无法保障学生有效汲取基础知识，更难以保障学生接受知识教育以外的教育。相比之下，乡镇学校能够弥补学生家庭教育不足的遗憾，保障农村学生接受平等完整教育的权利和机会。乡镇学校作为统一的教育平台，所服务的教育对象同质性强，学生家庭介入影响小，学生自身努力与教育回报成正比，不存在个体努力之外的教育排斥。尽管乡镇学校的资源相比于城区学校比较欠缺，发展上存在一定的风险和威胁，但是可以依靠自身的资源优势和其他比较优势获得发展能力。因此，乡镇学校的教育能力与乡村学生的个体努力相结合，能够形成有利于农村学生发展和城乡学生竞争的公平局面。

第六章　教育梯度结构与城乡义务教育公平改善的道路选择

教育城镇化带动的资源流动形塑了城乡教育梯度结构，导致了教育机会分配规则和教育竞争内容的变迁，教育机会分配规则从政治标准到经济标准，教育竞争内容从学生个体奋斗到家庭资源动员，新的教育体系和教育规则从根本上排斥了农村学生的教育权利，使得城乡义务教育难以实现公平发展。要推动和实现城乡义务教育均衡发展，需要仔细辨清“教育公平”的实质内涵，厘清“教育资源”的认知偏差，反思教育投入的意义与方式，由此寻找到保障城乡义务教育均衡发展和促进城乡义务教育公平局面的正确道路。

第一节　教育梯度结构与教育体系规则的重塑

一　教育梯度结构与三种教育模式的比较

在第二章中指出，教育城镇化是地方政府和农民家庭共同推动的结果，地方政府意在借助教育城镇化推动人口城镇化和城乡义务教育公平发展，乡村社会中的农民家庭则期望通过教育城镇化获得子女所需的优质教育资源，二者的目标合集是教育公平。国家为推动教育公平，实施了城乡义务教育均衡发展计划，向乡村学校倾斜投入大量资源，着力改变城乡学校之间的物质资源结构不均的局面，乡镇学校和农村学校的物质资源状况得到大大改善。根据2018年全国义务教育均衡发展督导评估情况显示，全国已有2717个县实现义务教育基本均衡发展，占全国总县数的92.7%。中西部地区实现义务教育基本均衡发展的县数占比达到90.5%，已有16个省（区、市）整体通过评估认定。在笔者调研期间，所调研的三个县中有两个县通过国家义务教育基本均衡验收，林甫县当时正在进行验收的准备工作，三县均投入了上亿元的资源（宁平县和黄西县的投入状况见表6－1和表6－2，林甫县因还未完成验收，因此还未进行资金结算，其中已知8年来用于乡村中小学的项目资金为31461.92万元）。由此可见国家改善城乡义务教育发展不均衡的力度和决心之大。

表6－1 **宁平县2014年至2017年各级教育财政投入状况**

政府级别	投入资金（万元）	投入比例（%）
中央政府	24000	51.95
省级政府	9800	21.21
市级政府	1240	2.68
县级政府	11160	24.16
合计	46200	100

注：表格信息来源于宁平县教育局项目办主任。

表6－2 **黄西县2014年至2017年各级政府教育财政投入状况**

政府级别	投入资金（万元）	投入比例（%）
中央政府	26553	70.12
省级政府	1314	3.47
县级政府	10000	26.41
合计	37867	100.00

注：表格信息来源于黄西县教育局项目办主任。

然而，在教育城镇化发展的趋势下，义务教育阶段的教育资源要素流动造成明显的外部性，教育资源的聚集和分散影响不同学校的资源结构和运转状态，实质上进一步造成了城乡义务教育非均衡发展的局面。在县域范围内，义务教育阶段的学校分为三个层级，第一层级为城区学校，第二层级为乡镇学校，第三层级为农村学校。三类学校的资源结构通过影响学校管理、师生关系和家校关系，从而形塑出学校不同的教育性质，由此造成城乡义务教育发展的不同状态。

表6－3是基于上述三章内容对三个层次学校资源结构和运行机制的总结和比较。

表6－3　　城乡村三个层级学校教育模式的比较

学校类型	资源结构	学校管理模式	师生关系性质	家校关系性质	学校教育性质	教育公平状态
城区学校	拥挤效应	科层化管理模式	功利型师生关系	嵌入型家校关系	竞争型教育	城区二元教育结构
农村学校	反鲶鱼效应	松散化管理模式	策略型师生关系	脱嵌型家校关系	保底型教育	城乡二元教育结构
乡镇学校	集聚效应	民主化管理模式	共生型师生关系	协作型家校关系	发展型教育	城乡教育公平发展

教育城镇化改变了城乡学校之间的人力资源状况，使不同学校在人力资源和物质资源上呈现出资源结构差异。城区学生的生源规模大，但是生源流动速度快于师资和物质资源的供给速度，从而形成资源结构的拥挤效应。农村学校的生源流失严重，师资资源和物质资源供给充足，但是优质生源和优质师资不足，从而形成资源结构的反鲶鱼效应。乡镇学校生源和师资具有一定规模，物资资源供给相对充足，能够发挥各类资源的规模优势，因此能够形成资源结构的集聚效应。

基于资源结构的差异，城区学校、乡镇学校和农村学校形成不同的学校管理模式、师生关系性质和家校关系性质。在资源结构的拥挤效应下，城区学校建立起科层化的管理体系，针对教师实行目标考核制，针对学生实行科学精细化管理。教师围绕考核目标和管理内容实行班级内部管理，有所侧重地分配管理精力，从而建构了功利型师生关系。由于生源规模大、学校管理精细，导致城区学校的教育责任外溢和教育责任家庭化，由此形成了嵌入型家校关系。

在资源结构的反鲶鱼效应下，农村学校既缺乏建立完善教育管理结构的能力，又缺乏教育管理的动力，学校建立的是松散化的管理模式，针对教师的管理按照政策要求实行过程管理制，针对学生则实行自由粗放式的管理，教师缺乏教育目标和教育成就，在班级管理中根据成本—收益率和投入—回报比将教育精力和教育机会投入少数优秀学生身上，所建立的是策略型师生关系。由于师生队伍中缺乏优秀教师和优秀学生，教师教育和学生学习的整体状态不佳，学校无力回应和解决学生及其家庭的教育目标和教育问题，家庭也丧失对学校与学生的信心，家校之间形成的是脱嵌型关系。

在资源结构的集聚效应下，乡镇学校实行了民主化的管理，针对教师实行制度 + 人情管理制，针对学生实行分类引导制，教师根据学生需求和班级特点实行班级内部管理，相对均匀地分配管理精力，保障不同学生都能够享受到学校的教育资源和教育机会，所建立的是共生型师生关系。由于师生规模适中和完整，学校能够依靠自身专业化的教育能力替代家庭教育子女，不仅能够承担教育责任，还能够承担针对家长再教育的责任，家校之间共同推进教育的发展，由此形成的是协作型家校关系。

学校管理模式、师生关系性质和家校关系性质决定了学校的教育性质和教育形态，城区学校在精细化管理模式下，管理精力有限，教师会进行选择性管理，一方面将管理精力集中投入具有竞争实力的优质学生和中间学生身上；另一方面因缺乏管理能力使得部分管理内容外溢，由家庭承担部分管理责任。因此，在学校内部管理动员和家庭教育渗入的情况下，城区学校会存在激烈的教育竞争，竞争的基点包括文化成绩竞争和素质能力竞争。农村学校在松散化的管理模式下，教师缺乏教育管理的动力，尽管有能力和精力引导教育学生，但是由于回应少、回报小，教师只传授学生基础知识，既无法确保他们掌握基础知识，也无法保障学生在学校中获得其他方面的发展，因此这类学校只能起到保底教育的作用，即保障学生有一个上学的去处，学习一定的基础知识。乡镇学校在民主化管理模式下，教师所要管理的事务相对复杂，要兼顾多项教育管理任务，根据学生需求进行精力分配，因此在精力分配上相对均质，不同类型的学生能够享受到因材施教的教育关注，各类学生都能够从中获得相应的教育资源和教育机会，没有学生被管理体制和学校结构所抛弃①。

---

① 在乡镇学校中，可以看到一些厌学或辍学的学生，他们并非是被教育管理体制和学校管理结构抛弃的，而是既有环境下自我放弃的结果，具体原因需另文再述。

城区学校、乡镇学校和农村学校之间所形成的梯度结构，表现在发展形式和发展概率上。从发展形式上来看，城区学校发展得最为红火，学生规模大，师生数量多，管理内容更加全面和精细；乡镇学校发展其次，师生规模都能够保持适度规模，保障基本的管理架构和管理内容；农村学校发展最差，师生规模均难以得到保障，管理架构不健全，管理内容简单肤浅。从发展概率上来看，在城区学校获得教育发展的机会更大，不仅有机会获得全面而深刻的教育，而且更可能考取更好的初中、高中（针对大部分城区学生和少量农村学生，更多的农村学生实际上是垫底的）；乡镇学校获得成长的机会其次，学校能够按照不同学生特点因材施教，不同类型的学生都能够在学校获得教育资源和教育机会；农村学校的学生则处于十分危险的境地，不仅难以获得健全的知识结构，还无法获得其他方面的成长，学生的优势和特长都被湮没，学生在升学时的竞争力明显不足。

城乡义务教育梯度结构实际上暗藏着城乡义务教育公平发展的陷阱。城乡义务教育不只是地域概念，更是群体概念，前者分为城市学校和乡村学校，后者分为城市户籍学生和农村户籍学生。教育城镇化使得大量农村学生进入城镇学校就读，农村户籍学生与城市户籍学生都能享受城区教育资源。问题在于，进城农村学生的速率要高于城区学校供给优质配套教育资源的能力，使得城区教育的资源被稀释，农村学生无法形成与城区学生旗鼓相当的竞争实力，导致农村学生在城区学校处于边缘化位置。而留守在农村学校的农村学生则由于学校的生源结构被破坏，基本的学校活动和教育权利无法得到保障。唯有乡镇学校的学生还能够保持一定的竞争实力，但因学校时刻面临着学生流失和教师流失的风险，学校只能采取特殊化的教育方式分配教育资源。因此，总体上来看，教育城镇化所构造出的梯度教育格局对于农村学生十分不利，教育资源的分配一方面以家庭经济实力作为优质教育机会获得的前提；另一方面则将家庭深度卷入教育竞争中，家庭自身的资源动员能力成为教育竞争的重要砝码。

二　从政治标准到经济标准：教育机会分配规则的变迁

在世界城市化发展的经验中，城市的教育质量结构伴随着城市化呈现出从中心区域到近郊区再到远郊区圈层递减的空间分布格局①，城乡教育一体化的目的就是打破教育资源的圈层分布，推动城乡义务教育公共服务的均等化。然而，教育城镇化所构想的教育一体化，却如同城市化的后果一样不断形塑且不断固化为圈层结构。城乡学校之间的梯度结构实际上构成的是一个核心—边缘学校体系，分为核心学校、半边缘学校和边缘学校，城区学校为核心学校，乡镇学校为半边缘学校，农村学校为边缘学校。尽管国家实行义务教育，学生在义务阶段免收学杂费，但是由于城镇学校尤其是城区学校的生活配套能力有限，学生进入城镇就读需要自行解决生活问题。在城区和乡镇就读需要家庭经济实力作为支撑，城区的生活开销要大于镇街和农村。因此，农村学生到何种层次的学校就读，关键是看家庭经济实力，经济实力成了决定学生获得优质教育机会的基本门槛。

我国在义务教育阶段的学位分配上一直实行属地管理制，小学以行政村为单位，初中以建制镇为单位，学生户口所在地在何处就在何处就读。尽管不同村庄和不同乡镇教育资源的优劣程度有别，但是以村或镇为单位的教育单元是完整的，单位内部所有成员的教育机会相对均等。《义务教育法》规定，“适龄儿童、少年免试入学。地方各级人民政府应当保障适龄儿童、少年在户籍地学校就近入学”，“凡具有中华人民共和国国籍的适龄儿童、少年，不分性别、民族、种族、家庭财产状况、宗教信仰等，依法享受平等接受义务教育的权利，并履行接受义务教育的义务”。也就是说，义务教育阶段教育资源和教育权利的分配是依据政治身份而定，规定了受教育者的权利—义务关系，这一权责关系的划定具有“成员权”的意涵②，是一种政治标准。需要说明的是，《义务教育法》中规定的作为政治标准的教

① 邬志辉：《城乡教育一体化：问题形态与制度突破》，《教育研究》2012 年第 8 期。

② 关于“成员权”的使用，是受到集体土地所有制中对成员权定义的启发，在唐浩的《集体成员权界定标准问题研究》一文中，他指出，国家界定成员权的基本标准，一是户籍，二是以土地为基本生活保障，三是村庄具有固定的生产和生活。户籍制度与固定生产和生活是身份门槛，土地是权利保障。义务教育与集体土地所有制的性质具有相似性，户籍和本地居住是身份门槛，学位和教育资源是权利保障，即学生和农民的性质亦具有相似性，故而在此使用“成员权”这一说法。具体参见唐浩《集体成员权界定标准问题研究》，《农业经济与管理》2019 年第 1 期。

育“成员权”，不同于中华人民共和国成立初期以“阶级斗争为纲”时期的政治标准，即“根据家庭出身予以不同对待，优先选拔，用所谓‘根正苗红’、政治上可靠的出身于工、农、革命干部家庭的子女；同时限制剥削阶级子弟、非劳动人民子弟接受高等教育和向上流动的机会”①，而是针对我国符合条件公民所给予的平等政治权利，不带有任何群体偏见。

随着经济的快速发展和人口流动速率的加快，农民工流动带动了农村学生流动，乡村地区学位分配的固定单元被打破，但义务教育资源作为由国家供给的准公共品，其福利属性越来越明显，所有符合条件的个体都可以享受。问题在于，不同地区的教育资源的优劣程度有别，优质教育资源具有稀缺性，因此如何分配教育资源就成为一个棘手的问题。

如果完全开放教育资源而不设任何门槛，那么所有人都会竞相争取优质教育资源和优质教育机会，进而导致资源稀释或诉求高涨。因此，城区优质教育资源无法完全开放，而是实行教育资源分配的“双轨制”，一方面按照属地原则分配，即本辖区内的学生享有绝对的教育优先权，必须优先保障这部分学生的学位供给。另一方面针对非属地成员按照一定的规则进行分配，最为客观的规则就是对于地区的贡献程度。贡献是指一个人通过努力增加了个人、群体或社会所享有的功利总量②。在发达地区，外来人口的随迁子女要上学，就按照各种条件计算累积积分入学，积分不够的家庭子女无权入学③。在中西部地区，对于地区贡献的条件和要求较少，且教育优质资源竞争不如发达地区激烈，故而地方政府实行半开放的入学准入政策，给予农村学生进城就读的机会，能否进入城镇就读的关键是看农民家庭是否有能力承担城镇教育的成本，城镇教育成本的承担能力实际上就是对农民家庭经济实力所提出的要求。简言之，教育

① 杨东平：《艰难的日出：中国现代教育的20世纪》，文汇出版社2003年版。

② 贾可卿：《分配正义论纲》，人民出版社2010年版。

③ 王毅杰、卢楠：《随迁子女积分入学政策研究——基于珠三角、长三角地区11个城市的分析》，《江苏社会科学》2019年第1期；管兵、唐玥钰：《积分入学：政策创新与公平性讨论》，《中国公共政策评论》2018年第1期。

机会的首次分配转变为以学生家庭经济实力作为标准。问题还在于，即使农村学生家庭有能力将子女送到城区学校就读，在城区学校内部因教育竞争还要进行机会的二次分配，而二次分配的实质标准事实上也是以家庭经济实力和家庭教育能力为主。因此，家庭经济实力贯穿了教育机会分配的始终。

教育机会的分配从以政治标准为主到以经济标准为主，一方面反映了教育机会不平等分配特性的凸显，以及人们对于优质教育资源的竞争诉求；另一方面则反映了教育资源的属性发生了变化，即教育资源从具有公共性的准公共品变成了具有竞争性的教育商品，只是这一商品分配的主导者是政府而非市场。那么，在以家庭经济实力作为教育机会分配标准的情况下，出生于不同家庭的学生获得教育资源的机会存在根本的差异，这必然进一步加剧教育不平等的生产。

三　从学生个体奋斗到家庭资源动员：教育竞争内容的变迁

城乡学校的梯度结构是一个教育资源分配不均的结构，资源分配不均使得教育责任出现外溢，由此加剧了义务教育阶段的教育竞争，使得教育竞争的主体从学生个体转向学生家庭，教育竞争的内容从学生个体奋斗转向家庭资源动员。

在教育城镇化之前，学生的流动性和教师的流动性小，城区、乡镇和农村三个层次的学校都能够保障一定的教学规模，处于不同区域的学生在不同辖区所在学校学习。尽管学校之间存在教学环境和教学能力的差距，但是不同层次的学校能够满足学生的教育需求，学生家庭几乎不介入学校具体的教育实践，学生要在教育竞争中获得优胜位置，主要依靠自身的勤奋努力换取优秀成绩。当时几乎所有学校都挂有爱迪生的名言——“成功就是99%的汗水加1%的灵感”，当时所宣传的教育价值观是个体辛勤努力的重要性，因此只要农村学生足够勤奋努力，投入足够的时间精力，在教育竞争中就可能取得胜利，甚至超越城区学生。

以宁平县东原小学为例。东原小学所在行政村苏堡村全村3000人左右，自1978年至2010年间，培养了245名大学生（包括大专生和中专生[①])，表6－4中统计了东原小学32年培养的大学生数量。

表6－4　　东原小学1978年至2010年培养的大学生情况

类别	博士生	硕士生	本科生	大专生	中专生	合计
人数（人）	4	7	124	92	18	245
比例（%）	1.63	2.86	50.61	37.55	7.35	100.00

注：1. 表中数据是东原小学所提供的数据统计。

2. 因1999年大学扩招以前，选择中专生的多是成绩优异的中学生，属于当时的知识精英，因此将中专生纳入这一表格中。

根据表6－4中的统计，东原小学在32年的时间里培养出245名大学生，教育成绩惊人。东原小学作为一所农村小学，教学环境恶劣，但是学生们在恶劣的条件下仍然能够克服困难依靠个人努力争取到继续发展的教育机会。比如1977年出生的王某就读于东原小学，于1995年考取中国人民大学，后来到英国伦敦政治经济学院读硕士，在中国证监会工作，2002年已官至副处级。东原小学中依靠勤奋努力考取大学并获得良好发展的贫寒学子不在少数。另据宁平县一中吴老校长讲述，他在20世纪80年代担任校长期间，考上县一中的学生以农村学生为主，城乡学生之间的差异不大，学习态度都一样，大多数学生都非常勤奋。然而，近些年来，“东原小学”等农村学校已经成了落后教育的代名词，“农村学生”则成了教育落后分子的代名词。

教育城镇化所构造的城乡核心—边缘学校体系，使得教育竞争的难度增大，对于农村学生而言，若要通过教育获得自身发展和家庭阶层流动的可能，不再只是依靠自身努力就能获得机会，而是需要家庭充分的资源动员能力才能够满足。农村家长一方面需要将学生送入城镇学校就读，使之获得接受完整教育的机会；另一方面需要投入精力辅助和支持学生适应城区教育体系，并使之在与城区学生的教育竞争

① 在1999年大学扩招以前，中专生的含金量高，一般是中学中最优秀的学生去读中专，毕业后能够分配稳定的工作，可以吃“商品粮”，中专生是学生中的精英群体，因此将之计算到大学生群体中。

中占据优势位置。具体来讲，农村家长需要动员的资源包括以下几个方面：（1）经济资源，即拥有足够的经济实力保障学生在城镇学校就读的生活开支和辅导费用；（2）关系资源，在拥有经济实力时还要通过关系获得城镇学校就读的入学资格（一般乡镇学校不需要关系，但城区学校需要走后门）；（3）时间和精力投入，城区学校所建立的教育模式逐步将家庭教育纳入进来，需要家长投入时间、精力监督和引导学生学习，参与学校的各种活动和管理，乡镇学校同样需要家庭教育的相应配合。家庭逐步被卷入学校教育中，家庭投入越多，教育竞争的优势也越明显。

如果农村家庭缺乏上述三方面的能力，无法为孩子争取到优越的教育环境，不能为孩子的教育投注精力，孩子就可能被整个教育体系边缘化和排斥，个体的天赋在既有的环境下也会被埋没，从而失去参与教育竞争和实现阶层流动的机会和可能。

案例6－1：刘茹雪学习勤奋，长期保持锦绣小学全校第一的位置，曾代表学校参加语数英综合赛，但在全镇选拔中，只能获得三等奖，相当于安慰奖，没有进入全县比赛的资格。她很清楚自己的劣势，“课外知识不足，没学过的都考，一般不买书，不怎么买，不知道有没有用……想上培训班，妈妈说没钱”。（访谈编号：2018－04－18LXL）

案例6－2：城区学校南城小学李校长直言：“农村学生在农村学校排名第一，到本校只能排名中等。”（访谈编号：20171211LLF）

刘茹雪的经历和李校长的判断相互印证，如果农村学生无法依靠家庭力量突破学校环境，获得各方面的教育支持，即使再优秀也无法得到充分开掘，仅仅依靠自身努力难以突破结构性的障碍获得成长。一言以蔽之，教育竞争的主体已经从学生个体变为整个家庭，教育竞争的内容则从个体的学业努力变为家庭资源的动员能力。然而，农村学生所在的家庭是与生俱来而无法改变的客观存在，那么，家庭出身成为农村学生教育发展中的“原罪”，注定他们从出生起就无法与城市家庭的孩子站在同一起跑线上。显然，新的教育规则体系对于农村学生而言是不公平的。

第二节　“教育公平”内涵辨析与教育发展权利的均衡

在教育城镇化的浪潮下，城乡学校被分割为具有层次差异的三类学校，不同类型的学校结构和教育性质发生了变化，不论是进入城区还是留守农村的农村学生，他们都将面临激烈的教育竞争和被城市教育体系排斥的教育风险。那么，教育城镇化所给予农村学生的教育公平，何以使农村学生仍然陷入不公平的境地不可自拔？在此，需要深入分析“教育公平”的内涵，进而确定教育公平之于城乡学生的本质所在，即分析教育公平意味着什么，学生们所要的教育公平到底是何种公平。

一　教育公平三阶段论与教育公平的平衡公式

教育公平可分为起点公平、过程公平和结果公平，但学界未对各个阶段的教育公平形成统一的界定。在导论中，笔者梳理了学界对于不同阶段教育公平的内涵界定，对于教育的起点公平大多数是从资源投入/资源享受和入学权利的角度来定义，其中资源投入和资源享受是义务—权利的一体两面，教育的过程公平从教育评价机制和选拔机制的角度来定义，教育的结果公平是从学生升学和未来发展的角度来定义。根据学界的定义综合来看，起点公平是确保人人都享有平等的受教育权利；过程公平是提供相对平等的受教育机会和条件；结果公平是教育成功机会和教育效果的相对均等。教育公平中的结果公平是目标状态，起点公平与过程公平是资源配置和教育实践状态，是实现教育公平所着力改变的状态。

具体来讲，教育的起点公平是学生接受教育之始平等享受教育资源、教育条件、教育环境的公平，比如学校入学机会、学校硬件条件、教师师资力量、家庭文化水平、社区教育环境等差异都会影响起点公平。质言之，起点公平是享受基本教育资源的权利。过程公平的基础是拥有公平的教育评价机制和选拔机制，学生能够在公平机制的保障下整合不同教育资源，并将教育资源转化为发展能力的过程。可以说，过程公平是公平机制保障下整合教育资源获得发展能力的权利。结果公平是起点公平和过程公平综合作用的自然结果，是享受教育资源和整合教育资源之后进行成果最终转化的阶段，是确保教育付出能够换取教育发展的权利。一言以蔽之，起点公平是基础公平，过程公平是制度公平，结果公平是本质公平。

由于城乡学生家庭以及其所处的环境存在差异，他们能够获得的学校教育、家庭教育、社会教育和市场教育等方面的基础教育资源存在差异，而这一差异难以改变，也就意味着他们在教育起点上就存在难以改变的不公。国家为改变教育的起点不公，提出城乡义务教育一体化发展的战略，采取补偿原则通过向乡村学校倾斜资源推动城乡教育均衡发展，但依旧难以改变家庭能力差异所带来的教育影响。

罗伯特·帕特南和安妮特·拉鲁二人深度阐述了美国富裕家庭和贫穷家庭在养育孩子方面的差异及其所带来的教育影响，比如在《我们的孩子》中，富有家庭的母亲西蒙娜在教育孩子上带有极强的目的性，一直精细地为自己的孩子规划人生，甚至辞掉工作全身心地投入子女的学业与培养中，而贫穷家庭的母亲斯特芬尼尽管同样爱自己的孩子，却受制于经济条件的限制无法给孩子提供优越的教育环境①。不同阶层家庭的培养方式可以分为协作培养和成就自然成长，不同培养方式可能造成不同的结果，前者所形成的是一种平等感、亲近感和优越感，后者形成的则是一种疏远感、不信任感和局促感②。此外，还有研究者发现受教育程度较高的家庭更有可能参加非正式的科学经历，从而更有可能为子女提供积极的鼓励③。当前中国社会的教育形态与美国社会的教育形态具有极强的相似性，家庭资源输入的能力和

① ［美］罗伯特·帕特南：《我们的孩子》，田雷、宋昕译，中国政法大学出版社2017年版。

② ［美］安妮特·拉鲁：《不平等的童年：阶层、种族与家庭生活》，张旭译，北京大学出版社2009年版。

③ Dabney, K. P., Tai, R. H., Scott, M. R., "Informal Science: Family Education, Experiences, and Initial Interest in Science", *International Journal of Science Education*, Vol. B, 2015, pp. 1 – 20.

竞争越来越强，在展示家庭竞争能力的同时，也滋生了整个社会的教育焦虑。这也意味着，在统一的国家教育供给体制之下，家庭教育能力成了影响教育的核心变量，强调教育的起点公平难以实现教育的实质公平。

从教育城镇化的实践来看，教育城镇化在形式上给予农村学生进入城镇学校获得更为优质教育资源的机会，但存在两方面的问题：一是学校教育只是教育起点公平的一部分，更重要的是家庭教育的公平，家庭教育公平难以实现，且在地方政府供给教育资源的限制下，城区学校教育资源出现供不应求和供需不匹配的问题后，由此进一步刺激了家庭教育资源的竞争即教育起点资源基础的竞争，使得起点不公问题更加凸显。二是入学机会的公平不等于资源获得的公平，即农村学生进入城区学校并不等于他们能够完全获得优质教育资源，优质教育资源一方面会在具体的教育实践中进行再分配；另一方面需要在师生互动中被激活，农村学生由于自身能力和家庭条件的限制实际上处于被边缘的状态，并不能如愿享受到优质的教育资源。

需要进一步追问的是，在当前的教育环境下教育的过程公平是否还能保证？由于城乡教育体系呈现出核心—边缘特征，城区学校位于教育体系的核心位置，乡镇学校位于教育体系的半边缘位置，农村学校位于教育体系的边缘位置，三类学校在教育评价机制话语权、教育选拔机会和资源整合能力等方面必然具有显见的不同，城区学校具有显著的优势。以林甫县全县最好的初中——善思中学的招生情况为例，说明教育选拔机会的城乡差异。

案例 6－3：善思中学每年招 1200—1300 人，招生方式有五种：（一）依据小学毕业检测成绩招 500 人，全部是县城的学生；（二）招收小考前“语数英综合赛”的全县前 50 名，县城学生数量远多于乡村学生；（三）关系介绍生若干，人数不定，虽然设置了门槛，但是关系生可以无分数条件进入（收取高额费用）；（四）学校附近征地农户子女，约有几十个名额；（五）本校与所依附的县一中的教师子女，每年有 20—30 人。（访谈编号：2018－04－23PMG）

善思中学正规招生途径是前两种，招生的主要来源是城区学校，即使通过“语数英综合赛”给予乡村学校的学生一定的机会，但这微小份额中的大头仍然让城区学校争取过去，乡村学校只能针对所剩无几的机会进行激烈竞争。第三种途径实际上也是被城区中的有钱有权的家庭占据。原因在于城区学校早在小学阶段就集中了大量的优质生源（包括城区优质生源和少量乡村优质生源），同时城区学生的家庭及其他方面的资源更加丰富，乡镇学校根本无法与城区学校进行比拼。因此，在目前的教育发展趋势下，教育过程公平同样受到威胁。

事实上，对于受教育者而言，教育公平的实质是要保障结果公平。理想状态下，教育公平的平衡公式是“教育起点公平 + 教育过程公平 = 教育结果公平”。然而，从当前的教育环境和教育实践来看，教育起点公平和教育过程公平均受到了威胁，意味着理想的教育公平公式难以成立。要回归到实质公平，需要保障受教育者的付出与收获成正比的公平，这一公平是起点与过程相互作用的结果，如果无法改变起点公平，那么就需要从改善过程公平的角度着手去保障结果公平。因此，需要重新调整教育中的相关要素，重建教育公平的平衡公式，在教育起点不公和教育过程不公的情况下，要实现教育的结果公平，可以建立起“教育起点不公 + 教育过程不公 = 教育结果公平”的平衡公式，即调整教育过程，通过教育过程不公平衡教育起点不公，共同作用实现教育结果公平。

二　起点公平与就学权利的保障

目前，无论是学界还是社会公众，对于义务教育阶段的教育公平存在一个共识，即高度重视义务教育阶段学生的就学权利，将之作为教育起点公平的核心部分。保障就学权利有两个层面的含义：一是保障学生有学上，即所有的孩子都能够进入学校接受基础教育，这一权利是入学机会的保障，是“有学上”的权利；二是保障学生能够享受到均衡教育资源，城乡教育不公的关键是城市学生享受的教育资源更为优质，而农村学生所享受的教育资源较为劣质造成的，这一权利是公平享受教育资源的权利，是“上好学”的权利。第一个层面的就学权利已经通过免费义务教育政策得以全面覆盖和保障，第二个层面的就学权利目前正在平衡和争取中，国家通过推动城乡义务教育均衡发展项目平衡城乡教育资源投入的差距，农村家庭则通过各种方式争取到城镇学校就读的机会以期获得与城区学生同等的教育资源和教育机会。

关于“起点公平等同于就学权利的保障”的认识，目前存在两点误会：

一是存在教育资源和教育机会分配的主观愿望与客观现实之间的错位。不论是学生家长还是社会公众都认为所谓的“上好学”就是能够保障城乡义务教育阶段的学生能够公平享受到优质的教育资源，最好是地区范围内最好的教育资源。通俗点讲，上好学就是能够上县城最好的学校。而对于地方政府而言，要保障基础平等的城乡义务教育均衡发展尚且能力有限，若要地方政府进一步提高供给力度，提升城乡学生享受优质资源的水平，将会对地方政府的财政造成进一步的压力，地方政府不可能保障所有的学生都能到城区最好的学校就读。

笔者在调研中了解到，三县政府仅为了保证通过城乡义务教育基本均衡验收，即在一些基础指标上完成达标建设，地方政府都承担了巨大的财政压力。比如林甫县截至 2018 年 4 月底，城乡义务教育均衡验收项目缺额资金达到 12.85 亿元，而该县地方财政收入仅 12 亿元。宁平县和黄西县的地方配套资金同样不到位，宁平县在 2017 年之前，县级政府配套资金主要依靠土地出让金，但仍然无法完全承担起县级地方政府应当承担的配给责任，且自 2017 年之后几乎没有土地出让金，地方政府几乎拿不出一分钱。黄西县要在五年内配套 1 个亿，该县同样是依靠土地出让金获得资金，按照每亩不足 300 万元的价格拍卖土地，目前最大的困难就是资金困难，截至 2018 年 6 月，市财政未投一分钱，县财政应投入的 1 个亿也未到位。若要地方政府保障所有学生享受城区最好的教育，那么可能会导致政府破产。地方政府的财政压力实际上也回应了第二章中地方政府在教育城镇化中意图发挥的作用，地方政府实行半开放政策允许更多的学生进城就读，实际上增加了自身供给优质教育资源的压力，如果政策实施不当，就会引发巨大的冲突和矛盾。

二是对教育公平起点的范畴理解出现失误，因理解失误产生教育适应性问题。在既有的认知中，教育起点公平中的资源公平主要指的是学校教育资源的公平，但是资源实际上还包括家庭教育资源、社区教育资源和市场教育资源。随着教育分工的深化和教育进程的提前，孩童从婴孩时期就开始接受专业化的教育，一些家长不仅身体力行，而且为孩子创造优越的社区环境，购买种类丰富的市场教育服务，希望能够实现教育抢跑，至少保障孩子不输在起跑线上。家庭的教育投入意味着孩童在入学时已经不再是一张白纸，而是沾染了家庭印记、社区印记和市场印记的受教育者。因此，教育起点也不再只是学校教育资源，而是包括了家庭资源、社区资源和市场资源。部分农村家庭的教育进城行为，意在通过自发努力改变孩子所能接受到的学校教育资源，但因家计模式和家庭发展的限制，难以彻底改变家庭教育资源的投入状况，反而会进一步激化家庭资源竞争。激烈的家庭教育竞争，使农村孩子进城之后因缺乏相应的教育资源和教育能力，难以适应和融入城区教育体系中。也就是说，即使农村学生进入城区学校，实际上也不一定能够享受到家长所期待获得的教育起点公平。

案例 6－4：“次甲（一个村小教学点）的学生都往县城跑，留下的学生不多了，家庭条件好的托管在外面的机构里，但是这些进城的学生过得也不怎么样。一个孩子，从一年级开始在县城托管，刚开始成绩好，最后变成了小流氓，经常在校门口骑摩托车到处逛。母亲做生意，想着把他送去享受更好的优质资源，结果是毁了他。我自己的儿子，3 岁时放到县城幼儿园全托，读小学时托管在我同学家，但是他衣服经常是脏的，写字也不按笔画写，可能融不进去，有了心理阴影。还有一个四年级学生，托管了一个学期，老师打电话说孩子经常爬墙出来，不敢要了。托管对小孩子不好，他们爱攀比。”（访谈编号：2018－04－20XYX）

案例 6－5：“现在好多娃娃，都要转到城里，结果去了城里，成绩还倒退了。贾瑞林原来在我们学校（乡镇中学）是全年级第二、三名，转到城里的林阳中学（全县排名第二的初中）后，虽然考上了一中，但是成绩跟不上，辍学两次，现在没有希望了。主要原因是他看到其他学生住楼房、开小车，他内心自卑，他母亲天天唠叨，他不开心就打开心消消乐。”（访谈编号：2017－12－08DQ）

上述两个案例分别是林甫县和宁平县进城的农村学生在城区学校接受教育的真实写照，他们获得了看似优质的教育资源和教育机会，但是资源与机会并未转化为实际的起点能力，这些学生因行为迥异或资源缺乏而无法与城区教育环境相匹配，比如有学生衣服脏兮兮、有学生爱爬墙爬树、有学生艳羡城里学生的优渥家境，从而产生结构排斥或自我边缘，那么城区学校的优质教育资源实际上也就不能称为实质意义上的优质资源，农村学生并未真正地“占有”之。

综合上述两点关于起点公平的误解来看，可以得出几点具有价值的认识：（1）学生家庭的教育期待是无止境的，都希望获得优质的教育资源，但是教育资源却有着层次差异；（2）地方政府的教育供给能力是有限的，大多数中西部地区县级政府的财政实力有限；（3）教育起点的资源不只包括学校资源，还包括家庭资源、社区资源和市场资源，不同学校的资源结构组合不一样，故而不同学校的学生所要获得的起点内容也不一样；（4）优质教育资源如果没有实现真正意义上的转化，就不能称为优质教育资源，优质教育资源本身存在着结构适应性问题。因此，要对“获得优质教育资源的起点公平”的认知进行反思和纠正。

三　结果公平与教育发展权利的均衡

实际上，在教育公平的三个阶段中，最为重要的是结果公平，结果公平对于个体和家庭而言意味着教育发展权利。教育发展权利包含两个层面的含义：一是发展教育的权利，即不断获得知识教育及其他教育的权利，落脚点在教育上，学校是保障获得知识教育及其相关教育最为重要的场所，也是孩童进行社会化最为重要的场所；二是通过教育发展的权利，这一权利关涉未来职业发展和个人价值的实现，进而关涉家庭阶层流动的机会，现代国家和现代社会对于系统知识的要求高，不接受现代知识教育就无法融入现代社会统一的劳动力市场中，既无法保障生存也无法保障发展，落脚点在发展上，因此这一权利更加重要。

结果公平是学生能够获得发展教育和教育发展的权利，起点公平和过程公平都是服务于结果公平的。当前，教育不公中最为根本的问题是结果不公，即城乡学生所获得的发展教育和教育发展的权利不一样。在发展教育的权利上，农村学生无法获得与城区学生同等的知识体系和知识深度，前者的知识体系不完善，知识面更狭窄。在教育发展的权利上，农村学生考取优质高中和优质大学的比例和概率越来越小。自1999年扩招后，农村学生上大学的比例持续上升，2012年农村学生录取人数占到全国录取人数的59.1%，然而即使农村学生受教育水平整体提高，他们进入研究型大学的比例却在下降，比如1985年北京大学的农村新生比例达到38.9%，而2013年下降为14.2%①。这一现象与笔者调研中了解的情况一致，以黄西县西路村的高考状况为例。

案例6-6：西路村是当地远近闻名的文化村，因培养了多名清华学生和优秀学者而闻名，该村有三位村民分别于1978年、2016年和2017年考上清华大学，其中一名是硕士考上清华，本科就读于浙大。另外出自该村的还有一名著名的法学教授，现任教于清华大学，该教授在当今法学界的地位德高望重。西路村自1978年改革开放后，每年都有考上一本、二本的学生，但是现在能够考取一本的学生数量越来越少，近几年该村仅5人考上一本大学，其中包括两名清华学子，大量的学生只能上高职高专。（案例编号：2018-05-18YCL；2018-05-26YXC）

宁平县西路村的情况与上文中的东原小学一致，农村学生要依靠教育获得出路越来越难，但教育又是唯一出路。对于农村学生而言，他们最终追求的是结果公平，本质上是希望通过教育实现个体发展和家庭发展的目标。学生家长们都希望子女能够考上大学，毕业后寻找一份稳定体面的工作，不再做农民或农民工。

农村家庭对于结果公平的追求可以通过部分家长选择私立学校的行为中看出。在黄西县，有一些学生家长已经不再满足于乡村公立学

① 徐以卫：《谈从清华、北大的农村新生比例看教育公平》，《中国校外教育》2019年第9期。

校宽松的教育环境，而是选择将子女送到管理严格的私立学校就读，王集镇阳光学校自 2005 年建校至今，学校规模从最初的 147 人扩展到 2018 年的 450 人，赤河镇英华学校自 2003 年创办，学校规模从最初的 1000 多人扩展到 1800 人。阳光学校的办学场所实际上是一所废弃村小的校舍，教学环境差，校园环境远不如当地中心小学，英华学校则借助自身的财政实力扩建了校舍，两所私立学校均为所在乡镇最为红火和口碑最好的学校。在国家不断改善乡村教育环境的情况下，农村中还有大量的家长愿意将子女送到基础条件较差但教学成绩优异的私立学校，在于私立学校严格的教育方式能够提升学生的成绩，家长们的目标非常明确，他们希望孩子获得优异的成绩，最终考上大学，学习成绩成为中高考指挥棒下农村家庭竞争教育的唯一砝码，而当前公立学校中的宽松教育已经无法满足他们的这一教育需求。拼尽全力将子女送到城镇学校就读的农村家庭的教育目的与之一致，同样希望子女能够在一致的教育竞争平台上与城区学生参与公平竞争，最终获得教育发展的机会。

部分研究者从文化的角度提出乡村教育应当独立于现代教育结构，要立基于农民、农村和农业基础之上，注重保留和传承乡土文化和农业文明，而不应该过度强调成绩和文凭①。从文化系统的角度来讲，这种认识具有一定的合理性，但是从受教育者及其家庭的发展角度来讲，这种认识及其制度实践却可能存在一定的误导性。在当前的社会结构下，城市社会意味着发展机遇和便利生活，乡村社会则缺乏发展机会和生活不便，农村学生若不借助学校教育培养融入城市社会和现代社会分工体系的能力，而是选择留在乡村社会中，他们不仅缺乏发展机遇，还可能被现代社会所淘汰②。因此，是否融入现代社会是个体选择的自由，但是制度要保障个体选择的基础，即给予个体选择融入现代社会的机会和

① 翁乃群：《城市导向的农村教育》，载翁乃群主编《村落视野下的农村教育：以西南四村为例》，社会科学文献出版社 2009 年版；钱理群、刘铁芳：《乡土中国与乡村教育》，福建教育出版社 2008 年版。

② 这一认识并非否定乡村社会的价值，当前有一些年轻人返乡创业获得成功，但是返乡创业者已经具备融入现代社会能力而后返乡者，他们并未与现代社会脱节，而是在具备一定能力之后采取的反哺家乡的行为。

条件，国家要制定合理的教育政策，保护学生通过教育融入现代社会的权利，同时保护学生家庭依靠教育获得发展的权利。

农村学生和农村家庭所需要的教育公平是结果公平，是依靠教育获得个体发展和家庭发展的公平，因此推动城乡义务教育公平的根本是要推动城乡义务教育结果公平，保障乡村学生能够获得同等的教育机会和发展机会，否则农村家庭就会承受更大的教育成本和教育风险，甚至会被甩出教育竞争的行列。

第三节 “教育资源”认知偏差与竞争动员体系的重构

无论是从政府认知还是公众认知的角度来看，均存在对于“教育资源”的认知偏差。这一认知偏差体现在两个方面：一是教育资源的供给层次定位过高，忽视了地方政府的资源供给能力；二是将教育资源的范畴简单理解为“物质资源”，忽视了教育资源结构的完整性和重要性。对“教育资源”的认知偏差导致教育资源性质出现异化，同时影响教育资源的使用效率，这就是为何在国家不断加大教育资源投入的情况下，城乡学校之间的教育差距却仍然不断扩大的原因所在。基于对“教育资源”认知偏差的把脉，确立促进城乡义务教育公平发展的重要基点，即需要优先保障师生力量均衡，在此基础上重建学校竞争动员体系，由此提升乡村学校的发展能力和竞争实力。

一 教育资源功能认知偏差与教育资源性质的异化

2007 年，我国彻底实现了城乡免费义务教育，针对城乡义务教育阶段学生实行“两免一补”政策，由此确定了义务教育阶段教育资源的准公共物品的性质。义务教育是属于一种非排他性、有一定竞争性的准公共物品[①]。准公共物品介于私人物品和纯公共物品之间，具有自身的独特属性：一是具有相对公共性而非绝对公共性；二是具

---

① 何玉梅、［德］乌韦·杜莱克、［德］乔纳森·福肯、［葡］朱莉安娜：《行为经济学视角下的义务教育均等化研究》，东南大学出版社 2017 年版。

有竞争性和排斥性。相对公共性是指义务教育阶段的学生在规定范围内享受相对公平的教育资源和教育权利，由于我国针对义务教育阶段的学生实行就近入学制度，大多数地区以镇、街为单位划定就学范围，在一定范围内政府必须保障所有学龄段的学生能够就近入学。竞争性和排斥性是指在分配有限的教育资源时，可能会存在“拥挤效应”和“过度使用”的问题，学生及其家长为了自身获得更多或更优的资源，会通过各种方式竞争资源，部分有能力的家长能够送子女争取到条件更好的学校中就读，学位的限制使得部分学生被排斥出局，只能接受条件较差的学校。

作为准公共物品的教育资源，地方政府要保障和提升资源分配的公共性，降低分配的排斥性和竞争性，一要进行宏观调控，抑制强势群体的资源竞争，二要保障供给范围的稳定性，防止资源分配的溢出效应。然而，由于公众对教育资源的认知存在思维定式上的预判，以及区域内部不同学校的教育资源所存在的客观差距，使得公众普遍认为城区学校的教育资源优于乡村学校的教育资源，前者属于优质教育资源，后者属于劣质教育资源，只要获得了优质教育资源，就能够实现教育的良好发展，即优质教育资源的获得是教育发展良好结果的必要条件。那么，在地方政府和农村家庭的双重推动之下，大量的农村学生借助随迁子女就读政策到城区学校读书，希望能够获得优质的教育资源。

农村学生进城就读的集体行动打破了以乡镇为界限分配义务教育资源的空间格局，城乡教育资源成为一体的连续统，城区学校、乡镇学校和农村学校的教育资源分别为优质资源、次优资源和劣质资源。由于城乡学校教育资源存在层次差异，而部分农村学生又能够获得优质教育资源，使教育资源的供给底线得以提升，优质教育资源的供给成为地方政府的基本责任。在地方政府无法充分供给优质教育资源的情况下，不同的农村家庭就展开了激烈的教育资源竞争，最有能力的农村家庭能够将子女送到城区学校就读，能力其次的农村家庭能够将子女送到乡镇学校就读，能力最差的家庭只能将子女留在农村学校就读，这一分配格局使教育资源的公共性被破坏。农村家庭将子女送到哪一层级的学校就读，体现的是家庭经济实力和资源动员能力，家庭经济实力和资源动员能力构成了教育资源分配的核心机制。

这就意味着，作为准公共物品的教育资源，实际上成为潜在的“私人物品”，需要通过特殊的方式“购买”才可以获得。所谓的“购买”，并非向学校缴纳学费或借读费，而是支付在城镇学校就读所要承担的成本，以及为获得稀缺名额所要花费的隐性成本，比如找关系，为打点关系支付的“小费”等。即使顺利进入了城区学校，学校内部还要进行一次再分配，再分配的过程是一次家庭教育能力再展现的过程，农村学生与城区学生相比，前者因家庭教育能力的差距而难以超越后者。因此，对优质教育资源的追求最终使得资源分配成为家长自主竞争的私人产品，不仅不能使农村学生获得更好的发展，反而可能使农村学生在消耗了大量家庭资源的情况下仍然被排斥在城区教育体系的边缘地带。

至此，需要思考的是义务教育资源的功能边界在何处，即作为准公共物品的义务教育，需要国家保障到何种程度，家庭和学校/国家之间如何分配责任。北京大学教育学院的王蓉教授在一次访谈中指出，国家提供简单化的免费义务教育，可能导致“教育的拉丁美洲化”，即免学费政策导致的标准化、规范化的公共供给，会使有差异教育需求的中高收入家庭离开公立教育体系到私立学校就学，而公立学校的教学质量会越来越差。此外，还可能出现另一种情况，即不同收入的家庭对国家所提供的免费教育的要求越来越高，同时诉求越来越复杂，政府的供给责任和供给压力越来越大，当供给不足时，就会出现上文所述的情况。因此，需要理清和明确义务教育资源的功能界限和家校资源供给的权责界限，否则教育资源供给的公共性就会被不断弱化，从而瓦解社会主义国家教育的正义性。

二　教育资源范畴认知偏差与不同学校结构运转失衡

教育资源是学校得以生产和发展的养料，也是学校运转的基本载体。教育资源应当分为物质资源和人力资源，物质资源是基础性资源，包括校园校舍、教材设备、运转经费等，人力资源是发展性资源，主要包括教师和学生，学校教育资源结构是物质资源和人力资源有机结合而成，两种类型的资源相互依存，物质资源需要人力资源激活和使用，人力资源功能的发挥需要物质资源作为基础。

然而，当前关于教育资源的范畴认定却相对封闭，目前对教育资源的认知存在两个问题。一是忽略了人力资源的重要性，更加关注物质资源差距给学校发展带来的影响。在国家大力推动的城乡义务教育均衡发展的指标体系中，80%以上的内容指向物质资源，仅有20%的内容与人力资源相关。表6－5是黄西县完成城乡义务教育均衡发展验收的“20条底线”要求，20条要求中仅有最后一条“消除超大班额”与人力资源有关。表6－6中林甫县义务教育学校办学基本标准达标指标中，有20%的内容与教师队伍建设有关。虽然政策上注意到教师队伍和学生规模的影响，但明显更加强调物质资源的投入。

表6－5　　**黄西县“20条底线”要求指标体系**

序号	底线要求
1	消除D级危房。新建校舍抗震调离类别不低于重点设防类，满足综合防灾要求
2	校舍楼梯。多层校舍建筑每幢不少于2部楼梯，楼梯坡度不大于30度，楼梯坚固耐用，护栏坚固耐用
3	室内安全。教室和宿舍内外墙面平整，无明显尖锐突出物体，室内无裸露电线，窗台的高度符合安全4标准
4	室内采光照明。教学用房室内采光良好，照明设施完善，光线充足
5	课桌椅。实现1人1桌1椅（凳）
6	黑板。按国家标准配置满足教学要求的黑板
7	升旗条件。设置旗台、旗杆，按要求升国旗
8	体育活动条件。具备适合学生特点的体育活动场地和设施设备，有利于开展具有当地特色的体育活动
9	围墙围栏。因地制宜设置满足校园安全需要的围墙或围栏
10	新增图书。新增图书为适合学生年龄特点的正版图书，配备复本量应视学校规模和图书使用频率合理确定
11	多媒体教室。有可供开展多媒体教学的教室
12	宿舍位置。学生宿舍不设在地下室或半地下室
13	寄宿生床位。实现寄宿生1人1床位，消除“大通铺”现象
14	就餐条件。寄宿制学校或供餐学校具备食品制作或加热条件，满足学生就餐需要
15	开水供应设施。配备开水供应设施设备

续表

序号	底线要求
16	厕所设置。新建校舍一般设置水冲式厕所。厕位够用，按 1∶3 设置男女蹲位。旱厕应按学校专门无害化卫生厕所设置
17	淋浴设施。除特别干旱地区外，寄宿制学校应设置淋浴设施
18	应急设施。配置消防和应急照明设备，设置明显的疏散标志
19	监控急救设施。在校门、宿舍等关键部位安装摄像头和报警装置。宿舍区配备急救箱
20	消除超大班额。消除 66 人以上超大班额

注：表格来源于黄西县教育局，因原表格内容较多，此为简化版本。

表 6－6　　**林甫县义务教育学校办学基本标准达标评估指标体系（小学）**

评估指标（一级）	评估指标（二级）
A1 校园校舍建设 30 分	B1 生均教学及教学辅助用房建筑面积
	B2 体育运动场地面积（平方米）
A2 仪器图书装备 50 分	B3 科学、数学等仪器
	B4 信息技术装备
	B5 体育、卫生、音乐、美术器材
	B6 图书配备（不含电子图书）
A3 教师队伍建设 20 分	B7 教师编制
	B8 岗位设置
	B9 学历结构

注：表格信息由金狮镇教育组提供，因原表格内容较多，此为简化版本。

二是将物质资源和人力资源割裂开来看待，分别讨论二者对学校发展产生的影响，比如讨论资源供给不足和教师供给不足对乡村教育的影响①，却忽略了二者之间的互动关系，以及学生资源在其中的作

① 纪德奎：《乡村振兴战略与城乡义务教育一体化发展》，《教育研究》2018 年第 7 期；徐同文：《城乡一体化体制对策研究》，人民出版社 2011 年版，第 37 页；龚宝成：《乡村教育生态回归平衡与重振：乡村教师留得住和本土化》，《教师教育论坛》2019 年第 2 期；蔺海沣、赵敏、杨柳：《新生代乡村教师角色认同危机及其消解路径》，《中国教育学刊》2019 年第 2 期。

用。学校的运转和发展以物质资源作为基础，但是如果人力资源未被激活，师生处于消极无为的状态，物质资源也难以被激活，资源本身的投入就丧失了意义。当前，学校教育资源结构的问题在于，尽管国家通过城乡义务教育均衡发展政策投入了大量资源，试图逐渐缩小城乡学校在物质资源层面的差距，但是所投入的大量资源未被激活，从而使得城乡之间的教育差距难以弥合。

从当前的教育实践来看，由于人力资源具有主体性和能动性，农村学校的师生在地方政府引导和个体发展要求的综合因素下不断向城镇学校转移，从而使城乡学校之间的师生规模发生了结构性的偏移和失衡，城区学校的师生规模最大，结构最为完整，乡镇学校的师生规模其次，结构相对完整，农村学校的师生规模无法得到保障，结构存在缺失。在完整的学校结构中，学校能够依靠师生规模建立完整的管理体系激活教师和学生，一旦师生被激活，师生的能动性被调动起来，就能够将物质资源的效用激活，使之发挥应有的功能。相反，在残缺的学校结构中，学校无法激活教师和学生，学校内部的物质资源也无法被激活，即使国家为农村学校投放了大量的物质资源，但是使用效率低，甚至被闲置。也就是说，在城区学校和乡镇学校，不论是人力资源还是物质资源，都是处于被激活的高效使用状态，而农村学校的人力资源和物质资源，则处于沉寂的“僵尸”状态。因此，需要纠正的认识是，物质资源的流量固然重要，但最为关键的不是物质资源的流量，而是学校所拥有的物质资源和人力资源是否能被激活，是否发挥了资源自身所潜在的功能和能力，即是否保障和推动了学校的运转和发展。

基于对教育资源范畴认知偏差的纠偏，可以总结出如下认识：教育物质资源是学校发展的基础性资源，公平的资源分配有助于推动城乡义务教育均衡发展，但是学校发展的关键在于激活资源，保障资源使用的效率与效用，因此需要同时注重学校人力资源结构，通过推动物质资源和人力资源的有效互动，从而实现学校主体结构的良性运转。由此可以将资源的激活和结构的均衡看作城乡义务教育均衡发展的“最后一公里”问题。

三　教育资源结构均衡与竞争动员体系的重构

对教育资源的功能认知偏差不仅使部分农村学生家庭在花费一定的成本后仍然无法真正获得优质的教育资源，而且激化了教育资源的竞争性和排斥性，使具有公平属性的准公共产品演变成为具有竞争性和排斥性的私人产品。教育资源的范畴认知偏差忽视了不同学校教育资源的结构性力量，使不同学校之间的教育结构的完整性存在差异，进而影响学校运行状态和运转效率。可以从中获得两点启示：一是保障城乡义务教育阶段学生公平教育权利的根本是保障城乡学校均衡的教育资源结构；二是城乡义务教育阶段学校资源结构的运转关键是激活学校内部总体资源的力量，即激活教师、学生和物质资源。

保障城乡学校均衡的教育资源结构，意味着城乡学校之间要拥有相对均衡的物质资源和人力资源，相对均衡并不意味着数量对等，而是指结构稳定和运转能力对等。由于农村一级学校作为生源和师资的流出地，学生的逆向回归和教师的分配更新困难，要推动农村学校的结构均衡存在极大的难度。因此，为了保障城乡学校的结构均衡，要将农村学校的学生集中到乡镇学校一级，再通过充实、壮大乡镇学校的物质资源和师生数量，使城区学校和乡镇学校的物质资源和人力资源达到相当的规模和层次，那么二者的基础结构就具有了可比性，城乡学校之间的公平竞争和均衡发展就具备了基础条件。从乡镇学校的运转来看，乡镇学校依靠完整的基础结构能够建立起健全的学校运转体系，与农村学校不健全的学校运转体系相比，更能回应和解决学生的教育需求。对于农村学生而言，他们进入乡镇学校就读，不仅能够享受到与城区学校同等的教育资源，而且能够获得与自身条件相匹配的教育服务。

在建立完整的教育资源结构框架之后，需要解决城乡学校均衡发展的“最后一公里”问题，即激活学校内部主体和资源的力量。学校教育资源结构的激活具有两个层次：一是激活教师和学生，使他们能够充满活力地围绕教育发展目标运转起来；二是激活物质资源，使物质资源最大效率地发挥最大效用。激活师生资源是激活物质资源的前提，激活师生资源需要重建一套竞争体系，通过竞争引导教师和学生明确发展方向，在发展中充分利用和发挥物质资源的力量。之所以谓之“重建竞争”，原因在于在教育资源要素流动之前，城乡学校在应试教育目标之下拥有一套以教学成绩为标准的竞争体系，各个学校以教学成绩作为学校发展的指挥棒，学校的活力得以释放。随着教育城镇化的发展和素质教育话语的兴起，应试教育的合法性和合理性受到质疑，教育系统内部弱化了应试教育倾向，城区学校在规模结构需求和家庭教育诉求压力下依靠内生力量重建了教育竞争体系，乡村学校的教育竞争体系被瓦解之后，学校因师生规模限制和国家政策约束未建立完整的教育竞争体系（当然，少部分学校冒着违反国家政策的风险维持了应试教育的竞争体系）。当前的教育发展理念出于维护学生健康成长和抑制学校恶性竞争的考虑极度抑制竞争，但是一味地排斥竞争行为，可能使得学校发展和师生发展缺乏明确的方向与目标，同时无法消除实际客观存在的校际竞争和社会竞争。通过重建乡村学校的教育竞争体系，明确教师和学生发展的目标和方向，有利于激活学校的主体力量，进而激活学校的各类物质资源，从而使学校的整体活力和发展潜力得以释放。

邬志辉曾指出，农村学校是一个社区组织，城乡教育一体化发展机制的关键在于自组织和激励相容，一体化的关键是要重建乡村教育形态①。尽管笔者不认同邬志辉教授对于农村学校的乐观态度，但是认可其对于学校组织结构的性质认识，即城乡教育一体化发展的关键是自组织和激励相容。自组织是指学校的自在运行，即依靠内部力量保持持续发展，激励相容则是指学校内部关系的协调与稳定，后者是前者的保障。如果一旦无法保障自在运行和内部的激励相容，长期依靠外在力量的支持，学校不仅无法参与校际竞争，而且无法维持自身的持续发展，学校的衰亡就成为必然。反之，学校若能够保障资源结构的完整性，并重建学校的竞争体系，通过建立以竞争内容为标准的激励机制维持竞争结构的运转，那么就能够将师生力量充分动员起来，使得师生在完整教育结构之下获得成长与发展。

---

① 邬志辉：《当前我国城乡义务教育一体化发展的核心问题探讨》，《教育发展研究》2012 年第 17 期。

第四节　小结：城乡义务教育均衡发展的资源配置与优势发挥

教育城镇化塑造了义务教育阶段城乡学校的梯度结构，不同学校的运转模式和发展状态形成差异，城区学校、乡镇学校和农村学校均存在发展上的问题，城区学校教育体系针对进城的农村学生形成隐性的排斥，农村学校中的农村学生处于被放弃的状态，乡镇学校对于农村学生的培养做出重要贡献，但在生源流失压力下，仍然需要采取特殊的重点班制度重点培养优秀学生。总体上来看，教育城镇化不仅未能推动城乡义务教育的均衡发展，反而使得城乡学生之间的差距日益拉大。

在教育公平理论中，教育起点结构受到学校环境和家庭环境的双重影响，即使国家改善了城乡学校之间的物质环境，却难以改变城乡学生家庭的教育能力，当前社会广泛存在的“不输在起跑线上”的教育竞争思想充分反映出家庭教育的渗透能力，从中可以看出家庭教育能力的差异，因此教育起点始终无法做到公平。此外，教育过程公平主要是由学校主导和决定的，结果公平是起点公平和过程公平互动的结果。那么，要推进城乡义务教育均衡发展，必须要改善城乡学校教育结构，推进城乡学校结构的均衡发展，一方面要保障乡村学校资源配置的稳定结构；另一方面则要根据乡村学校的特点发挥自身的比较优势。

从资源配置的角度来讲，乡村学校需要进行资源整合和集中，将乡村学生集中到集镇或便利的村落，打造一所或几所适度规模的中小学。乡村学生集中具有多个方面的意义：一是有利于集中教育物质资源发挥规模效应，比如在学校校舍、器材设备上不仅能够集中投入，还能够提高资源的使用效率。二是有利于吸引和稳定教师队伍，一方面在于规模数量的学生教育能够提高教师的教学热情；另一方面在于集镇或便利村落的交通条件较好，能够为教师在生活上提供更多方便，有利于留住年轻教师。三是有利于建立具有活力和竞争力的学校管理体制，成立的规模学校在教师、学生和资源投入上与城区学校基本相当，那么依靠完整稳定的资源结构，乡村学校能够建立起完整的教育管理体系，为学生提供知识教育、行为教育和能力培养等多方面的教育服务。

在此需要说明的是，在2001—2012年间，国家曾经推行了“撤点并校”政策，中西部农村大量学校或教学点被撤并，“撤点并校”带来学龄儿童上学过远、负担过重、辍学率上升、人力资本积累受阻等后果，不仅未能降低教育成本、提高教育效率，反而加剧了乡村教育所面临的不公正①。将乡村学生集中到集镇或便利村落就读，这一选择与“撤点并校”类似。差别在于，当前社会的整体环境发生变化，“撤点并校”时期所遭遇的问题已经逐步解决，比如乡村交通条件的改善和校车制度的实施解决了上学距离远的问题，义务教育和完善的校舍降低了学生的教育负担。学生集中并不代表盲目撤并，而是将发展无望的学校撤掉，有条件保留的乡村学校仍然继续保留，甚至可以发展成为结构完整、具有竞争力的片小。学生集中背后的逻辑是为学生提供发展型的教育而非保底型的教育。

从比较优势发挥的角度来讲，由于乡村教育环境具有自身的独特性，乡村学生家庭的教育能力相对较弱，社会教育环境和市场教育环境欠缺，因此学生高度依靠学校教育，相比于城区学校，乡村学校除却保持一定的发展规模外，还需要发挥自身的比较优势，以弥补家庭教育、社会教育和市场教育的不足。乡村学校具有以下几点比较优势。

一是农村学生吃苦耐劳，独立自主能力强。生活在乡村的学生在生活条件和经济条件上相对落后，经历的挫折和克服的困难相对较多，生活环境培养了他们吃苦耐劳和独立自主的精神，吃苦耐劳和独立自主的精神能够通过教育引导转化为勤奋刻苦和自主钻研的精神。

二是乡村学校教育环境相对简单，一方面校外环境简单，学校受到外界活动和信息的干扰少；另一方面学校与教育相关部门的距离远，不易受到行政活动的干扰，学校更能够“放下宁静的书桌”，是教书育人的圣地。

三是学生校外活动少，受到外界活动和信息的影响小，学生可自

① 侯海波、吴要武等：《低龄寄宿与农村小学生人力资本积累——来自“撤点并校”的证据》，《中国农村经济》2018年第7期；梁超：《撤点并校、基础教育供给和农村人力资本》，《财经问题研究》2017年第3期；蔡志良、孔令新：《撤点并校运动背景下乡村教育的困境与出路》，《清华大学教育研究》2014年第2期。

主支配的时间充沛，因此学校可以将学生的校外时间充分利用起来，用于解决学生家庭教育和社会教育不足的问题。

四是师生关系单纯，乡村地区由于经济条件的限制不易发育发达的教育市场，教师不会将心思放在教育有偿服务上，而是集中精力在学校空间中教书育人，因此师生关系更加简单纯粹。

五是乡村学校作为乡村社会中为数不多甚至唯一的教育机构，因乡村家长缺乏教育能力，同时缺乏市场教育机构的冲击，学校更易获得来自家长和社会的尊重，树立社区中文化权威的形象，如同李书磊所称“村落中的国家”①，集中的乡村学校仍然可以发挥“乡村中的国家”的功能，并拥有相应的权威。同样，城区学校也具有自身的比较优势，比如校外环境复杂、信息传递速度快、可接受的新兴事物多、新兴技术的利用能力强等。

据此，可以简单比较两种城乡义务教育均衡发展的思路，一种是资源主导型发展思路；另一种是结构均衡型发展思路，前者强调国家要保障不同学校在资源供给上的均衡，然而，由于城乡学校可获得的家庭资源（市场资源是家庭资源的外在反映）和社区资源存在差异，导致不同学校最终获得的资源总量存在量级差异，那么城乡学校之间的竞争注定是失衡的。后者强调不同学校在组织结构上的均衡，国家保障不同学校之间的资源供给相对均衡，学校自身依靠既有的资源结构（包括国家资源、家庭资源和社区资源）和自身的比较优势，形成学校发展的整体能力，从而进行公平竞争（见图6－1和图6－2）。

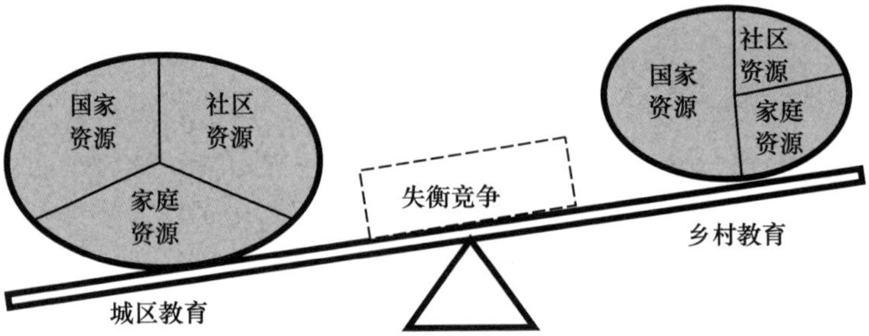

图6－1　资源主导型城乡义务教育发展模型

① 李书磊：《村落中的国家》，浙江人民出版社1999年版。

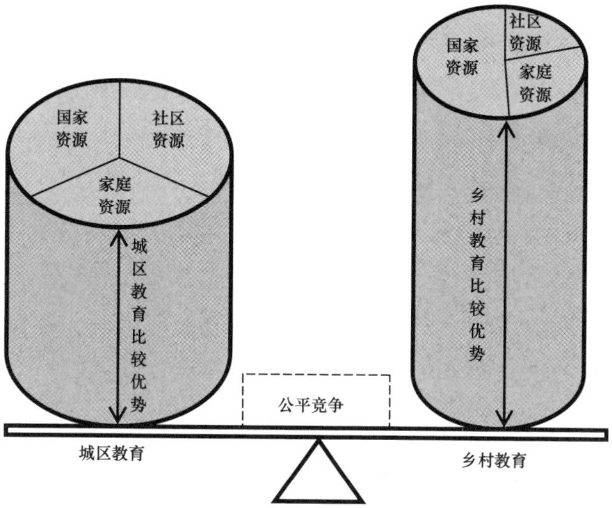

图 6－2　结构均衡型城乡义务教育发展模型

说明：图 6－1 和图 6－2 中城区教育和乡村教育中的国家资源总量相当。

在推进城乡义务教育均衡发展过程中，需要警惕“补偿理论”的惯性依赖，即对于乡村学校而言，尽管自身存在基础性弱势，需要依靠国家倾斜资源弥补缺陷，但是不能长期依赖国家的倾斜政策，而要重视学校内生能力的建设与开发，通过开发自身的比较优势形成竞争能力和竞争实力，从而参与到与城区学校的公平竞争中。否则，乡村学校将永远处于教育竞争的弱势地位和教育发展的不利位置。

第七章　研究结论与未来展望

第一节　基本结论

本书所要研究的核心问题是城乡义务教育公平发展问题，探讨为何国家投入大量资源大力推动城乡义务教育均衡发展，城乡之间的义务教育差距却难以弥合，甚至出现城乡义务教育差距扩大化的趋势。笔者从教育城镇化的角度入手，采取结构分析方法，通过分析教育城镇化过程中城区学校、乡镇学校和农村学校的资源结构和运行机制，呈现出城乡义务教育非均衡发展的状态；透视出城乡义务教育非均衡发展的机制。根据对城乡村三类学校的分析，总结出教育城镇化背景下城乡学校非均衡发展的根源所在，进而探讨弥合城乡义务教育均衡发展的道路选择。具体结论如下。

第一，教育城镇化的发展是地方政府和农民家庭基于自身目标共同推动的结果。当前我国中西部地区县域范围内的教育城镇化，不是教育资源要素自然流动的结果，而是基层政府和农民家庭双重力量推动的结果。从县级政府的角度来讲，在多重行政任务压力下，教育城镇化是盘活县域经济和应对多重行政任务的可能力量，地方政府通过半开放性的准入政策允许乡村学校师资和生源进城，试图带动农村户籍人口进城，以此实现地域内部人口城镇化，带动地区经济发展的活力和地方财政收入的增长。从农民家庭的角度来讲，教育城镇化是村庄内部经济分化和竞争的结果，处于经济上层的家庭依靠家庭资本获得城镇学校优质教育资源，家庭竞争与学校生源流失的负外部性使乡村中下层家庭跟随进城，进而引发农村学生进城就读的高潮。地方政府半开放性的城镇教育机会准入政策与农民家庭获得优质教育资源的社会竞争相结合，形成推动中西部地区教育城镇化的双重力量。

第二，教育城镇化彻底改变了城乡学校的资源结构，重塑了城乡学校的运行机制和教育性质。教育城镇化是乡村学校中的生源、师资和物质资源向城镇学校流动的过程和状态，教育资源要素的流动使城区学校、乡镇学校和农村学校分别形成了具有拥挤效应、反鲶鱼效应和集聚效应的资源结构。在拥挤效应下，城区学校的人力资源规模大，管理任务繁重，超额的生源规模、高标准的资源供给与政府有限的供给能力三者之间存在一定的张力，一方面需要建立科学完整的管理体系；另一方面则需要在学校内部进行教育资源和教育责任的再分配，由此形成了科层化的管理体系、功利型的师生关系和互嵌型的家校关系，进而塑造了城区学校竞争型的教育形态。在反鲶鱼效应下，农村学校的人力资源规模小而弱，管理任务简单，弱势的生源规模和师资力量难以建立完整的管理体系，保障学校的正常运转，所形成的是松散化的管理体系、策略型的师生关系和脱嵌型的家校关系，进而塑造了农村学校保底型的教育形态。在集聚效应下，乡镇学校的人力资源规模适度，管理任务适中，乡镇学校的教育管理能力和学校师生的发展需求相匹配，所形成的是民主化的管理体系、共生型的师生关系和协作型的家校关系，进而塑造了乡镇学校发展型的教育形态。一言以蔽之，城乡学校的运转状态实际上是基于资源结构基础之上形成的行为表现。

第三，在城乡学校不同的运行机制和教育性质之下，农村学生接受了不同类型的教育服务。城区学校的竞争型教育，对学生自身能力表现和学生家庭教育能力提出要求，由于进城的农村学生缺乏城区学校所要求的行为表现能力和家庭教育能力，学校内部教育资源和教育机会的分配倾向于城区学生，从而使得进城的农村学生实际上处于城区学校教育结构中的边缘位置，即形成了城市内部的教育二元结构。农村学校的保底型教育，是师生行为消极和发展无望的外在表现，由于学生规模结构弱小，教师缺乏教育积极性，学生缺乏学习积极性，学校内部的教育资源难以被激活，为数不多的教育机会分配给少数优秀学生，农村学校整体缺乏发展活力和发展能力，教育城镇化所产生的负外部性使得农村学校处于城乡教育体系的边缘位置，所形成的是城乡之间的教育二元结构。乡镇学校的发展型教育，是学校内部教育需求与教育供给、学校发展目标和学生成长目标两相契合的结果，由于学校规模适中，同时教育服务对象几乎全部是具有同质性的农村学生，学校的教育服务能力能够与学生的教育需求达成一致，从而实现学校、教师和学生之间的共同发展，农村学生不仅未被边缘化，而且有望获得与城区学校相媲美的教育服务。因此，在教育城镇化的背景下，城区学校和农村学校都难以保障农村学生的教育权利，而最适合农村学生的学校应是乡镇学校（广义上的乡镇学校，在乡村地区具有适度师生规模和教育能力的学校）。

第四，教育城镇化的实践逻辑与教育公平的实质内涵存在偏差，前者塑造的形式公平破坏了义务教育资源的准公共物品属性和农村学生的教育发展目标。教育城镇化试图通过给予农村学生与城区学生同等的教育环境，实现城乡义务教育公平发展。然而，教育城镇化虽然给予部分农村学生进城就读的机会，保障了城乡学生获得形式上的就学公平，但是既无法保障农村学生在城区学校获得公平的教育，也破坏了农村学生在农村学校的教育结构和教育权利，同时还破坏了教育资源的分配规则和教育竞争规则，使教育资源的分配标准经历了从政治标准到经济标准的转变，教育竞争规则经历了从学生个体努力到家庭资源动员的转变。对于农村学生及其家庭而言，他们期待获得的是具有实质性发展意义的教育结果公平，教育城镇化则不断提升教育资源的竞争属性和优质教育资源的获得成本，使得他们依靠公立教育体系获得教育发展机会的可能性越来越小。

第五，城乡义务教育均衡发展的关键是寻找到乡村学校发展的合理层次，重塑城乡学校的均衡结构，激活乡村学校的内生资源和比较优势，从而建立具有平等竞争实力的城乡学校体系。乡镇学校是农村学生就读和国家资源倾斜投入的合理层次，从农村学生的角度来讲，他们所需要的不是形式上的教育公平，而是符合他们发展目标的教育供给，城区学校无法回应和解决农村学生的教育诉求和教育问题，农村学校又缺乏回应能力和解决能力，乡镇学校则能够依靠自身的独特优势给予农村学生所需的教育资源和教育服务。从学校发展的角度来讲，学校不能始终依靠外在力量的支持获得发展，而是需要自身具备内生能力，乡镇学校处于城区学校和农村学校的中间地带，能够保持一定的师生规模，建立完整的管理结构，形成独立自主的发展能力和竞争实力。因此，要实现城乡义务教育均衡发展，不能以资源流量的多少作为均衡与否的标准，而是要确保城乡学校之间的结构均衡，即通过激活学校的内生资源和比较优势，确立城乡学校的教育能力和竞争实力，如此才能确保城乡学校之间的均衡发展和公平竞争。

第二节　对策建议

本书从结构主义的分析视角出发，通过对城乡三类学校的深入分析，发现城乡义务教育均衡发展的关键不在于资源均衡，而在于结构均衡，只有城乡学校建立了均衡的教育结构，能够激活自身既有资源，发挥各自的比较优势，才能够真正建立起具有持续发展能力的城乡教育体系，即一方面要保证对乡村学校的物质资源投入和人力资源稳定；另一方面则要给予乡村学校一定的政策空间，使得乡村学校能够充分发挥自身的比较优势。据此，需要从以下五个方面着手保障城乡学校之间的结构均衡。

一是建立完善的学区管理制度，遏制农村学生向城区学校的非理性流动。学校发展最重要的资源要素是学生，学生流动会带动教师流动和资源流动，教育城镇化中大量农村学生进城就读是跟风进城，多是非理性的选择。个体非理性造成集体非理性，不仅无法保障农村学生在城区学校享受公平的教育权利，而且破坏了乡村学校的教育结构，留在乡村学校就读学生的教育权利也受到破坏。因此，国家必须坚持和完善学区管理制度，提高进城就读学生的身份审核精度，保障乡村学校学生的规模和质量，以此维护乡村学校发展的基本结构和农村学生教育发展的完整场域。

二是解决农村学生到乡镇学校就读的生活需求和生活配套问题。农村学生进入城区学校就读，城区学校无法解决农村学生们的食宿问题，学生家庭需要通过陪读、托管、私立学校就读等方式解决，增加了家庭的经济压力，且滋生了各种教育问题①。农村学生在乡镇范围内就读，离家近，可以根据实际条件每天往返和每周往返。若每日往返，学校需要建立安全的校车管理制度解决学生的日常交通问题，每日接送学生往返于家校之间。若每周往返，学校不仅要解决交通问题，还要建立食堂和宿舍，保障学生在校期间的食宿问题，同时要加强学生寄宿的安全管理工作。

三是保障乡村学校教师的生活水平和福利待遇，建立稳定的教师队伍。乡村学校若集中到交通便利的乡镇或村落，有利于吸引新的教师力量。由于大量年轻教师选择在城区安家，乡村学校教师要接受两栖生活，工作日在学校居住，节假日回家，那么国家需要解决乡村学校教师在校期间的食宿问题，为他们提供温馨舒适的教师公寓和香甜可口的饭菜，增强他们对学校的归属感。此外，由于乡村教师要承受与家人短暂分离之苦，国家应当进一步适度增加他们的待遇水平，使他们的工资待遇高于城区学校的工资待遇，同时改革教师培训模式，提升乡镇教师的专业水平，以此增强乡村学校对教师队伍的吸引力。

四是改变"一刀切"的管理体制，给予乡村学校一定的自主管理空间，使之能够最大限度地发挥教育发展的比较优势。乡村学校拥有自身发展的比较优势，但是一些比较优势在当前的制度要求下无法被利用，比如乡村学生拥有充裕的时间，但国家严格规定了学生在校学习时间，乡村学校就无法将这一巨大优势发挥出来。对于农村学生而言，勤奋刻苦和时间利用是他们最大的优势，因此国家需要给予学校一定的管理空间，允许他们自主探索如何进行时间管理，如何最大限度地发挥自身优势。

五是建立城乡学校信息互通机制和人才交流机制，重塑城乡学校平等的教育形象。社会长期存在城市优质教育和乡村劣质教育的刻板印象，使得乡村学校成了二等学校，乡村学生成了二等学生，一方面在于乡村学校确实存在客观显见的资源劣势、信息劣势和成绩劣势；另一方面则在于乡村学校的优点未被发现和重视。因此，需要通过加

① 雷望红：《阶层流动竞争与教育风险投资——对甘肃宁县"陪读"现象的解读》，《中国青年研究》2018 年第 12 期。

强城乡之间的信息互通和人才交流，提高乡村学校获取信息和分享信息的能力，比如增加互联网等新技术的运用，展示和传播乡村学校的优点和特色，从而稳定学生队伍和教师队伍，提高师生对学校的认同感和归属感，塑造城乡学校平等的教育形象，由此改变社会所存在的刻板印象。

教育城镇化所塑造的是非均衡发展的城乡义务教育格局，农村学生实质的教育权利无法得到公平保障。因此，要彻底改变这一局面，促进城乡义务教育均衡发展，必须改变乡村学校教育结构，通过稳定生源队伍，吸引教师队伍，开发比较优势，激活内生力量，获得发展能力，建立起符合农村学生教育特点和教育目标的教育体制。由此，才能使乡村学校真正做到与城区学校公平竞争，进而保障农村学生及其家庭实现他们的教育发展目标。

第三节 局限与展望

本书是对教育城镇化背景下城乡义务教育公平的研究，以教育城镇化这一趋势为背景，分析当前我国城乡义务教育均衡发展的机制所在。本书采取结构分析视角，使用机制分析方法，对教育城镇化背景下城乡义务教育非均衡发展问题进行深度分析，意在回应“为何我国为促进城乡义务教育公平发展投入了大量资源，然而城乡义务教育之间的差距却存在扩大化的趋势”这一悖论。

在具体研究中，笔者发现教育城镇化无法一劳永逸地解决城乡义务教育发展中的非均衡问题，城区学校突破了规模极限之后会产生教育资源再分配的城乡不公，农村学校则受到教育城镇化的影响而导致自身发展无力，城乡义务教育要实现公平发展的关键在于保障结构均衡。但是本书还存在以下三方面的不足。

一是本书以中西部的县域作为代表区域进行研究，反映了我国大多数中西部地区城乡义务教育公平发展的一般情况，但是由于调研时间和自身能力的限制，未能充分展现中西部地区县域义务教育公平发展的复杂性，未来还可以对中西部地区的教育状况和发展逻辑进行类型划分，从中提炼出几种理想类型。

二是教育城镇化塑造的学校不仅有公立学校，还有私立学校，由于私立学校的运作逻辑与公立学校存在明显的差异，本书为了避免将问题复杂化，故而将分析的重点放在公立学校系统上。在未来的进一步研究中，有必要将私立学校作为研究切口和研究重点来探讨教育公平问题。

三是教育城镇化作为一个新兴研究对象，是一项十分有趣且极具研究价值的议题，但笔者对教育城镇化本身的分析有限，只是简要从两个方面分析，在未来的研究中还需要进一步深入研究。

主要参考文献

一　中文参考文献

（一）中文著作

陈静漪：《中国义务教育经费保障机制研究——机制设计理论视角》，东北师范大学出版社2012年版。

仇立平：《家庭—学校—工厂：中国社会阶层再生产》，中国社会科学出版社2015年版。

费孝通：《乡土中国》，上海人民出版社2013年版。

何玉梅、［德］乌韦·杜莱克、［德］乔纳森·福肯、［葡］朱莉安娜：《行为经济学视角下的义务教育均等化研究》，东南大学出版社2017年版。

贺雪峰：《华中村治研究（2016年卷）：立场·观点·方法》，社会科学文献出版社2016年版。

胡俊生：《农村教育城镇化研究》，中国社会科学出版社2014年版。

黄已平：《中国政治体制改革纵横谈》，中央编译出版社1998年版。

贾可卿：《分配正义论纲》，人民出版社2010年版。

李军超：《政府推进城乡义务教育均衡发展的制度逻辑研究》，中国社会科学出版社2015年版。

李书磊：《村落中的国家》，浙江人民出版社1999年版。

李素敏：《义务教育均衡发展的理论与实践研究》，中国社会科学出版社2017年版。

钱理群、刘铁芳：《乡土中国与乡村教育》，福建教育出版社2008

年版。
沈有禄：《教育机会分配的公平性问题研究》，人民出版社 2018 年版。
石中英：《略论农村文明和农村教育》，载黄平主编《乡土中国与文化自觉》，生活·读书·新知三联书店 2007 年版。
孙立平：《断裂：20 世纪 90 年代以来的中国社会》，社会科学文献出版社 2003 年版。
翁乃群：《城市导向的农村教育》，载翁乃群主编《村落视野下的农村教育：以西南四村为例》，社会科学文献出版社 2009 年版。
吴德刚：《中国全民教育研究：兼论教育机会平等问题》，教育科学出版社 2011 年版。
夏茂林：《我国义务教育发展失衡的制度述源及变迁研究》，科学出版社 2015 年版。
徐同文：《城乡一体化体制对策研究》，人民出版社 2011 年版。
薛二勇：《教育公平与公共政策：促进公平的美国教育政策研究》，北京师范大学出版社 2015 年版。
鄢一龙、白钢、吕德文、刘晨光、江宇、尹伊文：《天下为公：中国社会主义与漫长的 21 世纪》，中国人民大学出版社 2018 年版。
杨斌：《农村教育投入：绩效、机制与模式》，科学出版社 2016 年版。
杨东平：《艰难的日出：中国现代教育的 20 世纪》，文汇出版社 2003 年版。
于发友：《通向教育理想之路：县域义务教育均衡发展研究》，山东人民出版社 2008 年版。
袁振国：《论中国教育政策的转变：对我国重点中学平等与效益的个案研究》，广东教育出版社 1999 年版。
翟学伟：《人情、面子与权力的再生产》，北京大学出版社 2016 年版。
张济洲：《文化视野下的村落、学校与国家——一个地方社区基础教育变迁的历史人类学考察》，教育科学出版社 2011 年版。
张旺：《城乡义务教育一体化发展研究》，教育科学出版社 2017 年版。

郑杭生：《社会学概论新修》，中国人民大学出版社 2019 年版。
朱新卓等：《中国农村教育阶层再生产功能的文化分析》，上海三联书店 2015 年版。

（二）期刊论文

蔡志良、孔令新：《撤点并校运动背景下乡村教育的困境与出路》，《清华大学教育研究》2014 年第 2 期。
陈桂兰：《建立新型家校关系，推进素质教育》，《厦门教育学院学报》2000 年第 2 期。
陈劲松：《以扁平化管理模式破除年级组管理“矛盾”》，《江苏教育》2018 年第 2 期。
陈立永：《学校家长委员会建设范式的转型》，《教育科学研究》2011 年第 7 期。
陈平生：《对“应试教育”和“素质教育”的再认识》，《福建基础教育研究》2018 年第 1 期。
陈享：《拓展家校联系途径，培育良好家校关系》，《华夏教师》2017 年第 3 期。
陈晓春、谭娟等：《基于共生理论的区域行政发展研究》，《财经理论与实践》2007 年第 6 期。
陈永正、陈家泽：《论中国乡级财政》，《中国农村观察》2004 年第 5 期。
程业炳、张德化：《新型城镇化背景下城市二元结构研究述评》，《云南民族大学学报》（哲学社会科学版）2013 年第 4 期。
褚宏启、褚昭伟：《我国县城义务教育公共服务的拥挤效应与有效供给》，《教育发展研究》2018 年第 10 期。
褚宏启：《城乡教育一体化：体系重构与制度创新——中国教育二元结构及其破解》，《教育研究》2009 年第 11 期。
党建伟、张耀东等：《农村教学点标准化建设思考》，《标准科学》2018 年第 12 期。
德吉卓嘎：《浅析学校人力资源均衡发展的有效途径》，《西藏教育》2017 年第 10 期。
丁春风：《财政分权视角下对义务教育投入不足的原因分析——以小

学为例》，《中国集体经济》2017 年第 17 期。
丁亚东：《家庭教育、学生成绩与社会再生产》，《当代教育论坛》2018 年第 5 期。
董洪亮、张烁：《义务教育：破解“乡村弱”“城镇挤”——统筹推进县域内城乡义务教育一体化改革发展的成效与启示》，《重庆与世界》2018 年第 18 期。
董少林、蔡永凤：《农村公共服务的有限理性与集体理性——以农村校车服务为例》，《江西社会科学》2014 年第 9 期。
杜春林、张新文：《从制度安排到实际运行：项目制的生存逻辑与两难处境》，《南京农业大学学报》（社会科学版）2015 年第 1 期。
杜薇、李炳煌：《教育城乡二元结构与教育城乡一体化两难的超越》，《学理论》2018 年第 6 期。
凡勇昆、邬志辉：《农村教育现代化的解释逻辑和价值定位》，《教育科学研究》2015 年第 7 期。
樊继达：《城市二元结构：拉美警示与中国式应对》，《国家行政学院学报》2014 年第 4 期。
范先佐：《教育的低效率与教育产权分析》，《华中师范大学学报》（人文社会科学版）2002 年第 3 期。
方学礼：《中小学教学管理组织结构的变革》，《中小学管理》2005 年第 7 期。
龚宝成：《乡村教育生态回归平衡与重振：乡村教师留得住和本土化》，《教师教育论坛》2019 年第 2 期。
顾明远：《教育公平绝不是平均主义》，《辽宁教育》2016 年第 18 期。
管兵、唐玥钰：《积分入学：政策创新与公平性讨论》，《中国公共政策评论》2018 年第 1 期。
桂华：《项目制与农村公共品供给体制分析——以农地整治为例》，《政治学研究》2014 年第 4 期。
郭一建：《二元结构下的城乡教育与社会正义的实现》，《现代交际》2016 年第 10 期。
何爱芬：《我国农村义务教育供给困境与对策研究》，《亚太教育》2016 年第 13 期。

贺雪峰、刘岳：《基层治理中的“不出事逻辑”》，《学术研究》2010 年第 6 期。
贺雪峰：《论中国式城市化与现代化道路》，《中国农村观察》2014 年第 1 期。
侯海波、吴要武等：《低龄寄宿与农村小学生人力资本积累——来自“撤点并校”的证据》，《中国农村经济》2018 年第 7 期。
胡俊生、李期：《空心村·空壳校·城镇化潮——农村教育的困境与出路》，《甘肃社会科学》2014 年第 5 期。
胡俊生、李期：《农村教育城镇化：城乡一体化的助推器》，《甘肃社会科学》2010 年第 2 期。
胡俊生：《农村教育城镇化：动因、目标及策略探讨》，《教育研究》2010 年第 2 期。
皇甫亚楠：《对“寒门再难出贵子”的思考——分析教育与社会分层的关系》，《宿州教育学院学报》2014 年第 1 期。
黄颖、叶敬忠：《家长学校在留守儿童教育中的作用研究——基于四川 Q 县农村中小学家长学校的调查》，《中小学管理》2007 年第 9 期。
纪德奎：《乡村振兴战略与城乡义务教育一体化发展》，《教育研究》2018 年第 7 期。
江永清：《转型缺口与回应时滞：转型期农村校车服务政策变迁》，《农林经济管理学报》2015 年第 2 期。
姜超、邬志辉：《农村教师工作满意度形成机制分析——以亚当斯公平理论为框架》，《教育导刊》2015 年第 7 期。
雷万鹏、张雪艳：《农村小规模学校师资配置政策研究》，《教育研究与实验》2012 年第 6 期。
雷望红：《阶层流动竞争与教育风险投资——对甘肃宁县“陪读”现象的解读》，《中国青年研究》2018 年第 12 期。
雷望红：《政策吸纳：理解农村低保政策执行偏差的新视角——基于黔西南 M 县 Y 乡的田野调查》，《西南大学学报》(社会科学版) 2019 年第 1 期。
李慧芳、孙津：《城乡统筹中新型城市形态创制的要素关系》，《中国人口·资源与环境》2008 年第 2 期。
李期、吕达：《关于农村教育城镇化的可行性探讨》，《延安大学学报》（社会科学版）2010 年第 1 期。
李齐云、隋安琪：《中国式财政分权对义务教育供给水平的影响研究》，《公共财政研究》2018 年第 4 期。
李少元：《城镇化对农村教育发展的挑战》，《中国教育学刊》2003 年第 1 期。
李涛、邬志辉、邓泽军：《中国统筹城乡教育综合改革：统筹什么？改革什么？——〈国家中长期教育改革和发展规划纲要（2010—2020 年）〉视阈下的“城乡治理论”建构》，《西南大学学报》（社会科学版）2011 年第 3 期。
李涛、姚俊：《建构面向“中国问题”的教育公平治理体系—方法论新范式：统筹教育论纲》，《江淮论坛》2009 年第 4 期。
李先军：《初级中学重点班制度与教育公平》，《教育学术月刊》，2008 年第 1 期。
李翔：《城市二元结构：困局与破局》，《理论与改革》2014 年第 4 期。
李永萍：《家庭发展能力：农村家庭策略的比较分析》，《华南农业大学学报》（社会科学版）2019 年第 1 期。
李云森、王军辉、罗良：《亲子分离之殇：父母外出与农村儿童的福利损失》，《中国经济问题》2019 年第 1 期。
李祖佩：《项目进村与乡村治理重构——一项基于村庄本位的考察》，《中国农村观察》2013 年第 4 期。
梁超：《撤点并校、基础教育供给和农村人力资本》，《财经问题研究》2017 年第 3 期。
梁晨、董浩、任韵竹、李中清：《江山代有才人出——中国教育精英的来源与转变（1865—2014）》，《社会学研究》2017 年第 3 期。
梁晨、李中清、张浩、李兰、阮丹青、康文林、杨善华：《无声的革命：北京大学与苏州大学学生社会来源研究（1952—2002）》，《中国社会科学》2012 年第 1 期。
梁晨、任韵竹、王雨前、李中清：《民国上海地区高校生源量化刍议》，《历史研究》2017 年第 3 期。
梁琦、王斯克：《集聚效应、选择效应及其对区域生产效率的影响》，《华南理工大学学报》（社会科学版）2019 年第 1 期。
林辉煌、贺雪峰：《中国城乡二元结构：从“剥削型”到“保护型”》，《北京工业大学学报》（社会科学版）2016 年第 6 期。
林玲：《家校合作关系的检视——一种批判的视角》，《教育科学研究》2013 年第 6 期。
蔺海沣、赵敏、杨柳：《新生代乡村教师角色认同危机及其消解路径》，《中国教育学刊》2019 年第 2 期。
凌明一：《教育改革背景下应试教育症候及其对策探寻》，《教学与管理》2018 年第 30 期。
刘敏：《农村小规模学校小班化教学管理之策略》，《学周刊》2019 年第 11 期。
刘雪扬：《城镇化、财政分权与政府教育支出绩效研究》，《市场周刊》2019 年第 2 期。
刘阳阳、王瑞：《寒门难出贵子？——基于“家庭财富—教育投资—贫富差距”的实证研究》，《南方经济》2017 年第 2 期。
卢海弘：《班级规模变小，学生成绩更好？——美国对缩小班级规模与学生成绩之关系的理论与实验研究述评》，《比较教育研究》2001 年第 10 期。
陆学艺：《破除城乡二元结构 实现城乡经济社会一体化》，《社会科学研究》2009 年第 4 期。
逯长春：《变迁社会中的家庭教育：困境与发展对策》，《广西师范学院学报》（哲学社会科学版）2019 年第 1 期。
吕炜、王伟同：《我国公共教育支出绩效考评指标体系构建研究——基于绩效内涵和教育支出过程特性的构建思路》，《财政研究》2007 年第 8 期。
吕炜、王伟同：《中国公共教育支出绩效：指标体系构建与经验研究》，《世界经济》2007 年第 12 期。
马早明：《西方“教育机会均等”研究述评》，《教育导刊》2001 年第 Z2 期。

宁本涛：《调整结构 明晰产权——对我国教育资源配置效率与公平问题的制度分析》，《教育与经济》2000 年第 3 期。

欧阳静：《“维控型”政权 多重结构中的乡镇政权特性》，《社会》2011 年第 3 期。

钱民辉：《教育真的有助于向上社会流动吗——关于教育与社会分层的关系分析》，《社会科学战线》2004 年第 4 期。

秦玉友：《农村小规模学校发展的基本判断与治理思路》，《教育研究》2018 年第 12 期。

秦玉友：《农村小规模学校教育质量困境与破解思路》，《中国教育学刊》2010 年第 3 期。

屈育霞、唐绪龙：《农村教育城镇化可行性分析》，《重庆教育学院学报》2011 年第 4 期。

渠敬东、周飞舟、应星：《从总体支配到技术治理——基于中国 30 年改革经验的社会学分析》，《中国社会科学》2009 年第 6 期。

申作青：《中层管理者：提升组织执行力的中坚力量》，《管理现代化》2005 年第 3 期。

孙薇、郁钰：《应试教育与素质教育并非水火不容》，《中国教育学刊》2016 年第 5 期。

唐有财、符平：《亲子分离对留守儿童的影响——基于亲子分离具体化的实证研究》，《人口学刊》2011 年第 5 期。

陶然、周敏慧：《父母外出务工与农村留守儿童学习成绩——基于安徽、江西两省调查实证分析的新发现与政策含义》，《管理世界》2012 年第 8 期。

汪彩君、邱梦：《规模异质性与集聚拥挤效应》，《科研管理》2017 年第 S1 期。

王汉生、王一鸽：《目标管理责任制：农村基层政权的实践逻辑》，《社会学研究》2009 年第 2 期。

王欢、史耀疆、王爱琴、罗朴尚、罗思高、诸彦杰：《农村教师对后进学生刻板印象的测量研究》，《经济学（季刊）》2017 年第 3 期。

王瑞民、陶然、刘明兴：《中国地方财政体制演变的逻辑与转型》，《国际经济评论》2016 年第 2 期。

王学男、吴霓：《“后撤并时代”寄宿制学校对农村留守儿童关爱与教育的挑战与可能——基于江西、四川两省的调研》，《湖南师范大学教育科学学报》2019 年第 1 期。
王毅杰、卢楠：《随迁子女积分入学政策研究——基于珠三角、长三角地区 11 个城市的分析》，《江苏社会科学》2019 年第 1 期。
王兆林：《反思与前瞻：城市化进程中的农村教育》，《教育探索》2006 年第 5 期。
王正惠：《城乡义务教育一体化发展研究综述》，《上海教育科研》2015 年第 9 期。
翁文艳：《教育公平的多元分析》，《教育发展研究》2001 年第 3 期。
邬志辉、张培：《创新教育：概念、定位与变革》，《东北师大学报》2001 年第 6 期。
邬志辉：《城乡教育一体化：问题形态与制度突破》，《教育研究》2012 年第 8 期。
邬志辉：《城乡教育一体化的制度束缚与破解》，《华南师范大学学报》（社会科学版）2013 年第 1 期。
邬志辉：《打通教育扶贫的“最后一公里”》，《智慧中国》2016 年第 7 期。
邬志辉：《当前我国城乡义务教育一体化发展的核心问题探讨》，《教育发展研究》2012 年第 17 期。
吴德新：《农村教育城镇化：农村改革与发展的必然要求》，《湖南教育》2003 年第 15 期。
吴全华：《义务教育学校重点班制度应该废止——兼析因材施教的误用及后果》，《教育科学研究》2010 年第 10 期。
吴晓林：《“阶层复制”还是“精英循环”——高等教育促进社会流动的再分析》，《国家教育行政学院学报》2012 年第 3 期。
武优勐、毛中根、朱雨可：《城市的消费集聚效应影响劳动力流入吗？——基于 35 个大中城市面板数据的分析》，《经济与管理研究》2019 年第 1 期。
夏柱智、贺雪峰：《半工半耕与中国渐进城镇化模式》，《中国社会科学》2017 年第 12 期。

肖正德：《农村教师队伍结构的失衡问题与优化策略》，《课程·教材·教法》2012 年第 4 期。
辛涛、黄宁：《教育公平的终极目标：教育结果公平——对教育结果公平的重新定义》，《教育研究》2009 年第 8 期。
徐以卫：《谈从清华、北大的农村新生比例看教育公平》，《中国校外教育》2019 年第 9 期。
徐祖胜：《试析推进教育民主化》，《中国教育学刊》2011 年第 11 期。
闫闯：《应试教育与素质教育岂能相容——与〈应试教育与素质教育并非水火不容〉作者商榷》，《上海教育科研》2017 年第 7 期。
杨东亮、杨可：《财政分权对县级教育公共服务均等化的影响研究》，《吉林大学社会科学学报》2018 年第 2 期。
杨东平、王帅：《从网点下伸、多种形式办学到撤点并校——徘徊于公平与效率之间的农村义务教育政策》，《清华大学教育研究》2013 年第 5 期。
杨东平：《从权利平等到机会均等——新中国教育公平的轨迹》，《北京大学教育评论》2006 年第 2 期。
杨东平：《教育公平三题：公平与效率、公平与自由、公平与优秀》，《教育发展研究》2008 年第 9 期。
杨东平：《教育公平是一个独立的发展目标——辨析教育的公平与效率》，《教育研究》2004 年第 7 期。
杨东平：《教育公平与效率、自由、优秀三者的矛盾》，《教育研究与评论》（中学教育教学）2009 年第 3 期。
杨东平：《政府教育治理能力的现代化》，《教育发展研究》2013 年第 23 期。
杨华：《中国农村的“半工半耕”结构》，《农业经济问题》2015 年第 9 期。
杨建国：《基层政府的“不出事”逻辑：境遇、机理与治理》，《湖北社会科学》2018 年第 8 期。
杨良松：《中国的财政分权与地方教育供给——省内分权与财政自主性的视角》，《公共行政评论》2013 年第 2 期。
杨顺湘：《正确认识和处理党政机关目标管理五大关系》，《探索》

2000 年第 2 期。
杨卫安、邬志辉：《城乡教育一体化：范围、实质与研究路径》，《湖南师范大学教育科学学报》2013 年第 4 期。
杨卫安、邬志辉：《城镇化背景下中国农村教育发展的路向选择》，《社会科学战线》2015 年第 10 期。
姚大志：《当代功利主义哲学》，《世界哲学》2012 年第 2 期。
姚大志：《罗尔斯与功利主义》，《社会科学战线》2008 年第 7 期。
叶敬忠、孟祥丹：《对农村教育的反思——基于农村中小学布局调整影响的分析》，《农村经济》2010 年第 10 期。
叶敏、李宽：《资源下乡、项目制与村庄间分化》，《甘肃行政学院学报》2014 年第 2 期。
叶庆娜：《农村小规模学校与大规模学校建设：举措、成效与经验》，《教育与经济》2018 年第 5 期。
叶庆娜：《学校规模对教育公平、成本效益的影响——国外学校规模影响研究综述及启示》，《教育与经济》2016 年第 3 期。
于建嵘：《可以将户籍改革与土地改革联动》，《农村工作通讯》2011 年第 4 期。
于建嵘：《演变围绕两条主线：户籍制度与资源配置》，《人民论坛》2008 年第 1 期。
翟博：《均衡发展：我国义务教育发展的战略选择》，《教育研究》2010 年第 1 期。
张家军：《论学生同辈群体的作用及其实现机制》，《当代教育科学》2009 年第 11 期。
张建雷：《发展型小农家庭的兴起：中国农村“半工半耕”结构再认识》，《中国农村观察》2018 年第 4 期。
张洁：《农村小规模学校实施个性化教学的意义》，《学周刊》2019 年第 6 期。
张金龙、秦玉友：《小规模之痛：农村教学点发展困境与应对政策——当地教师的声音与“规模效益”实践取向批判》，《四川师范大学学报》(社会科学版) 2019 年第 2 期。
张山：《家庭资本、教育与社会流动》，《经济问题》2018 年第 12 期。

张雅光：《推进城乡义务教育一体化发展对策研究》，《教育探索》2018 年第 2 期。

张意丽、李贞、梁华定、高志荣：《试论我国教育结果公平的立足点与致力重点》，《山西农业大学学报》（社会科学版）2014 年第 4 期。

张有绪、陈伟：《我国人口数的逻辑斯蒂增长模型》，《统计与决策》2007 年第 4 期。

张玉卿：《农村寄宿制学校学生住宿有效管理的实践与研究》，《学周刊》2019 年第 6 期。

张振峰：《素质教育与应试教育的关系探讨》，《教学与管理》2011 年第 18 期。

张志勇：《什么是农村教育城市化》，《青年教师》2009 年第 1 期。

赵洋：《鲶鱼效应在成人高校人力资源管理中的激活机制研究》，《科技风》2018 年第 29 期。

郑祖玄、周晔：《吃饭财政与政府债务》，《生产力研究》2007 年第 12 期。

周飞舟：《财政资金的专项化及其问题 兼论“项目治国”》，《社会》2012 年第 1 期。

周飞舟：《从汲取型政权到“悬浮型”政权——税费改革对国家与农民关系之影响》，《社会学研究》2006 年第 3 期。

周序：《“应试主义”的成因与高考改革的方向》，《内蒙古社会科学》（汉文版）2018 年第 4 期。

周晔：《西北农村地区中小学教师队伍结构失衡问题与破解政策体系》，《教育科学研究》2018 年第 11 期。

周兆海：《提供可期待的教育：城镇化背景下农村教育发展指向的省思》，《教育理论与实践》2018 年第 13 期。

（三）译著

［德］马克斯·韦伯：《支配社会学》，康乐、简惠美译，广西师范大学出版社 2010 年版。

［法］皮埃尔·布迪厄：《国家精英：名牌大学与群体精神》，杨亚平译，商务印书馆 2004 年版。

[美] C. 莱特·米尔斯：《白领：美国的中产阶级》，周晓虹译，南京大学出版社 2016 年版。

[美] 阿瑟·刘易斯：《二元经济论》，施炜等译，北京经济学院出版社 1989 年版。

[美] 安妮特·拉鲁：《不平等的童年：阶层、种族与家庭生活》，张旭译，北京大学出版社 2009 年版。

[美] 波斯纳：《法理学问题》，苏力译，中国政法大学出版社 2002 年版。

[美] 黄宗智：《长江三角洲小农家庭与乡村发展》，中华书局 2000 年版。

[美] 罗伯特·K. 默顿：《社会理论和社会结构》，唐少杰、齐心译，译林出版社 2015 年版。

[美] 罗伯特·帕特南：《我们的孩子》，田雷、宋昕译，中国政法大学出版社 2017 年版。

[美] 玛格丽特·米德：《文化与承诺：一项有关代沟问题的研究》，周晓虹、周怡译，河北人民出版社 1987 年版。

[美] 塔尔科特·帕森斯：《社会行动的结构》，张明德、夏遇南等译，译林出版社 2012 年版。

[美] 詹姆斯· Q. 威尔逊：《官僚机构：政府机构的作为及其原因》，孙艳等译，生活·读书·新知三联书店 2006 年版。

[瑞士] 皮亚杰：《结构主义》，倪连生、王琳译，商务印书馆 1984 年版。

[英] 安东尼·吉登斯：《社会的构成：结构化理论纲要》，李康、李猛译，中国人民大学出版社 2016 年版。

[英] 约翰·斯图亚特·密尔：《论自由》，许宝骙译，商务印书馆 2001 年版。

（四）报刊与网络资料

陈少远：《义务教育城镇化率 5 年升至 72.55%》，《中国教育报》2015 年 12 月 21 日。

李海楠：《增强乡村教师留任意愿是补齐乡村教育短板之关键》，《中国经济时报》2019 年 1 月 15 日第 2 版。

田豆豆：《大家谈：重点高校农村学生越来越少》，《人民日报》2009 年 1 月 15 日第 11 版。

杨东平：《“超级中学”超越了教育规律》，《中国教育报》2015 年 1 月 23 日第 2 版。

《教育部发文！从数据看十八大以来我国教育改革发展新变化》，http：//www.moe.gov.cn/jyb_xwfb/xw_fbh/moe_2069/xwfbh_2017n/xwfb_20170928/mtbd/201709/t20170929_315705.html，最后访问日期：2018 年 11 月 5 日。

《教育部：全国 92.7% 的县（市、区）实现义务教育基本均衡发展》，http：//www.moe.gov.cn/fbh/live/2019/50415/mtbd/201903/t20190327_375633.html，最后访问日期：2019 年 3 月 28 日。

（五）硕士博士论文

顾辉：《教育：社会阶层再生产的预演一项对 H 市两所高中的研究》，博士学位论文，上海大学，2010 年。

李习凡：《重点中学精英式再生产机制的研究》，博士学位论文，南京大学，2011 年。

欧阳静：《策略主义与维控型政权》，博士学位论文，华中科技大学，2010 年。

任家熠：《县域城乡义务教育一体化发展研究》，硕士学位论文，河北大学，2015 年。

尚培胜：《校外的“重点学校”和“实验班”》，博士学位论文，南京大学，2017 年。

王欧：《文化排斥：学校教育进行底层社会再生产的机制》，硕士学位论文，华中科技大学，2011 年。

于发友：《县域义务教育均衡发展研究》，博士学位论文，山东师范大学，2005 年。

张宝方：《论同辈群体影响下的青少年价值观教育》，硕士学位论文，河南大学，2010 年。

二　英文参考文献

Bailey，R.，Armour，K.，Kirk，D.，et al.，“The Educational Benefits

Claimed for Physical Education and School Sport: an Academic Review", *Research Papers in Education*, Vol. 1, 2009.

Burke, M. A., Sass, T. R., "Classroom Peer Effects and Students Achievements", *Journal of Labor Economics*, Vol. 1, 2013.

Coleman, J. S., "Individual Interests and Collective Action", *Non-market Decision Making*, Vol. 16, 1966.

Coleman, J. S., *Equality and Achievement in Education*, Boulder, San Francisco and London: Westview Press, 1990.

Dabney, K. P., Tai, R. H., Scott, M. R., "Informal Science: Family Education, Experiences, and Initial Interest in Science", *International Journal of Science Education*, Vol. B, 2015.

Granovetter, M., "Economic Action and Social Structure: The Problem of Embeddedness", *American Journal of Sociology*, Vol. 3, 1985.

Howley, C., "The Matthew principle: a West Virginia replication", *Education Policy Analysis Archives*, Vol. 18, 1995.

Lawson, M. A., Alameda-Lawson, T., "A Case Study of School-Linked, Collective Parent Engagement", *American Educational Research Journal*, Vol. 4, 2012.

Lee, V. E., Smith, J. B., "High School Size: Which Works Best, and for Whom?", *Educational Evaluation and Policy Analysis*, Vol. 3, 1997.

Luo, Y., Zhong, J., Zeng, R., "An Examination of Distributive and Relational Justice in the Issue of Education Fairness for Urban Migrant Workers' Children", *Chinese Education & Society*, Vol. 4, 2017.

Ou, D., "The Universal Provision of Primary Education: Who Benefits?", *Education Economics*, Vol. 24, 2015.

Reay, D., "Exclusivity, Exclusion, and Social Class in Urban Education Markets in the United Kingdom", *Urban Education*, Vol. 5, 2004.

Reay Diane, "I'm not Seen as One of the Clever Children: Consulting Primary School Pupils about the Social Conditions of Learning", *Educational Review*, Vol. 2, 2006.

Reay Diane, "The Zombie Stalking English Schools: Social Class and Educational Inequality", *British Journal of Educational Studies*, Vol. 3, 2006.

Wendling, W. W., Cohen, J., "Education Resources and Student Achievement: Good News for Schools", *Journal of Education Finance*, Vol. 7, 1981.

Wieser, C., "Teaching and Personal Educational Knowledge-Conceptual Considerations for Research on Knowledge Transformation", *European Journal of Teacher Education*, Vol. 39, 2016.

后　记

学校亦是田野。在博士学位论文选题之前，我花费了大量时间浸泡在全国各地农村进行以乡村社会为整体的田野研究中。一个机缘巧合的机会，我决定以教育作为我的博士学位论文选题，随后开始了一场兴奋而新奇的教育研究之旅，此书即是在我的博士学位论文基础上修改而成。我最初的研究目标在于弄清当前我国乡村教育发展的样态，我将中小学校作为田野研究的主要场域，沉浸于义务教育发展困境的反思中。然而，调研过程中丰富的现象和复杂的问题逐渐使我突破自我设置的圈地，开始深化对教育问题的思考，逐步确立了将教育城镇化作为我研究乡村教育问题的背景和切口，教育城镇化是当前我国教育发展的主要趋势，这一现象将乡村与城市、乡村教育与城市教育勾连起来，以此为切口进行思考，可以大大深化我对乡村教育乃至城乡义务教育的整体认识。

在博士学位论文调研和写作过程中，我时常从梦中惊醒，脑海中不断盘旋着记录当代中国义务教育发展故事的使命，我希望自己所做的研究能够对当前义务教育所存在的问题进行富有力度的分析，我自觉有责任去探寻教育发展客观不合理背后的原因，并对之给出一个合理的解释。然而，理想很丰满，现实很骨感，写作的过程是痛苦的，我时常摇摆在现实和理念的夹缝中，强大的理念话语使我不知如何处置现实中的“客观事实”。我该去否认，还是该正视？激烈的挣扎之后顺从了内心选择，不论遭受多大的非议，我也要给调研中的老师和学生们一个交代，通过剥离义务教育领域中的理念迷雾，还原师生们的真实世界和义务教育的真实困境。幸运的是，经过半年多的挣扎，我得以蜕变重生，顺利完成了这一研究。

本书得以完成，我要感谢的人太多。首先要感谢的是我的学术引路人贺雪峰教授，贺老师一辈子最爱做两件事：一是培养人；二是做学术。他为培养学生呕心沥血，他专注学术孜孜不倦。他身上所散发的民族情怀和学术热情深深吸引着我，使我在大二时就坚定了做学术的决心。感谢贺老师从未放弃愚钝的我，在贺老师的引领和鼓励下，我逐渐突破了自我限制，不断超越狭隘的自我，在心智和学术上均获得了极大的成长。

我要特别感谢我的博士生导师徐晓林教授。徐老师在学院内外德高望重，无论在学术还是人格上都为人称颂。我在研究过程中遇到瓶颈时，徐老师总是给予我极大的支持，无私地帮助和指导我。在我获得进步时，徐老师给予我由衷的赞美，热情地鼓励我勇敢前进。徐老师时常主动分享他的思考与观点，根据我的特点指导我进行长久而可持续的研究计划，使我更有信心。徐老师的支持与鼓励，让我更加坚定了从事教育研究的信心与决心。

我还要感谢华科公管学院的教师和同学们。感谢陈志霞教授，陈老师引导我从社会学转向行政管理，在学术规范和研究态度上对我给予悉心指导，陈老师对学术的痴迷与专注、严谨与认真是我学习的榜样。许晓东副校长和张毅副院长兢兢业业为学院和学生付出，博学睿智的钟书华教授曾为我指点迷津，王国华教授、王冰教授、危怀安教授、沈能教授、刘启君教授、吴淼副教授、佘硕副教授、唐娜老师等在我求学生涯中给予了诸多指点和帮助。感谢行管博士 1401 班的同学们，明承瀚在我调研期间热心地代我处理了各种事务，杨超、程婷、张韵、李倩、李岩、宛可欣、郑君怡等同学在我写作过程中给予了充分的支持，在此一并感谢！

感谢华中九期读书会的小伙伴们，读书会创造了我一辈子最难忘的记忆，读书会的小伙伴们是我一生最真挚的友人。他们是舒丽瑰、朱战辉、齐燕、张欢、王秋月、冷波、刘超、安永军、王向阳、黄佳鹏、钱坤、徐海峰、徐宏宇、杨春滋、董帅鹏、齐薇薇、张曦、陈阳。感谢小伙伴们陪伴我度过了人生中最充实、最烂漫、最疯狂的青春岁月，我们曾一起读书、一起调研、一起讨论、一起郊游。还记得那个一路高歌、一路爬山的夜晚，我们在喻家山凤飞台上高声朗诵着

《少年中国说》，激情的诵读声洋溢着我们对祖国的情怀与对时代的畅想，我们不负使命地实践着那一夜的誓言，而我们的友谊也在共同努力中变得更加醇厚。如今，我们都已博士毕业，开始踏上一段新的研究征程，以后将继续携手做好中国研究。

感谢一路支持我的师兄师姐。吕德文师兄是最早提出我们要向教育研究进军的倡导者，他的提议为我开展教育研究埋下了种子。杨华师兄是我博士学位论文的直接指导人，我的每一个想法都得到了他的认可与支持，在他的鼓励下，我才敢将一个个大胆的想法落到实处。桂华师兄对我的研究方向给予了有益指导，使我在迷途中端正方向。刘燕舞师兄最早带我接触教育研究，在我撰写博士学位论文时经常发来消息鼓励。桂晓伟师兄为我分享他写作博士学位论文的经验，帮助我克服写作博士学位论文的恐惧。张雪霖师姐和杜姣师姐在我写作博士学位论文期间，多次帮助我排解情绪，树立信心。仇叶师姐是我的知识宝库，当我遇到阅读困难时，师姐的指导总是能够令我茅塞顿开。感谢耿羽师兄、王德福师兄、夏柱智师兄、刘锐师兄、田孟师兄、王海娟师姐、孙敏师姐、杜鹏师兄、李永萍师姐、陈文琼师姐、冯川师兄、郑晓园师姐、刘成良师兄、班涛师兄、何倩倩师姐、史渊源师姐、吴海龙师兄等，他们一直在默默地关注和帮助着我，使我的成长之路不再孤单。

感谢一路陪伴我的师弟师妹。易卓师弟、黄丽芬师妹、王旭清师妹、尹秋玲师妹、吴欢欢师妹、袁梦师妹，或陪伴我调研，或与我分享教育研究思考，他们的陪伴与分享不断刺激我的神经，深化我的思考，他们如同我研究旅途中的清泉，为我的研究带来活力与甘甜。张一晗师妹和梁伟师弟帮我分担了写作过程中的琐碎杂事，减轻了我的写作压力和负担。

还要感谢调研期间给予我支持的领导、老师、学生和学生家长。调研地相关领导为我提供了调研便利，众多学校领导和教师甘愿牺牲自己的工作时间，接受我高强度的访谈。与学生们的座谈欢乐无比，学生家长的真情流露让我更加深切地感受到教育之于家庭的意义。是他们的无私付出成就了这本书，出于学术伦理的考虑，恕我不能一一列出各位的名字，但感激之情溢于言表。

博士毕业后，我有幸加入中南大学公共管理学院这个有爱的大家庭，领导们的支持和同事们的关心给予我极大的信心与动力，学院良好的科研环境使我能够继续开展教育研究，并不断开拓研究版图。我将继续努力前行，不负韶华。

特别感谢中国社会科学出版社的王琪老师，王老师的细致与耐心让我感动。没有王老师的辛勤付出，本书无法顺利出版。

最后要感谢始终支持我的亲人们。感谢我的爸爸妈妈，我一直在校学习不能及早尽孝，但父母无怨无悔，还自始至终给予我自由成长的空间，在我遇挫时给我力量与勇气，在我如意时同我分享快乐与幸福。感谢我的姐姐和姐夫，帮我承担了照顾父母的责任。感谢小外甥晗晗，为我枯燥的博士写作生活增添了无穷的乐趣。感谢我的婆家人，他们不仅为我的调研提供方便，而且在我写作过程中一直为我打气。在我博士生涯中，投入最多的是我的爱人周泰博士，他是我学术研究过程中的第一个阅读者、倾听者和指导者，他不仅耐心倾听和阅读我的研究思考，还不断地将他的思考分享给我，他活跃的思维和善思的精神持续地启发和激励着我，是他的理解、包容与支持，使我的学术道路更加平坦和持久。我们如同木棉与橡树，我们分担寒潮、风雷与霹雳，我们共享雾霭、流岚与虹霓，我们必将终身相依！

雷望红

2021 年 11 月 21 日改于晨钟阁